CHAIM SOUTINE

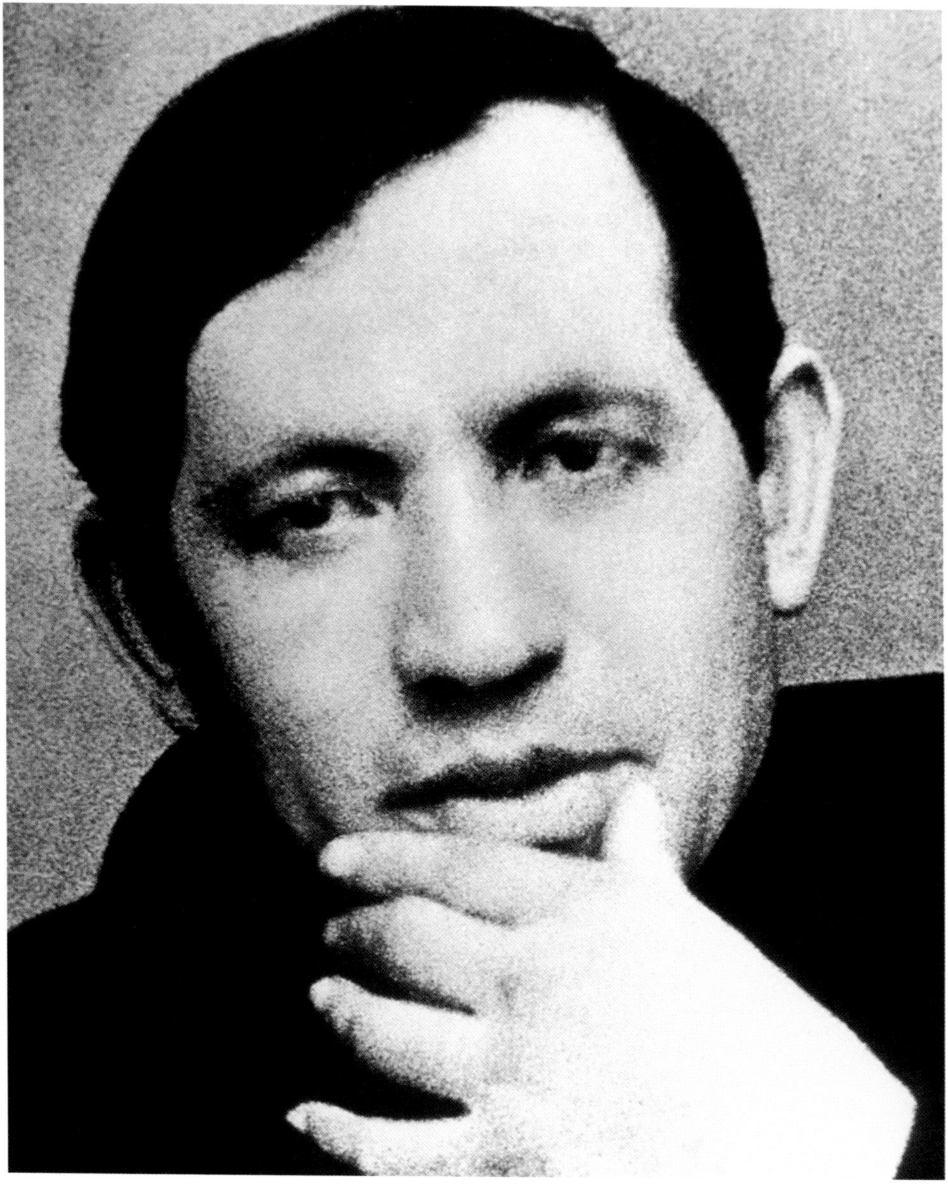

CHAIM SOUTINE

MARTINA PADBERG

p. 2

Chaim Soutine

c. 1935–37, Private collection

KÖNEMANN

www.koenemann.com

ÉDITIONS
PLACE DES
VICTOIRES

6, rue du Mail – 75002 Paris
www.victoires.com
ISBN: 978-2-8099-1528-0
Dépôt légal : 4e trimestre 2017

Concept, Project Management: koenemann.com GmbH
Text: Martina Padberg
Editing: Kristina Menzel

French translation: Virgine de Bermond Gettle

English, Spanish, Italian, Dutch translations:
TEXTCASE Translation Agency
info@textcase.nl
textcase.de   textcase.eu

Art Direction: Oliver Hessmann
Layout: Guido Behet
Picture credits:
Bridgeman Images, except pp. 13, 15, 18–23, 25–28, 30–32, 34, 36, 37, 39–45, 51, 53, 59, 62, 63, 71, 74, 77, 81, 83, 85, 96–98, 100–102, 107, 108, 110–112, 114, 115, 129, 132–135, 139, 145, 149, 176, 182, 188, 189, 191, 193, 195, 202–205, 210: akg-images gmbh

ISBN: 978-3-7419-2000-4 (international)

Printed in Spain by Liberdúplex

Contents Sommaire Inhalt Índice Indice Inhoud

À propos

"His life has no other story than painting. His work eats away his life, his life nourishes his work."

« Sa vie n'a d'autre histoire que la peinture. Son travail dévore sa vie, sa vie nourrit son travail. »

„Sein Leben war nichts anderes als seine Malerei. Sein Werk fraß sein Leben auf, sein Leben ernährte sein Werk."

"Su vida no tiene otra historia que la pintura. Su obra consume su vida, su vida nutre su trabajo."

"Ha dedicato la sua vita esclusivamente alla pittura. Le sue opere hanno divorato la sua vita, la sua vita ha nutrito le sue opere."

"Zijn leven kent geen ander verhaal dan het schilderen. Zijn werk vreet zijn leven aan, voedt zich met zijn leven."

MAURICE SACHS (1933)

Chaim Soutine – Intoxicated with Color
Chaim Soutine (January 13, 1893 – August 9, 1943) was a man possessed with his art and a difficult person, usually silent, mostly a loner, but then, in rare moments, almost ebullient with excitement. Constantly troubled by fears and uncertainties about himself and his work, he also tended to have volatile relationships with others.

Having arrived in Paris in 1913 as a young man from what was then the Russian Empire, Soutine had to integrate as quickly as possible into a completely foreign culture in order to gain even a

Chaïm Soutine – Peintre de l'exaltation des couleurs
Chaïm Soutine (13 janvier 1893-9 août 1943) fut un artiste passionné et un homme difficile, silencieux le plus souvent, voire renfermé, mais capable d'exubérance – en de rares occasions. Sans cesse tourmenté par ses angoisses et ses incertitudes vis-à-vis de lui-même et de son œuvre, il se révéla également inconstant dans ses relations avec les autres.

Le jeune homme parti de Biélorussie qui arrive à Paris doit s'adapter le plus vite possible à une culture totalement différente, afin de pouvoir s'y faire une

Chaim Soutine – Malen im Farbenrausch
Chaim Soutine (13.01.1893–9.8.1943) war ein besessener Künstler und ein schwieriger Mensch – meistens schweigsam, ja eigenbrötlerisch, dann wieder, in seltenen Momenten, geradezu überschäumend. Ständig geplagt von Ängsten und Unsicherheiten sich selbst und seinem Werk gegenüber, blieb er auch in Beziehungen zu anderen Menschen sprunghaft.

Als junger Mann fast ohne Schulbildung aus Weißrussland nach Paris gekommen, musste Soutine sich schnellstmöglich in

Amedeo Modigliani (1884–1920)

Chaim Soutine

1917, Oil on canvas/Huile sur toile, 91,7 × 59,7 cm, National Gallery of Art, Washington

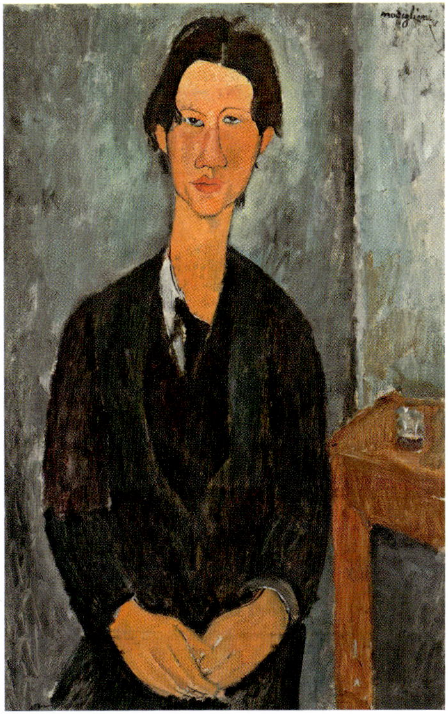

Chaim Soutine – La pintura en el éxtasis del color

Chaim Soutine (13.01.1893 - 9.08.1943) fue un artista obsesionado y una persona difícil – casi siempre en silencio, incluso solitario, y otras veces, en raros momentos, realmente exuberante. Constantemente plagado de miedos e inseguridades acerca de sí mismo y de su trabajo, mantuvo relaciones inconstantes con los demás.

Siendo Soutine joven, llegó casi sin educación de Bielorrusia a París, y tuvo que integrarse y echar raíces lo antes posible en una cultura completamente

Chaim Soutine – Dipingere in un'estasi di colori

Chaim Soutine (13/01/1893–9/8/1943) si sentiva molto più a suo agio come artista che come uomo – quasi sempre taciturno, poco socievole, e poi, in rari momenti, addirittura esuberante. Perennemente tormentato da paure e insicurezze su se stesso e le sue opere, ebbe pochi contatti con le altre persone.

Giunto giovanissimo e senza alcuna formazione scolastica dalla Bielorussia a Parigi, dovette integrarsi rapidamente in una cultura del tutto diversa dalla sua per riuscire ad andare avanti.

Chaïm Soutine – schilderen in een roes van kleur

Chaïm Soutine (13 januari 1893 - 9 augustus 1943) was een bezeten kunstenaar en een moeilijk mens – zwijgzaam en broedend, afgewisseld met zeldzame momenten van overdreven uitgelatenheid. Hij werd voortdurend geplaagd door angsten en onzekerheden over zichzelf en zijn werk, en hij bleef ook in relaties met andere mensen grillig.

Als jongeman die vrijwel zonder scholing van Wit-Rusland naar Parijs was gekomen, moest Soutine zich razendsnel aan een andere cultuur

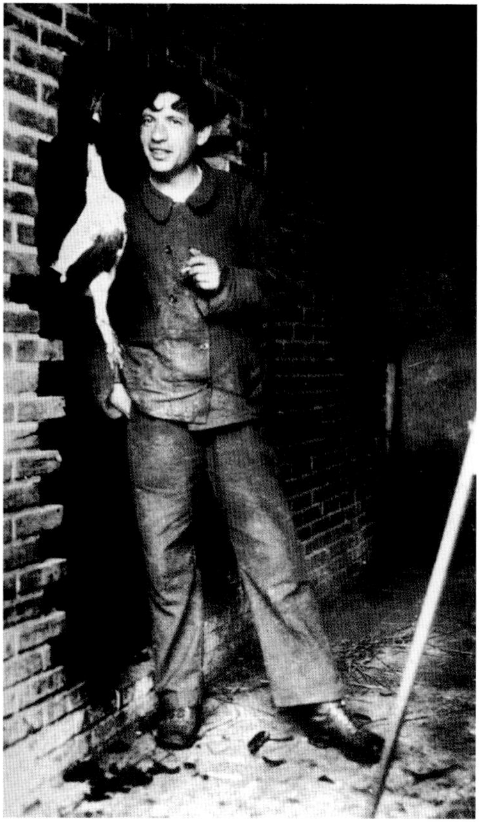

Chaim Soutine with a dead chicken

Chaim Soutine avec une poule morte

Chaim Soutine mit einem toten Huhn

Chaim Soutine con una Gallina muerta

Chaim Soutine con un pollo morto

Chaim Soutine met een doode kip

toehold in the City of Light. At the same time, he largely kept company with other Eastern European Jewish immigrants to the city, preserving a pure vitality that permanently shaped his art.

One cannot help but be affected by the radical unwillingness to compromise in Soutine's paintings. His distinctive, artistic style alternated between blistering hot and deeply dark colors applied coarsely with a spatula to depict

place. En même temps, il fréquente principalement le milieu des émigrés juifs d'Europe de l'Est et garde sa vitalité intacte. Elle laissera une empreinte durable sur son art.

La peinture de Chaïm Soutine, radicale et hostile à tout compromis, ne laisse personne indifférent. Son style inimitable se caractérise par une couleur apposée au couteau sans fioritures, colorée et chaude, puis

eine völlig andere Kultur integrieren, um Fuß fassen zu können. Gleichzeitig bewegte er sich hauptsächlich in der Szene osteuropäischer, jüdischer Migranten und bewahrte sich eine unverbildete Vitalität, die seine Kunst dauerhaft prägt.

Das malerische Werk von Chaim Soutine lässt in seiner Radikalität und Kompromisslosigkeit niemanden unberührt. Grob gespachtelte, glühend-

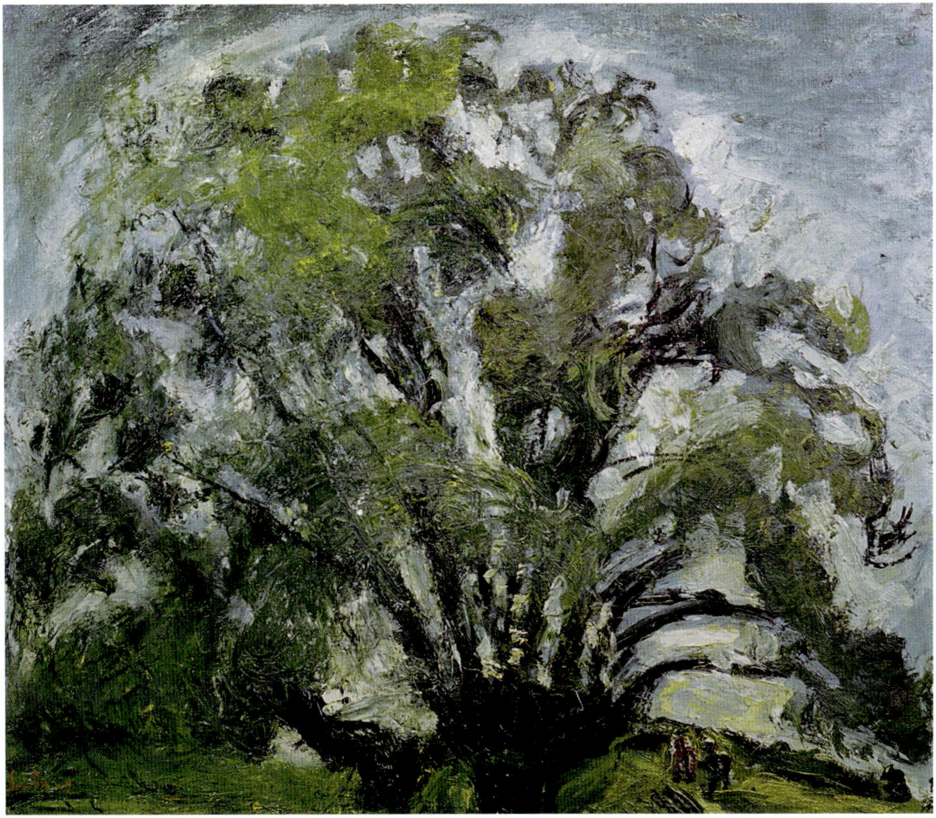

The Oak
Le Chêne
Die Eiche
El roble
La quercia
De eik

c. 1939, Oil on canvas/ Huile sur toile, 60 × 70,5 cm, Private collection

diferente. Al mismo tiempo se movió principalmente en la escena de los países del este de Europa, de los inmigrantes judíos, y conservó una vitalidad virgen que caracterizará de forma duradera su arte.

Las pinturas de Chaim Soutine no dejan a nadie indiferente por su radicalismo e intransigencia. Colores más o menos emplastecidos, candentes pero también profundos y oscuros,

Allo stesso tempo si mosse prevalentemente negli ambienti degli immigrati esteuropei ed ebrei e mantenne la sua genuina vitalità, che influenzò a lungo la sua produzione artistica.

Nella sua opera pittorica, Chaim Soutine mantenne intatta la sua radicalità senza scendere a compromessi con nessuno. Il suo riconoscibile stile artistico è caratterizzato da pennellate grezze, colori forti e luminosi e poi scuri

aanpassen om voet aan de grond te krijgen. In Parijs bewoog hij zich in kringen van Joodse migranten uit Oost-Europa en ontvouwde hij een verborgen en ongekende vitaliteit die zijn kunst blijvend zou beïnvloeden.

Het schilderkunstige werk van Soutine laat door zijn radicaliteit en eigenzinnigheid niemand onberoerd. Met grove spatelstreken, gloeiende en bonte kleuren, diepe, duistere tinten,

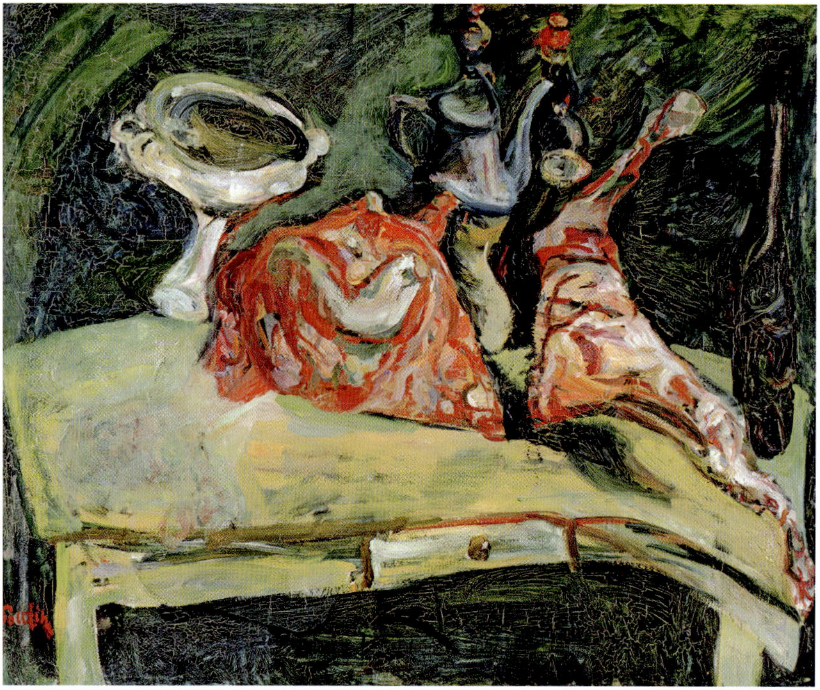

The Table

La Table

Der Tisch

La mesa

Il tavolo

De tafel

c. 1919, Oil on canvas/Huile sur toile, 91 × 100 cm, Musée de l'Orangerie, Paris

motifs of misery and scenes designed to shock. Soutine found painting to be an existential necessity to which everything else wsa subordinate. For decades after his death in 1943 from a botched surgery on his stomach ulcer, Soutine was still considered an insider's tip on the international art market. It was only a younger generation of artists like Willem de Kooning, Jackson Pollock, and Francis Bacon who recognized the expressive power and passionate dynamic of his work. They could sense that his art could appeal to and lay bare deep layers of emotion.

sombre et profonde, des perspectives qui basculent, des motifs misérabilistes ou choquants. Pour Soutine, peindre est un besoin existentiel, qui prime sur tout. Des dizaines d'années après sa mort, survenue en 1943, Soutine reste un secret d'initiés sur le marché international de l'art. Des artistes plus jeunes, tels Willem de Kooning, Jackson Pollock ou Francis Bacon, seront les premiers à reconnaître la puissance de son expression et le dynamisme passionné de sa peinture. Ils sentent que son art a le pouvoir d'atteindre et de révéler les strates les plus profondes du psychisme.

bunte und dann auch wieder tief-dunkle Farbe, stürzende Perspektiven, armselige oder schockierende Motive bilden seinen unverwechselbaren künstlerischen Stil. Malerei war für Soutine eine existentielle Notwendigkeit, der er alles andere unterordnete. Noch Jahrzehnte nach seinem Tod (1943) gilt Soutine auf dem internationalen Kunstmarkt als Geheimtipp. Als erstes erkennen jüngere Künstler, wie Willem de Kooning, Jackson Pollock oder Francis Bacon, die expressive Kraft und leidenschaftliche Dynamik seiner Malerei. Sie spüren, dass seine Kunst tiefe emotionale Schichten ansprechen und offenlegen kann.

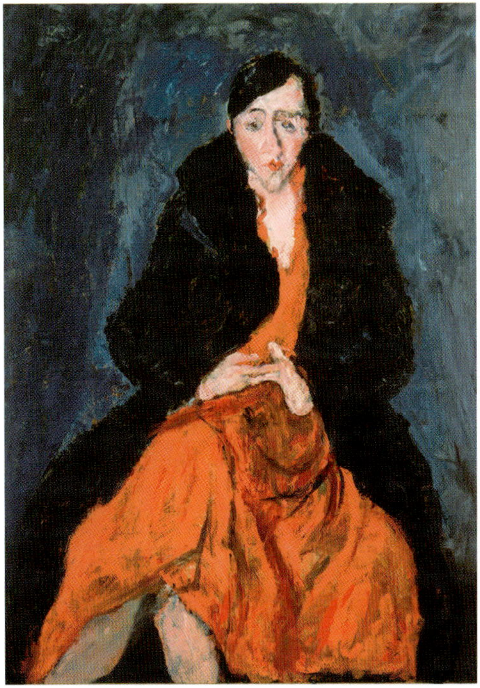

Madeleine Castaing

1929, Oil on canvas/Huile sur toile, 100 × 73,3 cm, Metropolitan Museum of Art, New York

perspectivas distorsionadas, motivos insignificantes o chocantes son las características que configuran su distintivo estilo artístico. La pintura era una necesidad existencial para Soutine, a lo que subordinaba todo lo demás. Décadas después de su muerte (1943) Soutine se considera predilecto en el mercado internacional del arte. La fuerza expresiva y el dinamismo apasionado de su pintura fueron primero reconocidos por artistas más jóvenes como Willem de Kooning, Jackson Pollock y Francis Bacon. Ellos sienten que su arte puede abordar y exponer estratos emocionales profundos.

e profondi, poca prospettiva, soggetti poveri o motivi scioccanti. Per Soutine la pittura era una necessità esistenziale, a cui doveva sottostare tutto il resto.

A distanza di decenni dopo la sua morte (1943), nel mercato artistico internazionale Soutine viene ancora considerato una chicca per intenditori. I giovani artisti come Willem de Kooning, Jackson Pollock o Francis Bacon furono i primi a riconoscere la forza espressiva e la dinamica appassionata della sua pittura. Percepirono il legame tra la sua arte e diversi livelli di profondità emotiva e la resero pubblica.

duizelingwekkende perspectieven en ordinaire of choquerende motieven creëerde hij een onmiskenbaar eigen stijl. Voor Soutine was de schilderkunst existentiële noodzaak, waaraan alles was onderworpen. Ook jaren na zijn dood in 1943 werd hij nog gezien als een van de grote onbekende schilders van de moderne tijd. Jongere kunstenaars als Willem de Kooning, Jackson Pollock en Francis Bacon herkenden de expressieve kracht en gepassioneerde dynamiek van zijn schilderkunst. Ze voelden aan dat zijn kunst diepe emotionele betekenissen kon aanspreken en blootleggen.

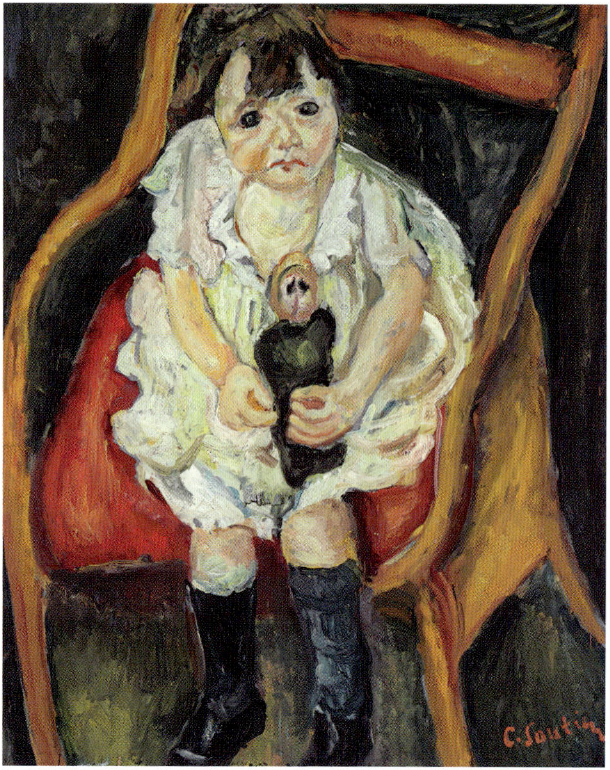

Small Girl with Doll

La Petite Fille à la poupée

Kleines Mädchen mit Puppe

Niña con muñeca

Bambina con bambola

Meisje met pop

c. 1919, Oil on canvas/Huile sur toile, 72,5 × 59,5 cm, Private collection

From the very bottom

Born as the tenth child of a Jewish tailor who specialized in minor repair jobs in the small village Smilavichy about 12 miles outside of Minsk, Chaim Soutine's life seems to have been drawn from the very first day. Not only because his bitterly poor parents could barely afford even rudimentary schooling for their children, but also because of the massive restrictions and discrimination experienced by Jews in Czarist Russia.

Une enfance dans la misère

Chaïm Soutine est le dixième enfant d'un ravaudeur juif établi dans le petit village de Smilovitchi, à une vingtaine de kilomètres de Minsk. Dès sa naissance, sa voie semble tracée. Non seulement parce que les parents très pauvres ne peuvent pas vraiment offrir une scolarité, même rudimentaire, à leurs nombreux enfants, mais aussi parce que les juifs, dans la Russie tsariste, subissent des restrictions et des discriminations terribles.

Von ganz unten

Als zehntes Kind eines jüdischen Flickschneiders in dem kleinen Dorf Smilavichy etwa 20 Kilometer vor Minsk geboren, scheint der Lebensweg von Chaim Soutine vom ersten Tag an vorgezeichnet zu sein. Nicht nur weil die bitterarmen Eltern den vielen Kindern kaum eine grundlegende Schulbildung zukommen lassen können, sondern auch weil die Situation der Juden im zaristischen Russland von massiven Beschränkungen und Diskriminierungen geprägt ist.

Child with Toy
L'Enfant au jouet
Das Kind mit dem Spielzeug
Niño con juguete
Bambino con un giocattolo
Het kind met het speelgoed
c. 1919, Oil on canvas/Huile sur toile, 81 × 64,5 cm, Kunstmuseum, Basel

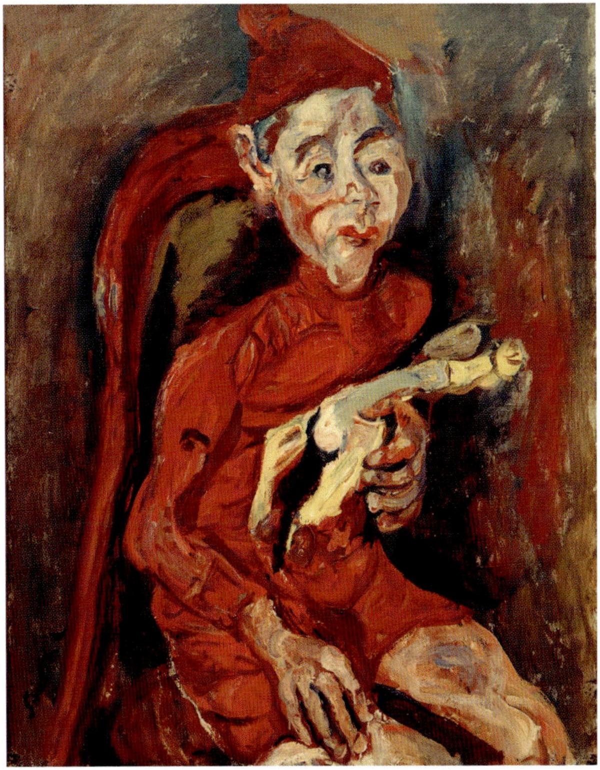

Desde el principio
Cuando nació el décimo hijo de un sastre judío en el pequeño pueblo de Smilavichy, a unos 20 kilómetros de Minsk, la vida de Chaim Soutine parecía estar trazada desde el primer día. No sólo porque los desesperados padres de estos niños apenas podían darles una educación básica, sino también por la situación de los judíos en la Rusia zarista, caracterizada por las restricciones masivas y la discriminación.

Dal basso
La vita di Chaim Soutine, nato come decimo figlio di un sarto ebreo nel piccolo paesino di Smilavichy, a 20 km da Minsk, sembra essere stata segnata sin dal primo giorno. Non soltanto perché i severi genitori riuscirono a stento a dare ai tanti figli un'educazione scolastica basilare, ma anche perché la situazione degli ebrei nella Russia zarista era caratterizzata da limitazioni e discriminazioni.

Uit de goot
Chaïm Soutine werd als tiende kind van een arme Joodse kleermaker in een dorpje op twintig kilometer van Minsk geboren, een situatie die zijn levensweg vanaf de eerste dag leek te bepalen, niet alleen omdat zijn straatarme ouders hun vele geen opleiding konden bieden, maar ook omdat de Joden in het tsaristische Rusland in hun bewegingsvrijheid werden beperkt en vervolgd.

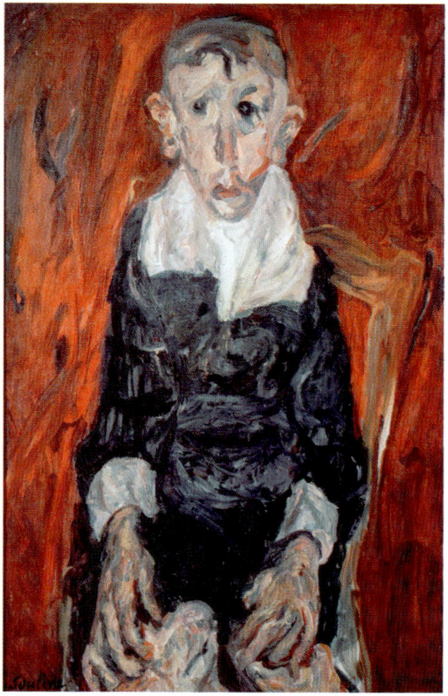

The Village Idiot
L'Idiot du village
Dorftrottel
El tonto del pueblo
Idiota del villaggio
Dorpsgek

c. 1919, Oil on canvas/Huile sur toile, 92 × 65 cm, Musée Calvet, Avignon

Chaim Soutine grew up with extreme material and emotional deprivation. Because the boy was constantly drawing, he was often mocked and abused by his fellow Jews for breaking the biblical prohibition of images as understood in the Jewish tradition. Nevertheless, his parents allowed him to take lessons with a painter in Minsk. There he befriended Michel Kikoïne (1892–1968), another Jew who was one year his elder. Kikoïne's father, a well-to-do banker, made it possible for the two friends to continue their education at art school in Vilnius in 1908. During that time, they became friends with Pinchus Krémègne

L'enfance et la jeunesse de Chaïm Soutine sont marquées par d'immenses privations matérielles et affectives. Comme le jeune garçon dessine toujours et en tous lieux, il subit sans cesse des moqueries et des coups. L'amour du dessin et de la peinture de cet enfant est une violation de l'interdit ancré dans la Bible et la tradition juive, qui frappe toute représentation de la figure humaine. On l'autorise tout de même à suivre des cours auprès d'un peintre de Minsk. Là, il se lie avec Michel Kikoïne (1892–1968), son aîné d'un an et lui aussi rejeton d'une famille juive. En 1908, le père de Michel, un banquier aisé, permet aux

Die Kindheit und Jugend von Chaim Soutine ist von äußersten materiellen und emotionalen Entbehrungen geprägt. Weil der Junge immer und überall zeichnet, wird er häufig verspottet und misshandelt. Die Mal- und Zeichenlust des Kindes widerspricht dem biblischen Bilderverbot, das in der jüdischen Tradition verankert ist. Dennoch gestattet man dem Jugendlichen bei einem Maler in Minsk Unterricht zu nehmen. Dort freundet er sich mit dem ein Jahr älteren, ebenfalls aus einer jüdischen Familie stammenden Michel Kikoïne (1892–1968) an. Dessen Vater, ein wohlhabender Bankier, ermöglicht den beiden

Children in Purim Costumes

Enfants en costumes pour la fête de Pourim

Kinder in Purim-Kostümen

Niños vestidos para el Purim

Bambini con costumi Purin

Kinderen in poerimkledij

1933

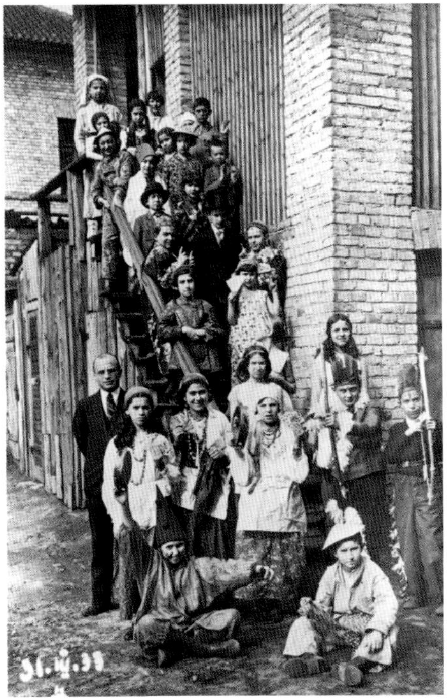

La infancia y juventud de Chaim Soutine se caracterizan por la extrema privación, tanto material como emocional. Debido a que el niño dibujaba siempre y en todas partes, a menudo se burlaban y abusaban de él. El gusto del niño por la pintura y el dibujo contradecía la prohibición bíblica de imágenes, que tiene sus raíces en la tradición judía. Aun así, se permitía a los jóvenes matricularse con un pintor en Minsk. Allí se hace amigo de Michel Kikoïne (1892–1968), un año mayor que él y también de origen judío. Su padre, un rico banquero, permitió que los dos amigos continuaran en 1908 sus estudios

L'infanzia e la giovinezza di Chaim Soutine furono caratterizzate da privazioni materiali ed emotive. Poiché il ragazzo amava disegnare dappertutto, fu spesso preso in giro e maltrattato. La voglia di dipingere e disegnare del ragazzo si scontrava con l'iconoclastia della tradizione ebraica. Ciò nonostante, durante la sua giovinezza, egli prese lezioni di pittura a Minsk. Lì strinse amicizia con Michel Kikoïne (1892–1968), di un anno più grande di lui e proveniente anch'essi da una famiglia ebraica. Suo padre, un ricco banchiere, permise nel 1908 ai due amici di proseguire la formazione in

De kinder- en jeugdjaren van Chaïm Soutine werden gekenmerkt door bittere armoede en emotionele ontberingen. Omdat de knaap altijd en overal aan het tekenen was, werd hij vaak bespot en mishandeld. Soutines drang om te schilderen en tekenen druiste in tegen het oudtestamentische verbod op afbeeldingen dat in de Joodse traditie verankerd ligt. Toch mocht de jongen bij een schilder in Minsk in de leer gaan. Daar raakte hij bevriend met de één jaar oudere en eveneens Joodse Michel Kikoïne (1892–1968). Diens vader, een welgestelde bankier, stelde de beide vrienden in 1908 staat hun opleiding aan

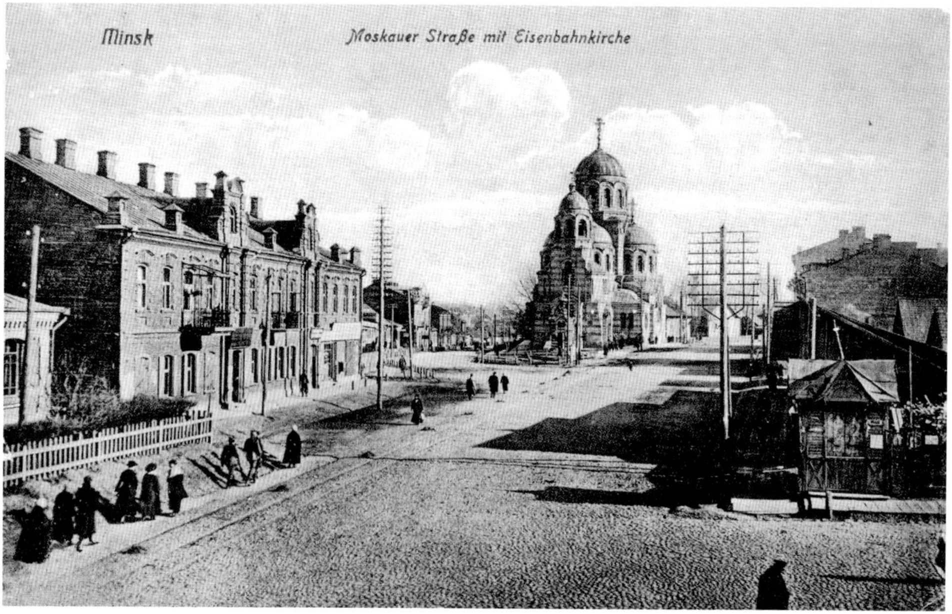

Minsk, Moskovskaya Ulitsa, Railroad Church

Minsk, La Rue de Moscou avec l'église ferroviaire

Minsk, Moskauer Str. mit Eisenbahnkirche

Minsk, Calle moscovita con iglesia del ferrocarril

Minsk, via Mosca con chiesa sulla ferrovia

Minsk, Moskouse Straat met Spoorwegkerk

c. 1910

(1890–1981), a fellow student who had also come a large family with modest circumstances. After graduating it was Krémègne's idea for the three of them to go to Paris. In 1912, Krémègne left France and quickly made contact with the *La Ruche* artists' colony. It was from there that he wrote to his friends and encouraged them to follow. Soutine would never return to his homeland.

deux amis de poursuivre leur formation à l'école des Beaux-Arts de Vilnius. Ils font alors la connaissance de Pinchus Krémègne (1890–1981), un autre étudiant, lui aussi d'origine modeste et issu d'une famille nombreuse. Une fois leurs études achevées, Krémègne suggère qu'ils partent tous les trois à Paris. Il s'y rend en éclaireur en 1912 et noue sans tarder des contacts avec des artistes qui vivent à *la Ruche*. De là, il écrit à ses amis et les engage à le suivre. Soutine ne retournera jamais dans son pays natal.

Freunden 1908 eine Fortsetzung ihrer Ausbildung an der Kunsthochschule in Wilna. Während des Studiums lernen sie Pinchus Krémègne (1890–1981) kennen, einen Kommilitonen, der ebenfalls aus bescheidenen Verhältnissen und einer kinderreichen Familie stammt. Nach Beendigung der Studienzeit ist es seine Idee, gemeinsam nach Paris zu gehen. Krémègne bricht 1912 als erster in die französische Kunstmetropole auf und findet schnell Kontakt zur Künstlerkolonie *La Ruche*. Von dort schreibt er seinen Freunden und motiviert sie, ihm zu folgen. Soutine wird nie wieder in seine Heimat zurückkehren.

Vilnius, Lithuania
Vilnius, Lituanie
Wilna, Litauen
Vilnius, Lituania
Vilnius, Lituania
Vilnius, Litouwen
1900

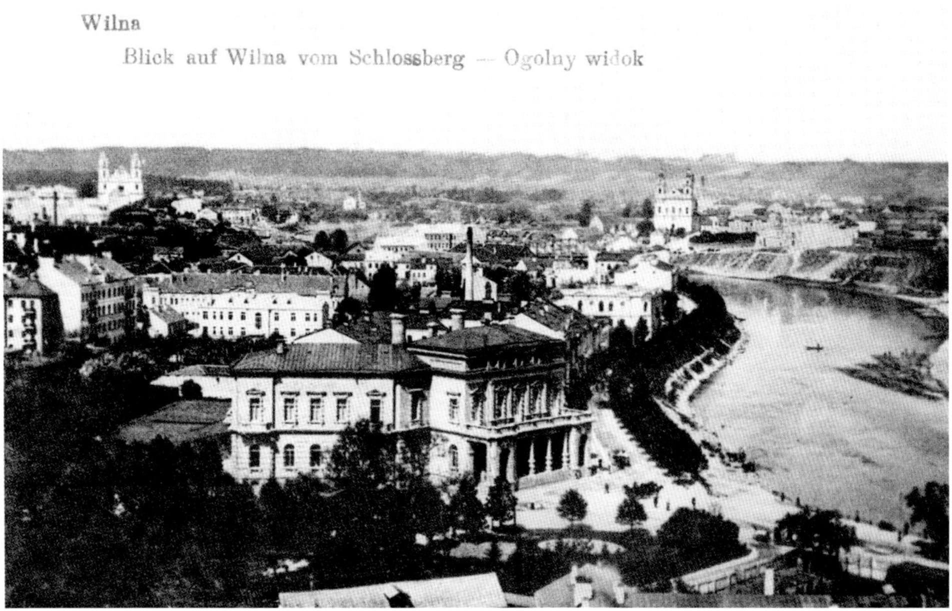

en la Academia de Arte de Vilnius. Durante sus estudios conocen a Pinchus Krémègne (1890–1981), un compañero de estudios, que también proviene de un entorno modesto y una extensa familia. Al término de los estudios tienen la idea de ir juntos a París. Krémègne irrumpe el primero en 1912 en la metrópoli de arte francés y entra rápidamente en contacto con la colonia de artistas *La Ruche.* A partir de ahí, les escribe a sus amigos y les motiva a seguirle. Soutine no volverá nunca a su tierra natal.

un'accademia d'arte a Vilnius. Durante gli studi conobbero Pinchus Krémègne (1890–1981), che studiava con loro e proveniva da una situazione modesta e una famiglia con molti figli. Dopo aver concluso gli studi, fu lui ad avere l'idea di andare insieme a Parigi. Krémègne fu il primo and andare nella metropoli francese nel 1912 ed entrò subito in contatto con la colonia di artisti di *La Ruche.* Da lì scrisse ai suoi amici per convincerli a seguirlo. Soutine non tornò mai più nel suo paese.

de kunstacademie van Vilnius voort te zetten. Tijdens hun studie leerden ze Pinchus Krémègne (1890–1981) kennen, een studiegenoot uit een niet al te welgesteld en kinderrijk gezin. Na voltooiing van hun studie werd het plan geboren om gezamenlijk naar Parijs te gaan. Krémègne was de eerste, in 1912, die naar de Franse kunstmetropool afreisde, waar hij al snel in contact kwam met de kunstenaarsgroep in *La Ruche.* Vandaaruit schreef hij zijn vrienden en spoorde ze aan om over te komen. Soutine zou zijn vaderland nooit weerzien.

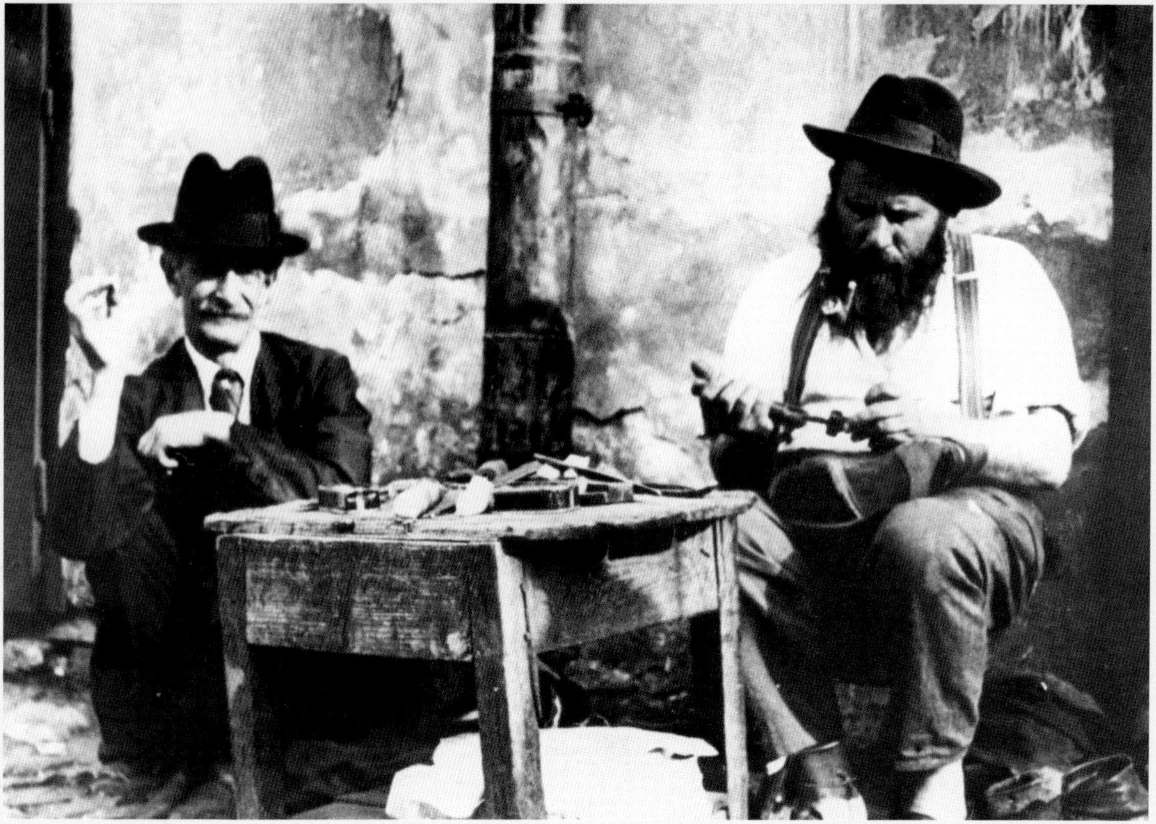

Jews in Russia
Russian Jews at the time did not enjoy the freedom to settle where they wished, but were instead only allowed to settle permanently in settlements with predominantly Jewish populations. This led to the growth of villages or "shtetls" where Ashkenazi Judaism was practiced and Yiddish was the everyday language. Pogroms would flare up on a regular basis and, in response, the Jewish

Les juifs dans la Russie
Dans la Russie tsariste, les juifs ne bénéficient pas d'un droit de séjour général, mais doivent résider uniquement près des communautés peuplées en majorité de leurs coreligionnaires. Ils fondent des villages, les *schtetl,* où l'on parle le yiddish et où l'on observe la tradition juive. La régularité et l'horreur des pogroms renforcent leur cohésion et les

Juden in Russland
Im zaristischen Russland besaßen Juden kein allgemeines Aufenthaltsrecht sondern durften sich nur in Ansiedlungsrayons mit überwiegend jüdischer Bevölkerung dauerhaft niederlassen. Es entstanden Dorfgemeinschaften, so genannte Schtetl, wo Jiddisch die Alltagssprache und die jüdische Tradition prägend war. Immer wieder aufflammende Pogrome

Jewish Cobblers in Lviv

Cordonniers juifs à Lviv

Jüdische Schuster in Lwiw

Zapatero judío en Lviv

Calzolai ebrei a Lviv

Joodse schoenmaker in Lviv

1900

Los judíos en la Rusia

En la Rusia zarista, los judíos no tenían derecho general de residencia, pero se les permitió establecerse de forma permanente solo en la Zona de Asentamiento, predominantemente judía. Surgieron comunidades, llamadas Schtetl, que se caracterizaban por su lenguaje cotidiano, el yiddish, y por la tradición judía. Los frecuentes y exacerbados pogromos alentaron a

Gli ebrei nella Russia

Nella Russia zarista gli ebrei non avevano un diritto di soggiorno complessivo ma gli era permesso stabilirsi esclusivamente in zone di residenza popolate in maggioranza da altri ebrei. Nacquero allora degli insediamenti, noti con il nome di Schtetl, fortemente influenzati dalla cultura ebraica e dove l'ebraico era la lingua ufficiale. L'aumento dei Pogrom rafforzò

Joden in Rusland

In het tsaristische Rusland hadden Joden geen algemeen verblijfsrecht; ze mochten alleen in speciale rayons met een overwegend Joodse bevolking wonen. Zo ontstonden dorpsgemeenschappen – de sjtetls, waar Jiddisch werd gesproken en de Joodse traditie dominant was. Steeds weer oplaaiende pogroms leidden tot een sterke gemeenschapszin en afscherming

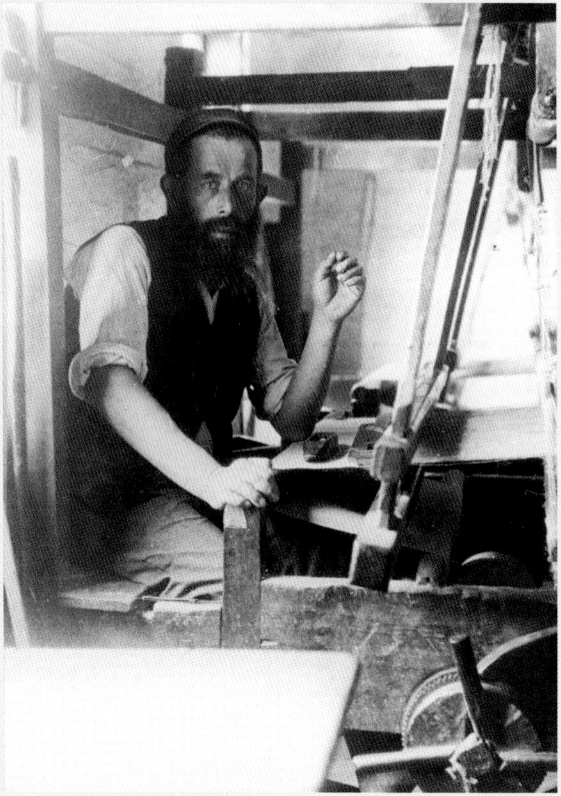

Weavers in Wąwolnica
Tisserand à Wąwolnica
Leinenweber in Wąwolnica
Tejedor de lino en Wąlwonica
Tessitore a Wąwolnica
Linnenwever in Wąwolnica
c. 1910

communities became more internally cohesive and segregated themselves from outsiders. In the early 19th century, Russian Jews were officially granted access to all educational institutions, but the remaining restrictions on their mobility prevented most from enjoying this right. Many Jewish parents refused to send their children to the predominantly Christian-run schools due to language barriers, cultural differences, and the discrimination they had experienced.

incitent à repousser tout ce qui vient de l'extérieur. Au début du XIXe siècle, les juifs se voient accorder le droit de s'instruire dans toutes les écoles et les universités, mais les limites imposées à leurs déplacements les empêchent d'en profiter. Souvent, les parents interdisent à leurs enfants de fréquenter les écoles en majorité chrétiennes, en raison des obstacles linguistiques, des différences culturelles et de leur expérience de la discrimination.

förderten den inneren Zusammenhalt und die Abgrenzung nach außen. Anfang des 19. Jahrhunderts erlangten Juden Zugang zu allen Bildungsinstitutionen, die Mobilitätsbegrenzung stand einer Umsetzung allerdings im Weg. Viele Eltern verweigerten ihren Kindern den Besuch der überwiegend christlich konfessionellen Schulen aufgrund von Sprachbarrieren, kulturellen Unterschieden und Diskriminierungserfahrungen.

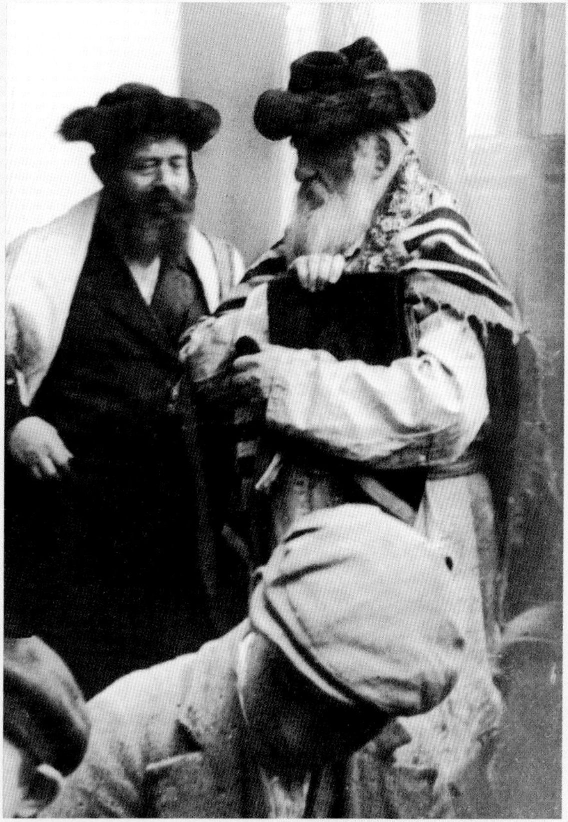

Rabbi in Tallit

Rabbin portant un châle de prière

Rabbi im Gebetsmantel

Rabino con manto de oración

Rabbino con manto di preghiera

Rabbi in gebedsmantel

1905

la cohesión interna y a la separación respecto al exterior. A principios del siglo XIX, los judíos lograron acceso a todas las instituciones educativas, aunque la libertad de movimiento permaneció como una implementación en camino. Muchos padres se negaron a que sus hijos asistieran a las escuelas confesionales predominantemente cristianas debido a las barreras del idioma, las diferencias culturales y las experiencias de discriminación.

la coesione interna e la chiusura verso l'esterno. Eppure all'inizio del XIX secolo gli ebrei erano riusciti a conquistarsi l'accesso a tutti gli istituti d'istruzione, anche se le limitazioni future della mobilità erano già nell'aria. Molti genitori vietarono ai figli di frequentare la maggioranza delle scuole cattoliche a causa delle barriere linguistiche, delle differenze culturali e di casi di discriminazione.

van de buitenwereld. Begin negentiende eeuw eisten de Joden toegang tot betere scholing, maar de beperking van de Joodse bewegingsvrijheid stond dat aanvankelijk in de weg. Veel ouders weigerden hun kinderen naar christelijke scholen te sturen vanwege de taalbarrière, culturele verschillen en ervaringen van discriminatie.

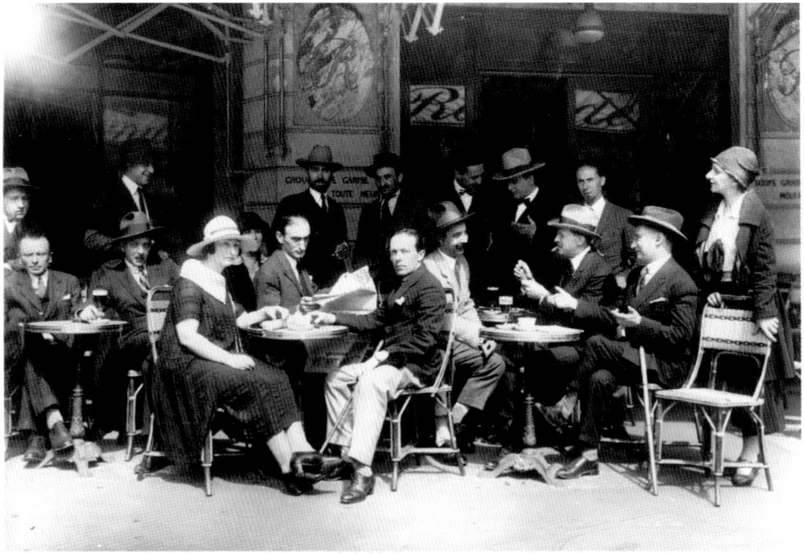

Group of Artists at Café du Dome, Paris

Un groupe d'artistes au café du Dôme, à Paris

Gruppe von Künstlern im Café du Dome in Paris

Grupo de artistas en el Café du Dome en París

Gruppo di artisti al Café du Dome, Parigi

Groep kunstenaars in het Café du Dome in Parijs

n.d.

Starving artist in Paris
The French capital was the unquestioned center of modern art in the years before the First World War. The extensive public collections at museums such as the Louvre, the many private art academies, and the lively scene in cafés and variety shows attracted young artists from all over the world to Paris. This included many Jewish painters and sculptors, writers, and other intellectuals who appreciate the tolerant climate in the cosmopolitan city. Like most of those who emigrated from Eastern Europe, Chaim Soutine and his friends settled in Montparnasse.

Montparnasse offered artists everything they needed, especially cheap spaces to live and work in and numerous contacts with colleagues, gallery owners,

Les années de faim à Paris
Dans les années qui précèdent la Première Guerre mondiale, la capitale française est sans conteste le centre de l'art moderne. Les trésors des grandes collections publiques, comme celle du Louvre, les nombreuses académies privées, la vie tourbillonnante dans les cafés et les music-halls font converger à Paris de jeunes artistes des deux sexes et du monde entier. Parmi eux se trouvent de nombreux peintres, des sculpteurs mais aussi des écrivains et intellectuels juifs, qui apprécient le climat de tolérance qui règne dans cette ville ouverte sur le monde. À l'instar de Chaïm Soutine et de ses amis, la plupart des émigrés d'Europe de l'Est s'installent à Montparnasse, qui est alors le quartier des artistes.

Hungerjahre in Paris
Die französische Hauptstadt ist in den Jahren vor dem Ersten Weltkrieg das unumstrittene Zentrum der modernen Kunst. Die kunsthistorischen Schätze in den großen öffentlichen Sammlungen, wie dem Louvre, die vielen privaten Kunstakademien, das quirlige Leben in den Cafés und Varietés – alles das zieht junge Künstlerinnen und Künstler aus der ganzen Welt nach Paris. Darunter auch viele jüdische Maler, Bildhauer aber auch Schriftsteller und Intellektuelle, die das tolerante Klima in der weltoffenen Stadt schätzen. Wie Chaim Soutine und seine Freunde lassen sich die meisten Emigranten aus Osteuropa im Künstlerviertel Montparnasse nieder.

Die dortige Infrastruktur bietet den Künstlern alles, was sie brauchen, vor

Paris, Jardin des Tuileries, Rue de Rivoli

La Rue de Rivoli et le jardin des Tuileries à Paris

Paris, Gärten des Tuilerienpalastes, Rue de Rivoli

París, Jardín del Palacio de las Tullerías, Rue de Rivoli

Parigi, giardino delle Tuileries, Rue de Rivoli

Parijs, Tuilerieënpaleis, Rue de Rivoli

1910, Sammlung Archiv für Kunst und Geschichte, Berlin

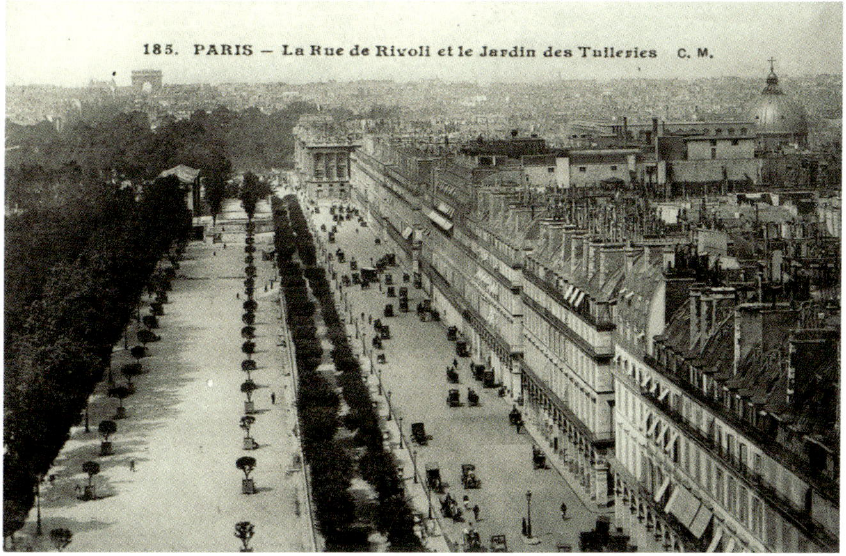

Años de hambre en París

La capital francesa era en los años previos a la Segunda Guerra Mundial el centro indiscutible del arte moderno. Los tesoros histórico-artísticos de las importantes colecciones públicas, como el Louvre, las muchas academias privadas de arte, la bulliciosa vida de los cafés y de los espectáculos de variedades – constituían todo lo que podía atraer a París a los jóvenes artistas de todo el mundo. Incluyendo muchos pintores y escultores judíos así como escritores e intelectuales que apreciaban el clima tolerante de la cosmopolita ciudad. Al igual que Chaim Soutine y sus amigos, la mayoría de los emigrantes de Europa del este se asientan en Montparnasse.

La infraestructura de allí ofrecía a los artistas todo lo que necesitaban, en

Gli anni della fame a Parigi

Prima della prima guerra mondiale la capitale francese era il centro indiscusso dell'arte moderna. I tesori artistici conservati nei musei, come il Louvre, nelle tante accademie private, la vita mondana dei caffè e varietà: questo e molto altro ancora attirava a Parigi artisti e artiste da tutto il mondo. Tra questi non solo molti pittori e scultori ebrei, ma anche scrittori e intellettuali, che apprezzavano particolarmente il clima di tolleranza della città. Proprio come Chaim Soutine e i suoi amici, che come la maggioranza degli emigranti provenienti dall'Europa dell'est, si stabilì nel quartiere artistico di Montparnasse.

Le infrastrutture del luogo offrivano agli artisti tutto quello di cui avevano bisogno; prima di tutto uno spazio

Hongerjaren in Parijs

Aan de vooravond van de Eerste Wereldoorlog was de Franse hoofdstad het onomstreden centrum van de moderne kunst. De kunsthistorische schatten van grote openbare collecties als het Louvre, de talloze private kunstacademies, het bruisende uitgaansleven van cafés en het variété – dat alles trok jonge kunstenaars uit de hele wereld naar Parijs. Daartoe behoorden ook vele Joodse schilders, beeldhouwers, schrijvers en intellectuelen, die het tolerante klimaat in de kosmopolitische stad waardeerden. Evenals Chaïm Soutine en zijn vrienden vestigden de meeste immigranten uit Oost-Europa zich in de kunstenaarswijk Montparnasse.

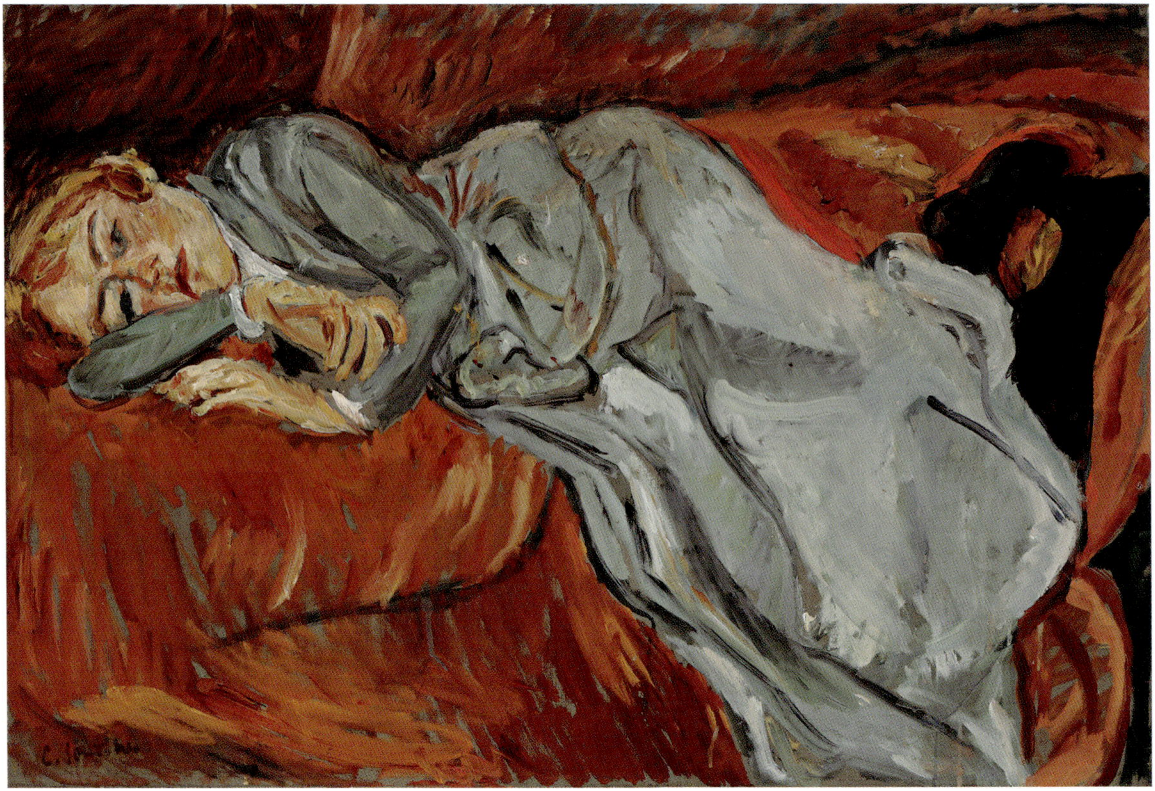

and collectors. Before the turn of the 20th century, a number of new artists' quarters had been established in the district. One of them, the largest and most famous, became Chaim Soutine's first makeshift home in 1913: *La Ruche.*

Soutine, without a penny to his name, could not even afford the rent at *La Ruche.* Instead he lived and worked alternately with Krémègne and Kikoïne or with Vilnius-born sculptor Léon Indenbaum (1890–1981). He became close

À Montparnasse, les artistes trouvent tout ce dont ils ont besoin, notamment des ateliers, des appartements bon marché et toutes sortes de contacts, avec leurs collègues, des galeristes et des collectionneurs. Plusieurs résidences d'artistes y ont été construites avant 1900. L'une d'elles, la Ruche, devient le premier logement bien modeste de Chaïm Soutine en 1913.

Soutine, sans aucun revenu, ne peut même pas payer le loyer à la Ruche et

allem günstigen Wohn- und Arbeitsraum und zahlreiche Kontaktmöglichkeiten zu Kollegen, Galeristen und Sammlern. Vor der Wende zum 20. Jahrhundert waren hier einige neue Künstlerquartiere entstanden. Eines von ihnen, das größte und bekannteste, wurde 1913 zum ersten behelfsmäßigen Wohnort von Chaim Soutine: *La Ruche.*

Der mittellose Soutine kann sich nicht einmal die Miete in *La Ruche* leisten und wohnt stattdessen abwechselnd

Woman Lying on Red Sofa

Femme couchée sur un divan rouge

Liegende Frau auf rotem Sofa

Mujer tumbada en sofá rojo

Donna distesa su un divano rosso

Liggende vrouw op rode sofa

1916, Oil on canvas/Huile sur toile, 54 × 81 cm, Private collection

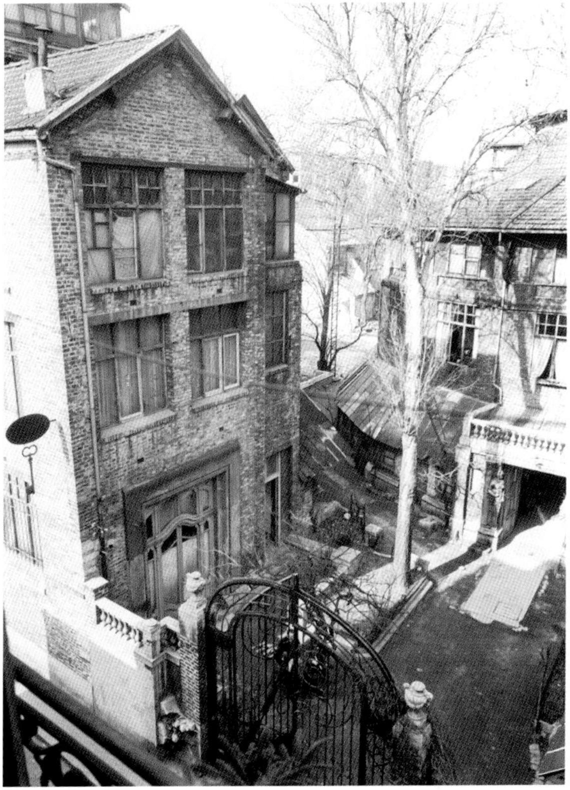

Paris, *La Ruche,* Exterior View

La Cité d'artistes de la Ruche, à Paris

Paris, *La Ruche,* Außenansicht

París, *La Ruche,* Exterior

Parigi, *La Ruche,* esterno

Parijs, *La Ruche,* exterieur

c. 1968

cuanto a vivienda y espacio de trabajo así como numerosos contactos con colegas, galeristas y coleccionistas. Antes del cambio al siglo XX, se crearon algunos nuevos barrios de artistas. Uno de ellos, el más grande y el más conocido, fue construido en 1913 y fue la primera residencia provisional de Chaim Soutine: *La Ruche.*

El Soutine pobre ni siquiera podía pagar el alquiler en *La Ruche* y vivía en su lugar con Krémègne y Kikoïne o con un nativo

economico dove vivere e lavorare e numerose opportunità per entrare in contatto con colleghi, galleristi e collezionisti. Poco prima dell'inizio del XX secolo nacquero molti nuovi quartieri di artisti. Uno di questi, il più grande e famoso, divenne la prima dimora provvisoria di Chaim Soutine: *La Ruche.*

Il povero Soutine non poteva permettersi un proprio affitto a *La Ruche* e abitò un po' da Krémègne e Kikoïne o da Léon Indenbaum (1890–1981), scultore

Montparnasse bood de kunstenaars alles wat ze nodig hadden: goedkope woon- en werkruimten en talrijke mogelijkheden om contacten te leggen, in academies en galeries en bij kunstverzamelaars. Rond de eeuwwisseling waren in Montparnasse enkele nieuwe kunstenaarsgroepen ontstaan; in de grootste en bekendste daarvan, in het gebouw *La Ruche,* vond Soutine in 1913 zijn eerste geïmproviseerde atelierwoning.

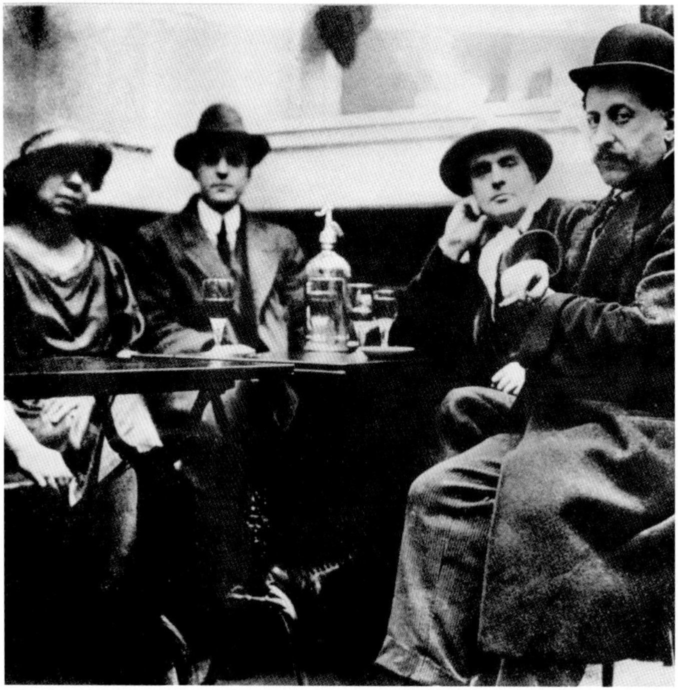

Amedeo Modigliani (with elbow on table) with friends and the art critic Adolphe Basler at the Café du Dome in Montparnasse

Amedeo Modigliani (accoudé à la table) avec des amis et le critique d'art Adolphe Basler au Café du Dôme, à Montparnasse

Amedeo Modigliani (mit aufgestütztem Ellenbogen) mit Freunden und dem Kunstkritiker Adolphe Basler im Café du Dome in Montparnasse

Amedeo Modigliani (con el codo apoyado) con amigos y el crítico de arte Adolphe Basler en el Café du Dome en Montparnasse

Amedeo Modigliani (con i gomiti poggiati) con amici e il critico d'arte Adolphe Basler al Café du Dome a Montparnasse

Amedeo Modigliani (steunend op een elleboog) met vrienden en de kunstcriticus Adolphe Basler in het Café du Dome in Montparnasse

1925

with sculptor Jacques Lipchitz (1891–1973), also from present-day Lithuania, who had been living in Paris since 1909 and regularly exhibited at the autumn salon. It was he who introduced the awkward and reserved Soutine to Italian artist Amedeo Modigliani (1884–1920).

Modigliani lived in the nearby artist colony of Cité Falguière and was an exceptionally good-looking, intelligent, and educated young man. As unlikely as it may seem, he and Soutine soon developed a close friendship. Shortly after his arrival, Soutine applied to the École des Beaux-Arts. He also explored the galleries at the Louvre

vit tantôt chez Krémègne, tantôt chez Kikoïne, ou encore chez le sculpteur Léon Indenbaum (1890-1981), originaire de Vilnius. Il se lie avec le sculpteur Jacques Lipchitz (1891-1973), originaire de l'actuelle Lituanie, qui vit à Paris depuis 1909 et expose déjà régulièrement au Salon d'automne. C'est lui qui, en 1915, présente un Soutine à l'air maladroit et réservé à l'artiste italien Amedeo Modigliani (1884-1920).

Modigliani vit à la Cité Falguière, une colonie d'artistes située non loin de là. C'est un jeune homme aussi exceptionnellement beau que spirituel et cultivé. En dépit de leurs différences,

bei Krémègne und Kikoïne oder bei dem aus Wilna stammenden Bildhauer Léon Indenbaum (1890–1981). Ein enger Kontakt entwickelt sich zu dem aus dem heutigen Litauen stammenden Bildhauer Jacques Lipchitz (1891–1973), der seit 1909 in Paris lebt und bereits regelmäßig im Herbstsalon ausstellen kann. Er ist es, der den ungelenk und reserviert auftretenden Soutine 1915 mit dem italienischen Künstler Amedeo Modigliani (1884–1920) bekannt macht.

Modigliani lebt in der nahegelegenen Künstlerkolonie Cité Falguière und ist ein außerordentlich gut aussehender, geistreicher und gebildeter junger

Amedeo Modigliani

n.d.

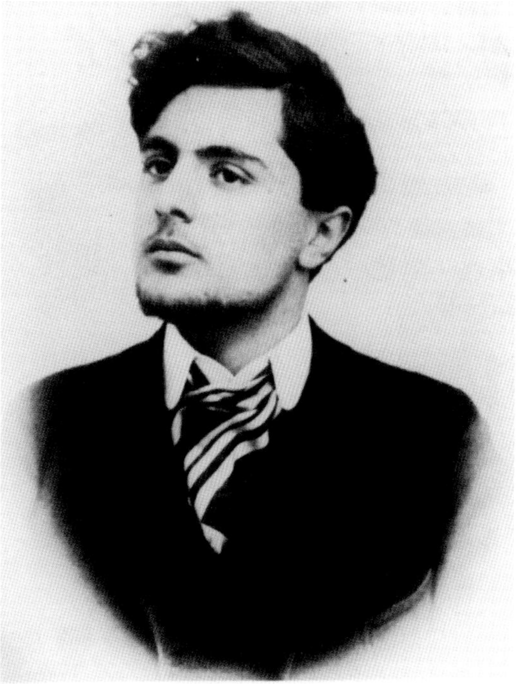

de Vilnius, el escultor Léon Indenbaum (1890-1981). Un contacto cercano, escultor nativo de la actual Lituania, Jacques Lipchitz (1891-1973), que vivía desde 1909 en París, ya se podía permitir exponer regularmente en el Salón de Otoño. Él es el que hace que se conozcan el incómodo y reservado Soutine y el artista italiano Amedeo Modigliani (1884-1920) en 1915.

Modigliani vivía en la cercana colonia de artistas Cité Falguière y era un joven extraordinariamente guapo, ingenioso y educado. Pronto se establece entre los artistas, tan distintos, una estrecha amistad. Poco después de su llegada, Soutine se inscribe en la École des

originario di Wilna. Strinse rapporti anche con lo scultore Jacques Lipchitz (1891–1973), che proveniva dall'odierna Lituania, viveva a Parigi dal 1909 e poteva già esporre regolarmente al Salone d'Automne. Fu lui che nel 1915 fece conoscere il goffo e riservato Soutine con l'artista italiano Amedeo Modigliani (1884–1920).

Modigliani viveva nella limitrofa colonia di artisti di Cité Falguière ed era un giovane uomo incredibilmente affascinante, colto e spiritoso. I due si legarono quasi subito da un forte legame d'amicizia. Poco dopo il suo arrivo, Soutine si iscrisse alla École des

De onbemiddelde Soutine kon zich zelfs de lage huur in *La Ruche* niet veroorloven en woonde in plaats daarvan afwisselend bij Krémègne en Kikoïne of bij de uit Vilnius afkomstige beeldhouwer Léon Indenbaum (1890–1981). Soutine raakte ook nauw bevriend met de uit het huidige Litouwen stammende beeldhouwer Jacques Lipchitz (1891–1973), die sinds 1909 in Parijs woonde en al geregeld in de Herfstsalon exposeerde. Het was Lipchitz die de verwarde en afstandelijke Soutine in 1915 met de Italiaanse kunstenaar Amedeo Modigliani (1884–1920) in contact bracht.

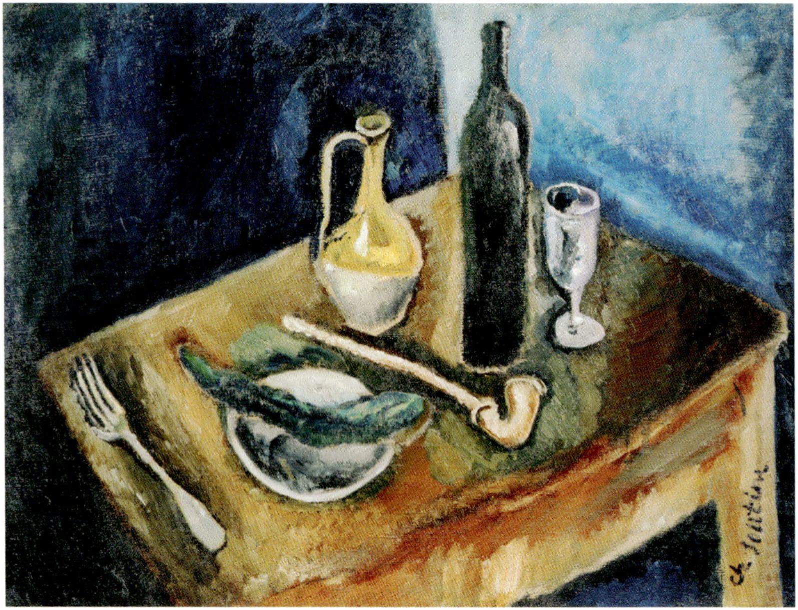

Still Life with Pipe

Nature morte à la pipe

Stillleben mit Pfeife

Naturaleza muerta con pipa

Natura morta con pipa

Stilleven met pijp

1916, Oil on canvas/Huile sur toile, 54 × 94 cm, Musée d'Art Moderne de Troyes, Troyes

and found inspiration with Tintoretto, El Greco, Raphael, Goya, Chardin, and Ingres. Above all, it was the paintings of Rembrandt (1606–1669) with their mysterious darkness, subtle lighting, and emotional intensity that inspired his future work.

The *Académie Russe* on Avenue du Maine, a meeting place for Russian artists in Montparnasse, became another important destination for Soutine. It was not far from the academy run by Marie Vassilieff (1884–1957), a former student of Matisse. Soutine frequently went there to practice life drawing and met the young Russian artist Marevna (1892–1984). She later recalled: "There was a nude model in the far corner of the studio by the stove and we drew him very freely exactly

les deux artistes deviennent très vite de grands amis. Peu de temps après son arrivée, Soutine s'inscrit à l'école des Beaux-Arts. Par ailleurs, il visite régulièrement le Louvre, où il admire en particulier le Tintoret, le Greco, Raphaël, Goya, Chardin et Ingres. Il est fasciné par les tableaux de Rembrandt (1606–1669), leur clair-obscur mystérieux, leur éclairage subtil et leur puissance psychologique.

Soutine, par ailleurs, fréquente avec assiduité l'Académie russe, avenue du Maine, toujours à Montparnasse, où se retrouvent les émigrés russes. Non loin de là, Marie Vassilieff (1884–1957), une ancienne élève de Matisse, a ouvert une académie. Soutine s'y rend souvent pour dessiner d'après le modèle vivant et y

Mann. Schon bald verbindet die unterschiedlichen Künstler ein enges freundschaftliches Verhältnis. Kurz nach seiner Ankunft schreibt sich Soutine in der l'école des Beaux-Arts ein. Außerdem pilgert er in den Louvre und findet in Tintoretto, El Greco, Raphael, Goya, Chardin und Ingres seine großen Vorbilder. Vor allem begeistern ihn die Gemälde Rembrandts (1606–1669) mit ihrer geheimnisvollen Dunkelheit, subtilen Lichtregie und emotionalen Intensität.

Eine weitere wichtige Anlaufstelle für Soutine wird die *Académie Russe* in der Avenue du Maine, ein Treffpunkt russischer Künstleremigranten in Montparnasse. In der Nachbarschaft liegt die Akademie von Marie Vassilieff

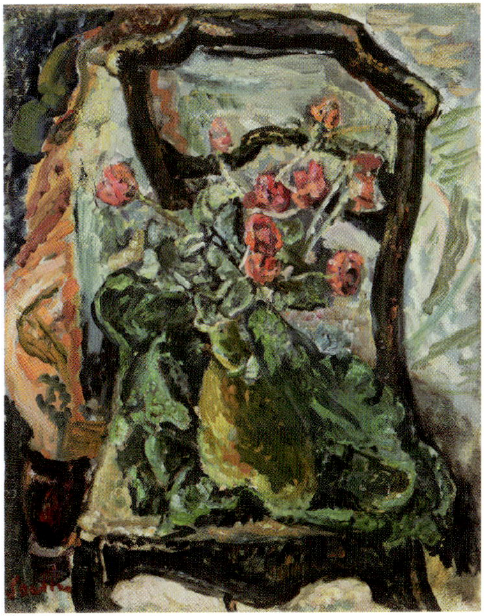

Flower Vase on a Chair

Le Pot de fleurs sur la chaise

Blumenvase auf einem Stuhl

Jarrón con flores en una silla

Vaso di fiori su sedia

Vaas met bloemen op een stoel

1917, Oil on canvas/Huile sur toile, 61,5 × 49,5 cm, Private collection

Beaux-Artes. También peregrina por el Louvre y tiene como a grandes modelos a Tintoretto, El Greco, Rafael, Goya, Chardin e Ingres. Especialmente las pinturas de Rembrandt (1606–1669) le inspiran con su misteriosa oscuridad, su diseño de iluminación sutil y su intensidad emocional.

Otro punto importante de contacto para Soutine fue *la Académie Russe* en la Avenue du Maine, un lugar de encuentro de artistas emigrantes rusos en Montparnasse. En el barrio se encuentra la academia de Marie Vassilieff (1884–1957), una ex estudiante de Matisse. Soutine visita esta zona con frecuencia para dibujar y se encuentra con la joven artista rusa Marevna (1892–1984). Más tarde ella recordaba: "En la esquina

Beaux-Artes. Inoltre visitò il Louvre e trovò i suoi più grandi modelli nel Tintoretto, El Greco, Raphael, Goya, Chardin e Ingres. Ma ad affascinarlo più di tutti furono i dipinti di Rembrandt (1606–1669) con la loro misteriosa oscurità, il sottile gioco di luci e l'intensità emotiva.

Un altro luogo importante per Soutine divenne *l'Académie Russe* nella Avenue du Maine, un luogo d'incontro importante per gli emigranti russi a Montparnasse. Nelle vicinanze si trovava l'accademia di Marie Vassilieff (1884–1957), ex studentessa di Matisse. Qui Soutine veniva spesso per i disegni di nudi ed è qui che incontrò l'artista russa Marevna (1892–1984). Successivamente lei ricordò: „All'angolo dell'atelier, vicino alla stufa,

Modigliani woonde in de naburige kunstenaarskolonie Cité Falguière en was een buitengewoon knappe, inspirerende en gecultiveerde jongeman. Al snel raakten deze zo verschillende kunstenaars nauw bevriend. Kort na zijn aankomst schreef Soutine zich in bij de École des Beaux-Artes. Bovendien ondernam hij de bedevaart naar het Louvre, om daar in Tintoretto, El Greco, Rafaël, Goya, Chardin en Ingres zijn grote voorbeelden te vinden. Maar hij was vooral verbluft door de geheimzinnige duisterheid, subtiele lichtenscenering en emotionele intensiteit van de schilderijen van Rembrandt (1606–1669).

Een andere ontmoetingsplek voor Soutine werd de *Académie Russe* in de Avenue du Maine, een trefpunt voor

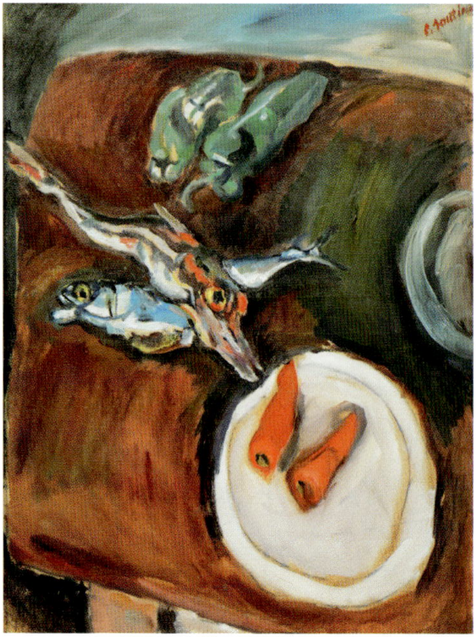

Still Life with Fish, Bell Peppers, and Carrots

Nature morte aux poivrons et aux carottes

Stilleben mit Fischen, Pfefferschoten und Karotten

Naturaleza muerta con pescado, pimientos y zanahorias

Natura morta con pesci, peperoncini e carote

Stilleven met vissen, paprika's en wortels

1918, Oil on canvas/Huile sur toile, 61 × 46 cm, Private collection

as we wanted. Soutine always sat behind everyone else, covering his work with a newspaper." Even later in life, Soutine would not tolerate any spectators in his studio. The painting process for him was an extremely intimate and fragile high wire act.

rencontre la jeune artiste russe Marie Vorobieff, dite Marevna (1892–1984). Elle s'en est rappelée par la suite : « Un modèle était assis à l'autre bout de l'atelier, près du poêle, et nous dessinions très librement, ce que nous voulions et selon notre fantaisie. Soutine, qui était toujours assis derrière tout le monde, cachait son travail sous un journal. » Plus tard, Soutine ne tolérera pas davantage de spectateurs dans son atelier. Peindre sera toujours pour lui un exercice périlleux, des plus intimes, et risqué.

(1884–1957), eine ehemalige Matisse Schülerin. Hierher kommt Soutine häufig zum Aktzeichnen und trifft auf die junge russische Künstlerin Marevna (1892–1984). Sie erinnerte sich später: „In der fernen Atelierecke am Ofen saß ein Aktmodell und wir zeichneten es sehr frei, was und wie wir wollten. Soutine saß immer hinter allen, wobei er seine Arbeit mit einer Zeitung verdeckte." Auch in späteren Jahren duldet Soutine keine Zuschauer im Atelier. Der Malprozess bleibt für ihn ein äußerst intimer und fragiler Drahtseilakt.

Red Hauses

Les Maisons rouges

Rote Häuser

Casas rojas

Case rosse

Rode huizen

1917, Oil on canvas/Huile sur toile, 54,3 × 65,1 cm, Private collection

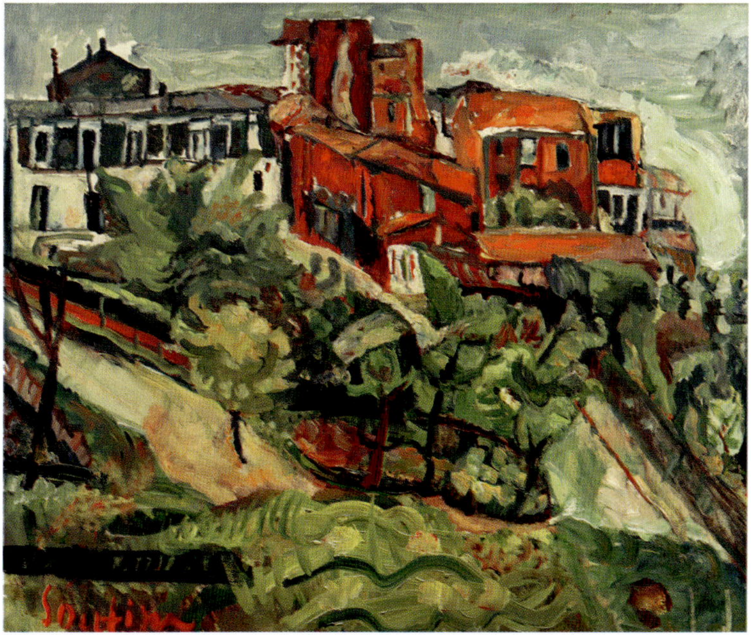

más lejana del estudio, donde la estufa, estaba sentado un modelo desnudo y lo dibujábamos libremente, como queríamos. Soutine siempre se sentaba atrás del todo y ocultaba su trabajo con un periódico." Ni siquiera en los últimos años Soutine toleraba el público en el estudio. El proceso de pintura para él era un acto de equilibrio muy íntimo y frágil.

sedeva un modello e noi eravamo liberi di disegnare cosa e come volevamo. Soutine stava seduto sempre dietro da solo, e ciò nonostante nascondeva i suoi lavori con dei giornali." Anche negli anni successivi Soutine non sopportava di avere spettatori nel suo atelier. Il processo di pittura era infatti per lui un qualcosa di intimo ed estremamente fragile.

Russische kunstenaars en emigrés in Montparnasse. Vlakbij lag de academie van Marie Vassilieff (1884–1957), een ex-leerlinge van Matisse. Hier kwam Soutine vaak om naaktmodellen te tekenen en hier ontmoette hij ook de jonge Russische kunstenares Marevna (1892–1984). Zij herinnerde zich later: "In een hoek van het atelier stond naast de kachel een model, en wij tekenden het zeer vrij, wat en hoe wij het wilden. Soutine zat helemaal achteraan, waarbij hij zijn werk onder een krant verborg." Ook later duldde Soutine geen pottenkijkers in zijn atelier. Het schilderproces bleef voor hem een intieme en kwetsbare evenwichtsact.

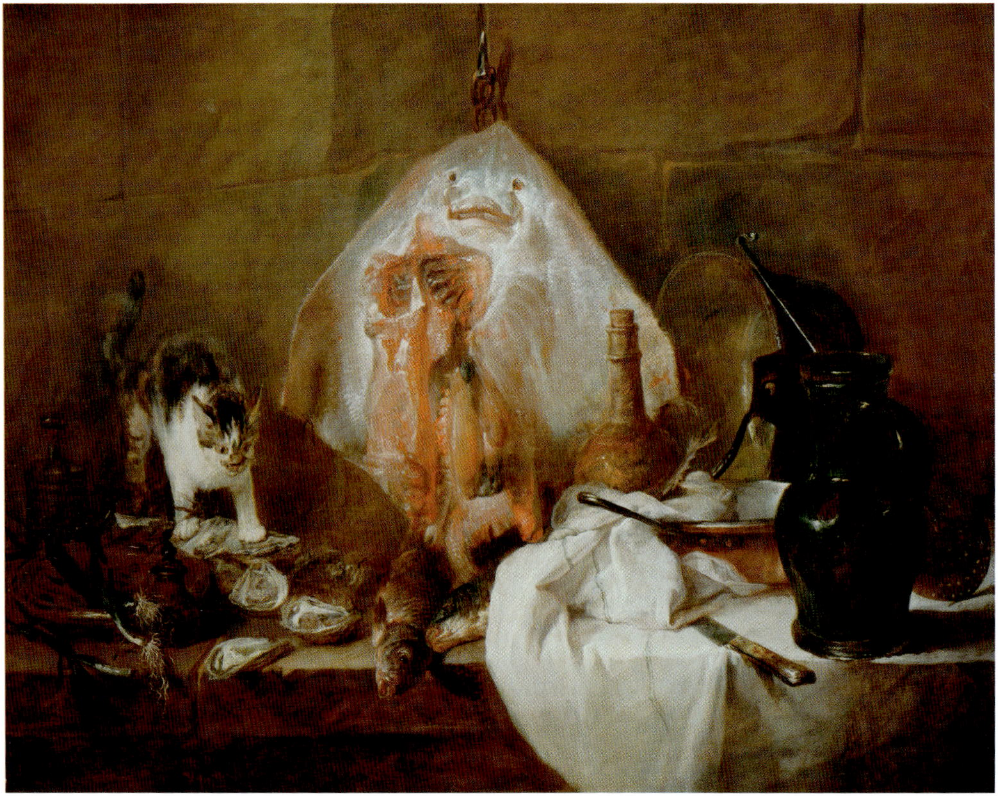

Jean Siméon Chardin (1699-1779)

The Ray

La Raie

Der Rochen

La raya

La razza

De rog

1725/26, Oil on canvas/Huile sur toile, 114 × 146 cm, Musée du Louvre, Paris

Soutine's *Still Life with Ray* is reminiscent of Jean Siméon Chardin. Not only with the eye-catching fish with the spooky expression on its face, but also the overall composition recalls the painting Chardin submitted as his application to the Academy.

La *Nature morte à la raie* de Soutine rend hommage à Jean Siméon Chardin. Le poisson fantomatique, mais aussi la composition toute entière rappellent le tableau peint par Chardin au XVIIIe siècle, sa pièce d'agrément auprès de l'Académie.

Eine späte Reminiszenz an Jean Siméon Chardin ist Soutines *Stillleben mit Rochen.* Nicht nur der auffällige Fisch mit dem gespenstischen Gesichtsausdruck, auch die Gesamtkomposition erinnert an das Gemälde aus dem 18. Jahrhundert, das Chardin seinerzeit als Aufnahmestück an der Akademie einreichte.

La *Naturaleza muerta con raya* de Soutine es un homenaje tardío a Jean Siméon Chardin. No sólo es llamativo el pez con la cara espeluznante sino toda la composición, que es una reminiscencia de las pinturas del siglo XVIII, la cual fue presentada por el Chardin de entonces como una pieza de recepción en la Academia.

Una tarda reminescenza a Jean Siméon Chardin si trova nella *Natura morta con razza* di Soutine. Non è soltanto il soggetto del pesce appariscente dall'espressione tetra, ma l'intera composizione che sembra richiamare al dipinto del XVIII secolo, che fu realizzato all'epoca da Chardin in accademia.

Een verlate hommage aan Jean Siméon Chardin is Soutines *Stilleven met rog.* Niet alleen de opvallende vis met zijn griezelige 'gezichtsuitdrukking', maar ook de compositie als geheel verwijst naar het werk dat Chardin in de achttiende eeuw als proeve voor zijn opname in de Académie schilderde.

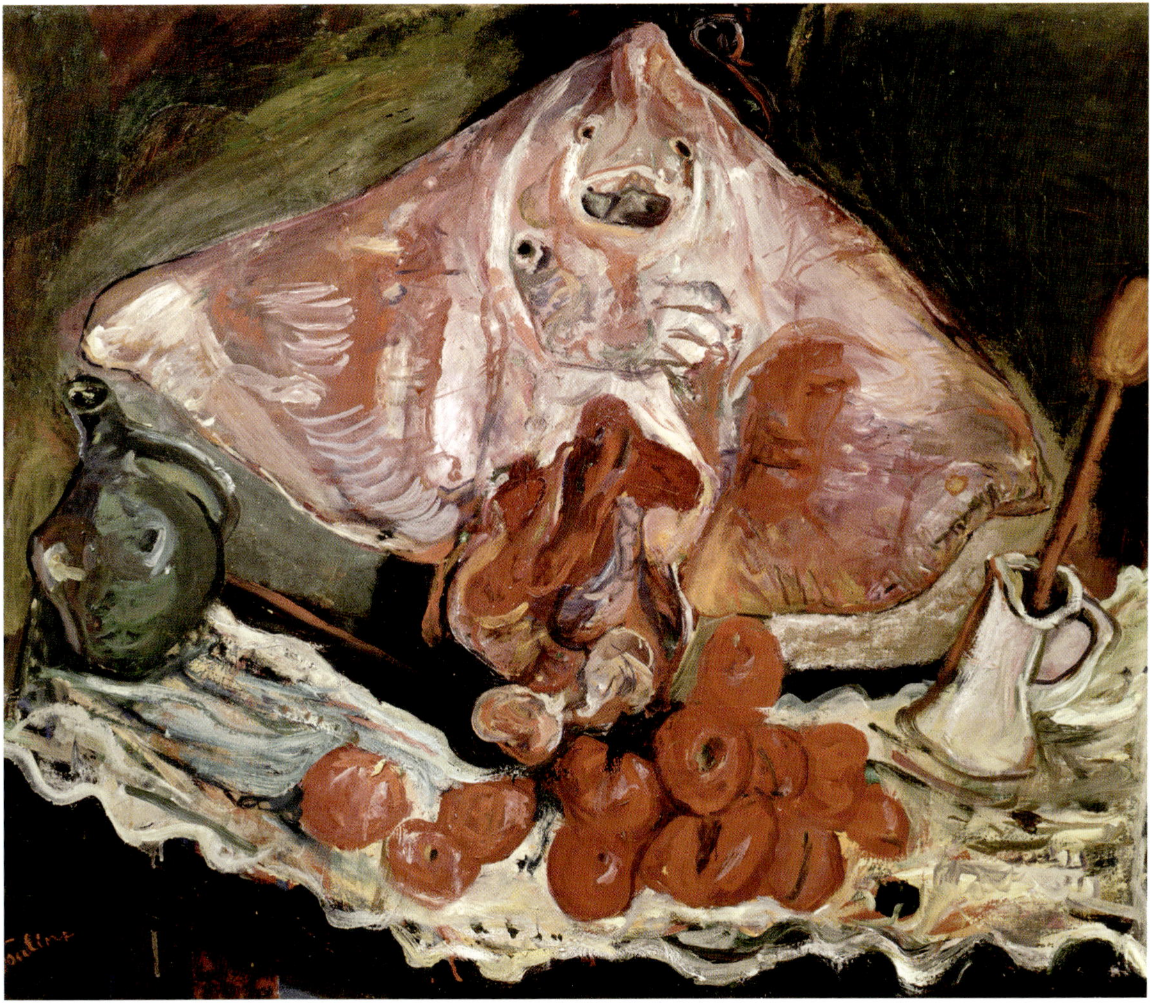

Still Life with Ray
Nature morte à la raie
Stillleben mit Rochen
Naturaleza muerta con raya
Natura morta con razza
Stilleven met rog

1924, Oil on canvas/Huile sur toile, 81 × 100 cm, Private collection

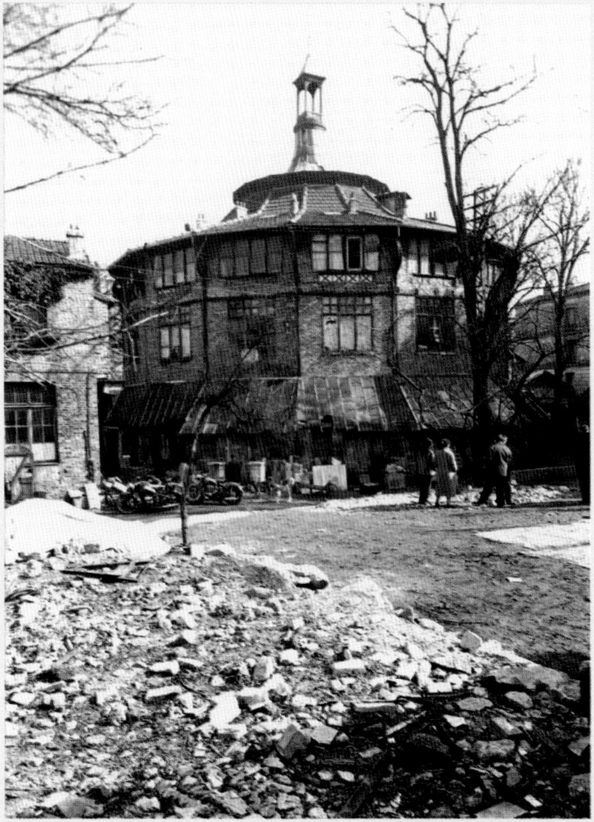

La Ruche, Passage de Dantzig, Montparnasse

n.d.

The artist's colony *La Ruche*
The characteristic trademark of *La Ruche* (which is French for beehive) was a rotunda built for the 1900 World's Fair acquired by sculptor Alfred Boucher (1850–1934) and rebuilt as a studio house on a site near an abattoir in the south of Paris. It offered 47 studios over three stories, with the ground floor reserved for the sculptors. Outbuildings added a further 140 studios to the artists' colony.

Le colonie d'artistes La Ruche
La Ruche s'enorgueillit d'une rotonde construite pour l'Exposition universelle de 1900. Le sculpteur Alfred Boucher (1850–1934), qui voulait la transformer en résidence d'artistes, l'acheta et la fit reconstruire sur un terrain près des abattoirs de Vaugirard. Quarante-sept ateliers y étaient répartis sur trois étages. Les sculpteurs s'étaient réservé le rez-de-chaussée, les peintres travaillaient

Die Künstlerkolonie *La Ruche*
Das charakteristische Kennzeichen von *La Ruche* (frz. der Bienenkorb) ist eine für die Weltausstellung von 1900 erbaute Rotunde, die der Bildhauer Alfred Boucher (1850–1934) erwarb und als Atelierhaus auf einem Gelände im Süden von Paris in der Nähe des Schlachthofes wieder aufbauen ließ. Auf drei Etagen standen 47 Ateliers zur Verfügung. Das Erdgeschoss war den

Alfred Boucher

n.d.

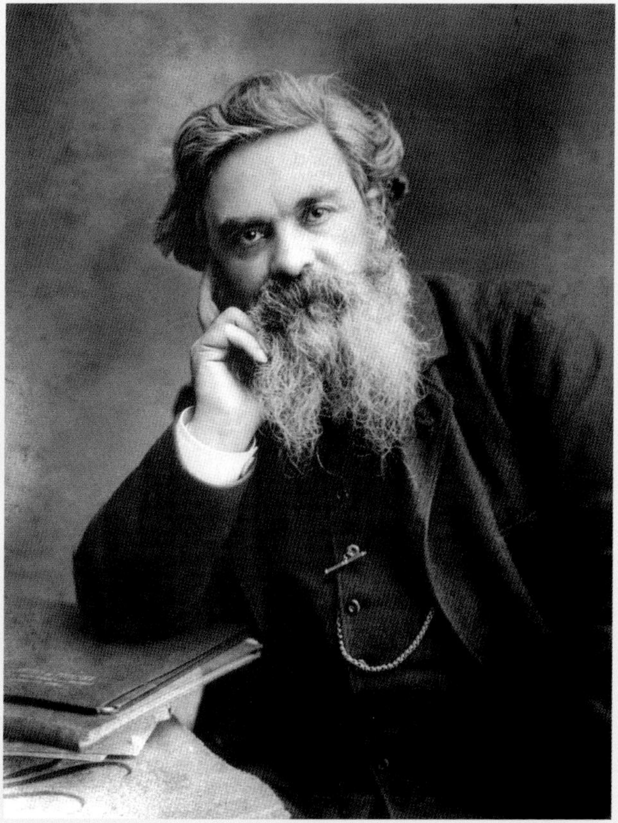

La colonia di artisti *La Ruche*

El rasgo característico de *La Ruche* (La Colmena, en francés) era la Rotonda de los Vinos, construida para la Exposición Universal de 1900, la cual fue adquirida por el escultor Alfred Boucher (1850–1934) que construyó un edificio-estudio al sur de París, cerca del matadero. En tres plantas había 47 estudios disponibles. La planta baja estaba reservada para los escultores,

La colonia de artistas *La Ruche*

Il tratto distintivo del quartiere *La Ruche* (in italiano l' alveare) è la struttura costruita nel 1900 per l'esposizione mondiale che fu rilevata dallo scultore Alfred Boucher (1850–1934) che la ricostruì come sede di vari atelier da mettere a disposizione agli artisti nel sud di Parigi vicino al macello. Erano disponibili 47 atelier suddivisi su 3 piani. Il piano terra era riservato agli scultori,

De kolonie *La Ruche*

Het opvallende aan *La Ruche* (Frans voor 'De Bijenkorf') was dat het als rondbouw en paviljoen was ontworpen voor de Wereldtentoonstelling van 1900; het gebouw werd gekocht door de beeldhouwer Alfred Boucher (1850–1934), die het als atelierwoning op een stuk grond ten zuiden van Parijs, in de buurt van een abattoir, weer liet opbouwen. De bovenetages telden 47 schilderateliers,

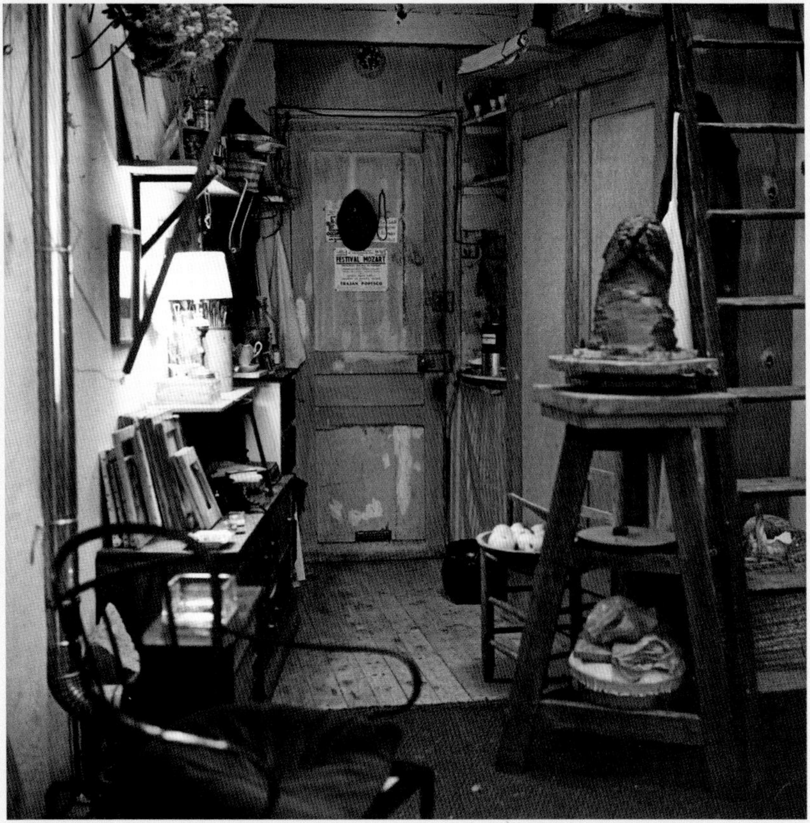

The artists lived and worked under the simplest conditions

Les artistes vivent et travaillent dans des conditions très sommaires

Die Künstler lebten und arbeiteten unter einfachsten Bedingungen

El artista vivió y trabajó bajo las condiciones más modestas

Gli artisti vivevano e lavoravano in condizioni modeste

De kunstenaars woonden en werkten onder de meest eenvoudige omstandigheden

c. 1968

A study hall and an exhibition space, a theatre, and several common rooms offered many opportunities for further development. Some of the most famous inhabitants of *La Ruche* included Marc Chagall, Constantin Brancusi, Amedeo Modigliani, Diego Rivera, and Fernand Léger.

plus haut. Avec les bâtiments annexes, les ateliers étaient au nombre de cent quarante. Les artistes avaient toutes sortes de possibilités pour se distraire et se cultiver dans la salle d'étude et l'espace d'exposition, au théâtre et dans plusieurs locaux communautaires. Marc Chagall, Constantin Brancusi, Amedeo Modigliani, Diego Rivera ou Fernand Léger sont quelques-uns des plus célèbres habitants de la Ruche.

Bildhauern vorbehalten, oben arbeiteten die Maler. Weitere Nebengebäude ergänzten die Künstlerkolonie auf 140 Ateliers. Ein Studiensaal und ein Ausstellungsraum, ein eigenes Theater und mehrere Gemeinschaftsräume boten viele Entfaltungsmöglichkeiten. Zu den berühmtesten Bewohnern von *La Ruche* zählten Marc Chagall, Constantin Brancusi, Amedeo Modigliani, Diego Rivera oder Fernand Léger.

On the ground floor were the sculptors' studios and various workshops

Les ateliers des sculpteurs et de divers artistes sont situés au rez-de-chaussée

Im Erdgeschoss lagen die Ateliers der Bildhauer und verschiedene Werkstätten

En la planta baja estaban los estudios de los escultores y diversos talleres

Al piano terra c'erano gli atelier degli scultori e diversi laboratori

Op de begane grond bevonden zich de ateliers van de beeldhouwers en verschillende werkplaatsen

c. 1968

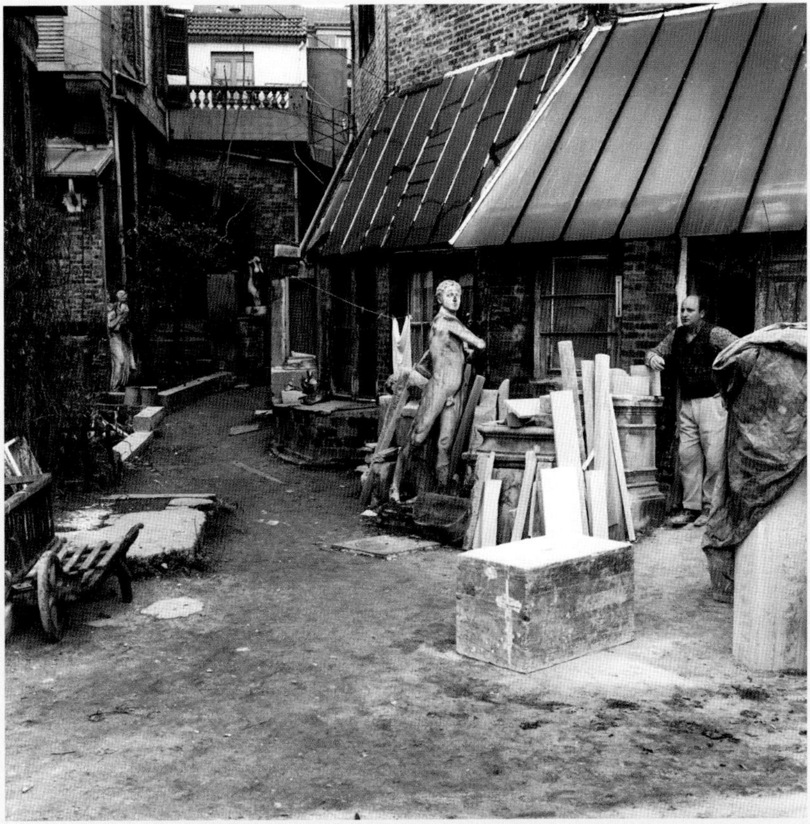

los pintores trabajaban arriba. Otras dependencias complementaban la colonia de artistas hasta llegar a 140 estudios. Una sala de estudio y una sala de exposiciones, un teatro y varias zonas comunes ofrecían muchas oportunidades para el desarrollo. Entre los más famosos residentes de *La Ruche* se incluyen Marc Chagall, Constantin Brancusi, Amedeo Modigliani, Diego Rivera y Fernand Léger.

a quello di sopra lavoravano i pittori. Altri edifici limitrofi fecero accrescere la colonia di artisti a ben 140 atelier. Una sala studio e una per esporre, un proprio teatro e varie sale comuni offrivano molte possibilità di esporre le proprie opere. Tra gli abitanti più noti de *La Ruche* c'erano Marc Chagall, Constantin Brancusi, Amedeo Modigliani, Diego Rivera o Fernand Léger.

de begane grond was bestemd voor de beeldhouwer. De kolonie groeide in de loop der tijd uit tot 140 ateliers. De studiezaal en expositieruimte, het theater en meerdere zaaltjes boden talloze mogelijkheden. Tot de bekendste bewoners van *La Ruche* behoorden Marc Chagall, Constantin Brancusi, Amedeo Modigliani, Diego Rivera en Fernand Léger.

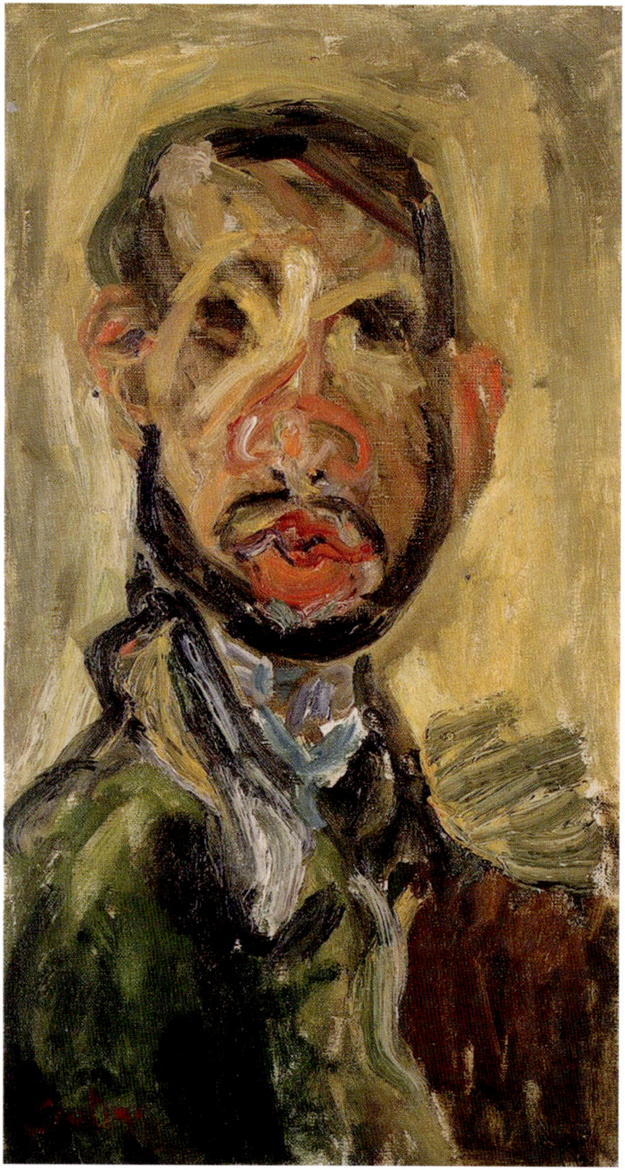

Self-Portrait

Autoportrait

Selbstbildnis

Autorretrato

Autoritratto

Zelfportret

c. 1920/21, Oil on canvas/Huile sur toile, 54 × 30 cm, State Hermitage Museum, St. Petersburg

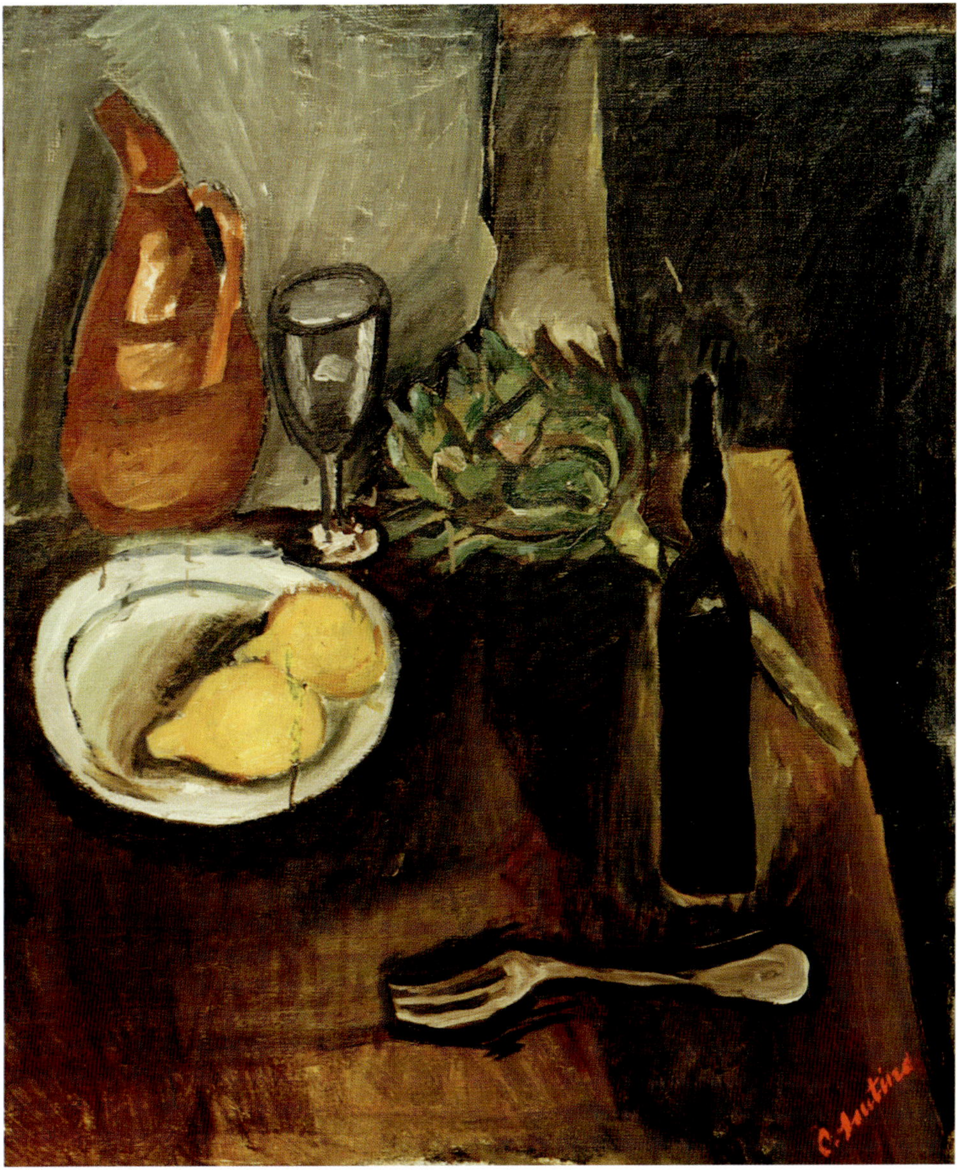

Still Life with Artichoke

Nature morte aux citrons ou Nature morte à l'artichaut

Stillleben mit Artischocke

Naturaleza muerta con alcachofa

Natura morta con carciofo

Stilleven met artisjok

1916, Oil on canvas/Huile sur toile, 63 × 54 cm, Kunsthaus, Zürich

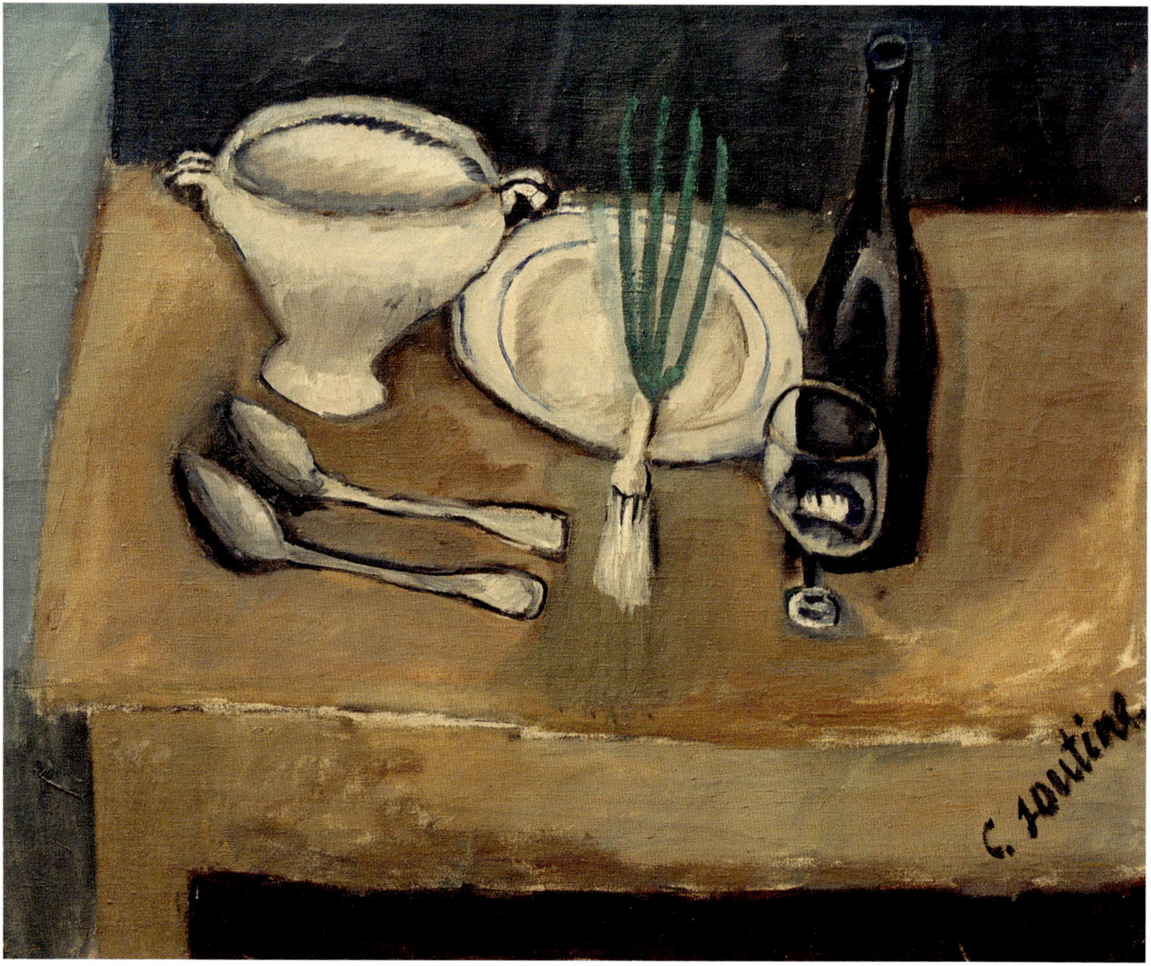

Still Life with Soup Terrine
Nature morte à la soupière
Stillleben mit Suppenterrine
Naturaleza muerta con sopera
Natura morta con zuppiera
Stilleven met soepterrine

1916, Oil on canvas/Huile sur toile, 61 × 73,7 cm, Private collection

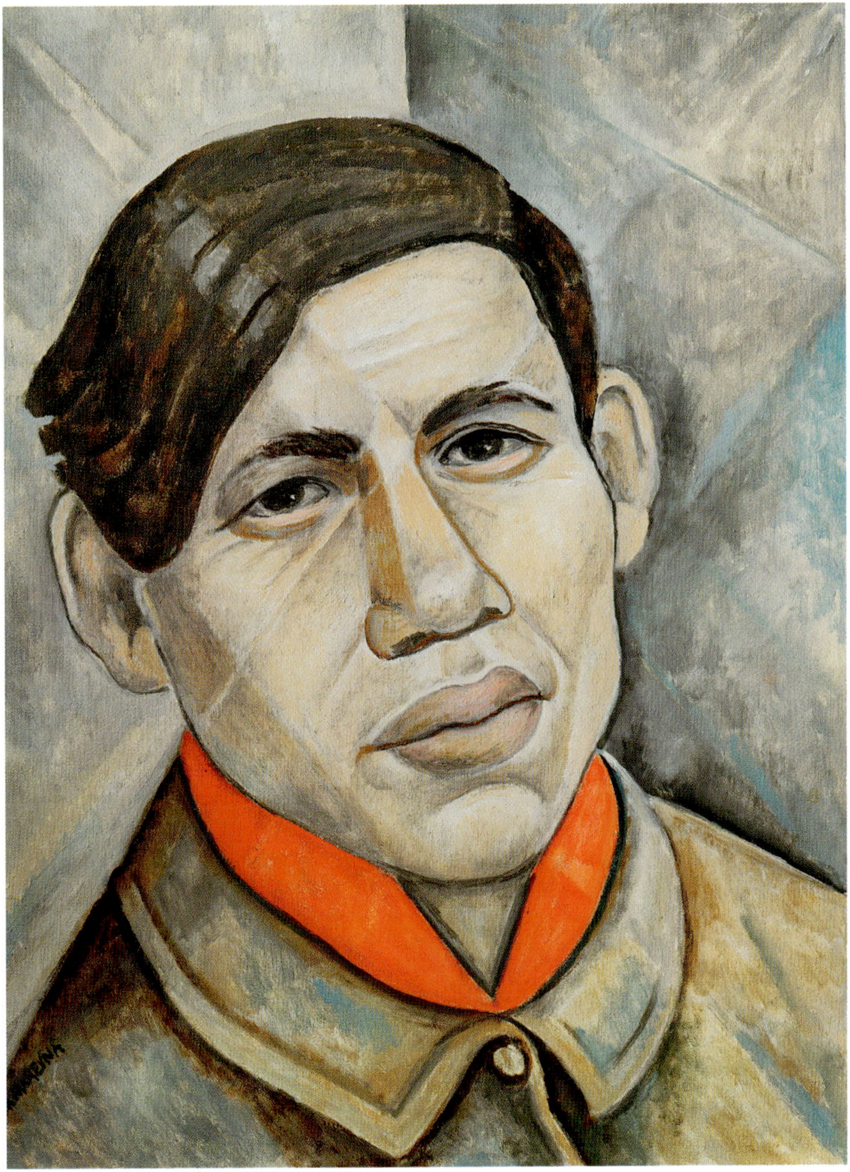

Maria Marevna (1892–1984)

Chaim Soutine

1916/17, Oil on canvas/Huile sur toile, Musée du Petit Palais, Genf

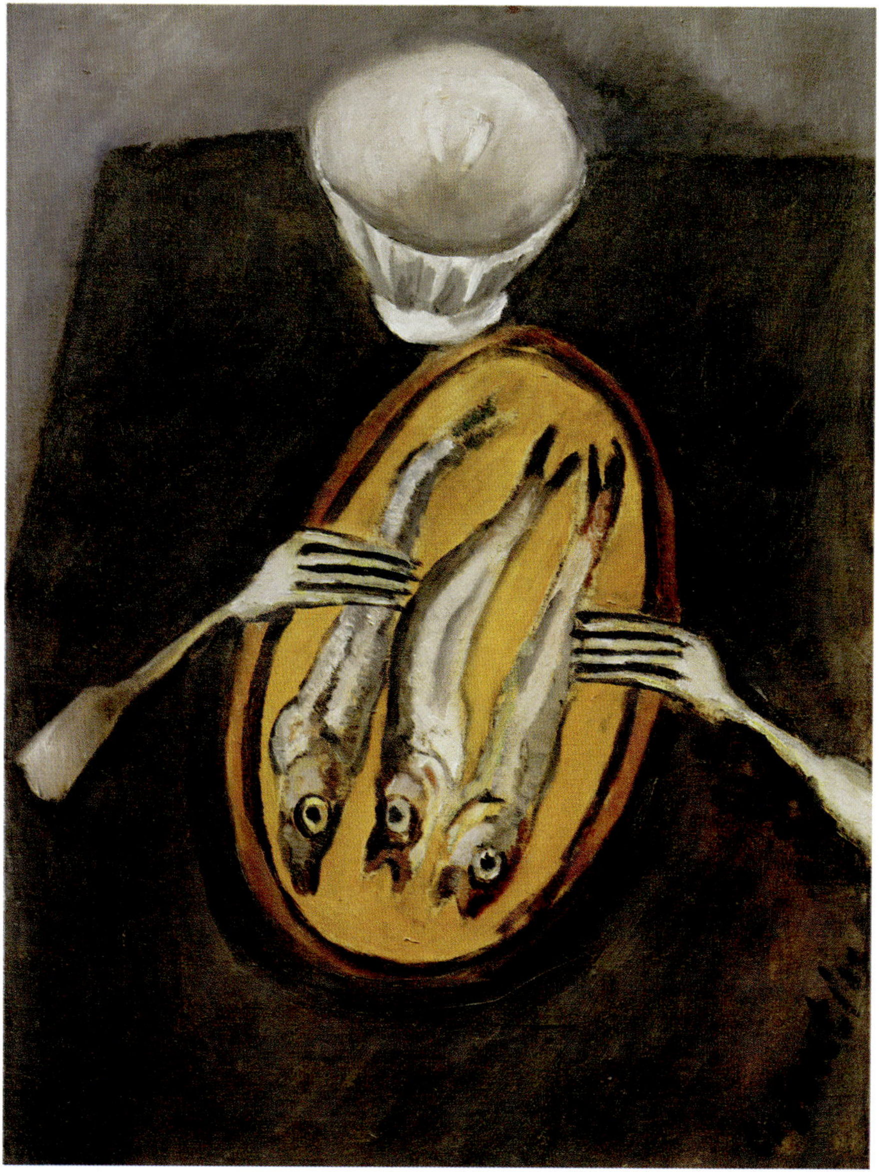

Still Life with Herring

Nature morte aux harengs

Stillleben mit Heringen

Naturaleza muerta con arenques

Natura morta con aringhe

Stilleven met haringen

1916, Oil on canvas/Huile sur toile, 64,5 × 48,6 cm, Private collection

The barrenness of this still life seems to reflect the artist's difficult living situation. Two forks are plunged into the meager fish like a pair of emaciated hands.

Cette nature morte dépouillée semble refléter la situation précaire du peintre. Les deux fourchettes viennent se planter sur les poissons maigres, sortes de mains décharnées.

Die Kargheit des Stilllebens scheint die schwierige Situation des Künstlers zu spiegeln. Auf die mageren Fische stürzen sich zwei Gabeln wie ausgezehrte Hände.

La aridez de la naturaleza muerta refleja la difícil situación del artista. Dos tenedores se sumergen en el magro pescado a modo de manos demacradas.

La povertà di elementi della natura morta sembra riflettere la situazione dell'artista. Sui magri pesci si poggiano due forchette come mani congiunte.

De eenvoud van het werk lijkt te getuigen van de zware tijd van de kunstenaar. Twee vorken storten zich als uitgemergelde handen op de magere vissen.

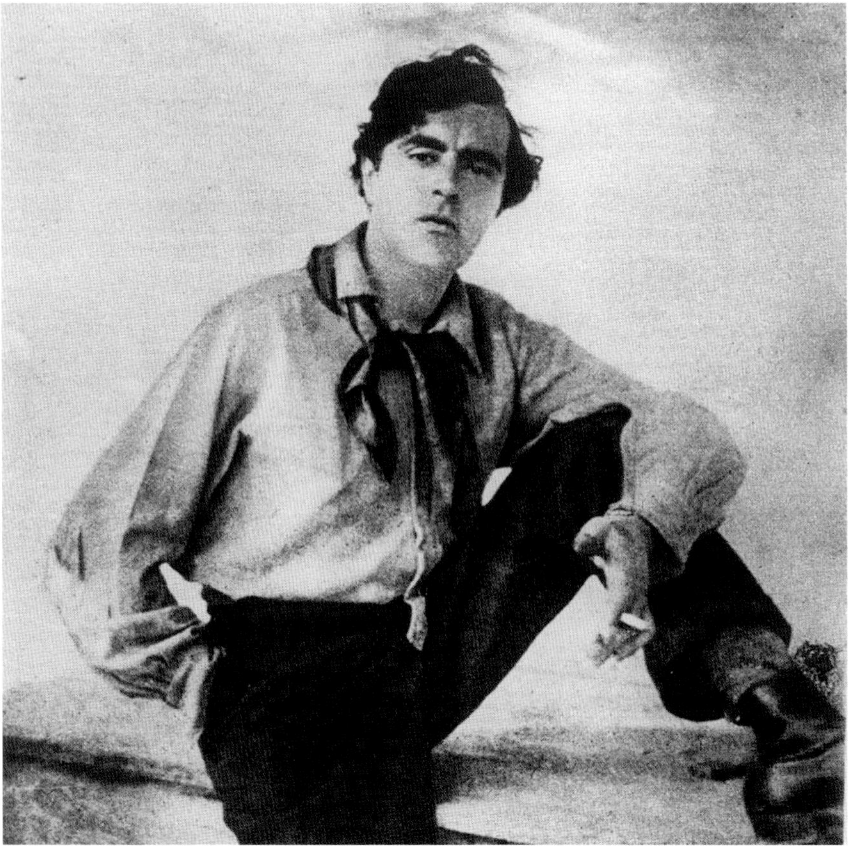

Amedeo Modigliani

1912

Changes
Soutine's first years in Paris were hard. He had to find jobs, including work as a porter at the rail station, at the Renault factory, and as a decorator for department stores. Modigliani introduced Soutine to the Polish art dealer Léopold Zborowski (1889–1932), who put Soutine under contract in 1916. Soutine was now able to rent his own studio space at Cité

Le tournant
Les premières années à Paris sont pénibles. Soutine doit louer ses services comme porteur à la gare, ouvrier chez Renault et décorateur pour de grands magasins. Modigliani attire sur lui l'attention du marchand polonais Léopold Zborowski (1889–1932), qui le prend sous contrat en 1916. Désormais, Soutine a les moyens de louer un atelier

Wendezeit
Die ersten Jahre in Paris sind hart. Soutine muss sich als Gepäckträger am Bahnhof, als Fabrikarbeiter bei Renault und als Dekorateur für Warenhäuser verdingen. Über Modigliani wird der polnische Kunsthändler Léopold Zborowski (1889–1932) auf Soutine aufmerksam und nimmt ihn 1916 unter Vertrag. Soutine kann sich nun ein Atelier in der Cité Falguière

Amedeo Modigliani

Léopold Zborowski

1916–19, Oil on canvas/Huile sur toile, 107 × 66 cm,
Museu de Arte de São Paulo, São Paulo

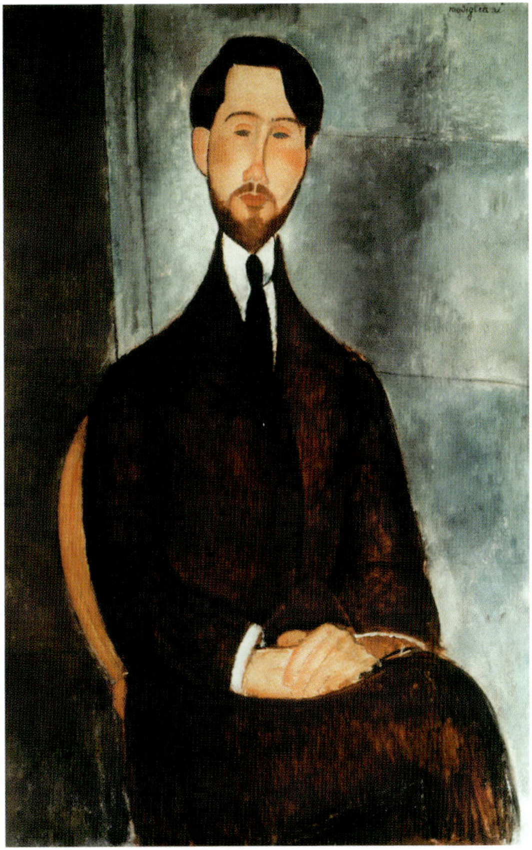

Punto de inflexión

Los primeros años en París son difíciles. Soutine debe trabajar como porteador de equipajes en la estación, como trabajador de la fábrica de Renault y como decorador para los grandes almacenes. Gracias a Modigliani, el comerciante de arte polaco Léopold Zborowski (1889–1932) conoce a Soutine y lo contrata en 1916. Soutine ahora puede alquilar un estudio en el

Gli anni della svolta

I primi anni a Parigi furono molto duri. Soutine si manteneva lavorando come portapacchi alla stazione, operaio alla Renault e decoratore nei magazzini. Grazie a Modigliani conobbe il mecenate polacco Léopold Zborowski (1889–1932) che lo assunse nel 1916. Soutine poté finalmente prendere in affitto un atelier a Cité Falguière. A questo periodo risalgono

Keerpunt

De eerste jaren in Parijs waren zwaar. Soutine werkte als kruier op het station, als fabrieksarbeider bij Renault en als decorateur voor warenhuizen. Via Modigliani werd de Poolse kunsthandelaar Léopold Zborowski (1889–1932) op Soutines werd gewezen, en hij nam hem in 1916 onder contract. Soutine kon nu

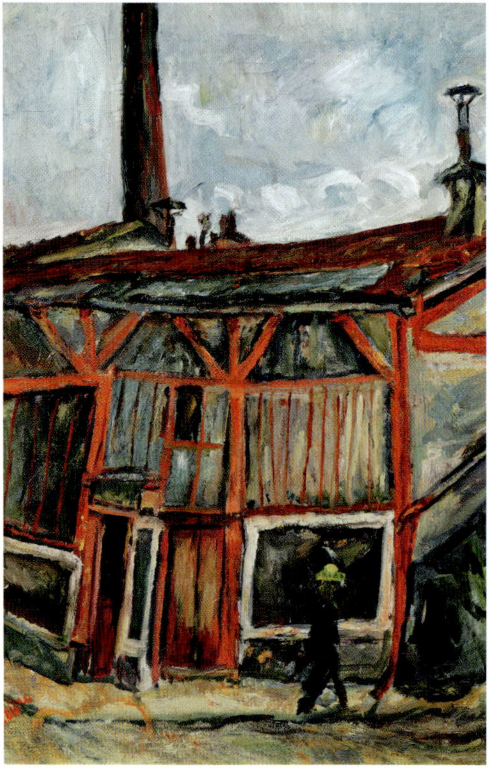

The Artist's Studio, Cité Falguière
L'Atelier de l'artiste à la Cité Falguière
Das Atelier des Künstlers, Cité Falguière
El estudio del artista, Cité Falguière
L'atelier degli artisti, Cité Falguière
Het atelier van de kunstenaar in de Cité Falguière
1915/16, Oil on canvas/Huile sur toile, 65,1 × 50 cm, Private collection

Falguière. It was during this time that some of his urban landscapes of the area around his studio, a few portraits, and simple still lifes were created.

Soutine's artistic production during this time fluctuated greatly, especially as Modigliani seduced Soutine into an extensive consumption of drugs. Zborowski persuaded Soutine to leave Paris in 1919 to escape this situation. The next year, in Céret, a small village in the French Pyrenees, Soutine heard of the death of his friend Modigliani. Soutine

à la cité Falguière. De cette époque datent quelques paysages de ville autour de la cité, des portraits et des natures mortes simples.

Sa production artistique, à cette époque, subit de grandes fluctuations. Entraîné par Modigliani, Soutine s'adonne aux stupéfiants et perd tout contrôle. Devant cette situation, Zborowski le convainc de quitter Paris en 1919. À Céret, un petit village dans les Pyrénées, Soutine apprend la mort de son ami Modigliani en 1920. Il reste trois ans dans le Midi.

mieten. In dieser Zeit entstehen einige Stadtlandschaften rund um die Cité, einige Porträts sowie einfache Stillleben.

Seine künstlerische Produktion unterliegt in dieser Zeit großen Schwankungen. Modigliani verführt Soutine zu einem ausufernden Drogenkonsum. In dieser Situation überredet ihn Zborowski 1919 Paris zu verlassen. In Céret, einem kleinen Dorf in den französischen Pyrenäen, erreicht ihn 1920 die Nachricht vom Tod seines Freundes Modigliani. Drei Jahre bleibt

The Big Blue Tree

Le Gros Arbre bleu

Der große blaue Baum

El gran árbol azul

Il grande albero blu

De grote blauwe boom

c. 1920/21, Oil on canvas/Huile sur toile, 83 × 80 cm, Musée de l'Orangerie, Paris

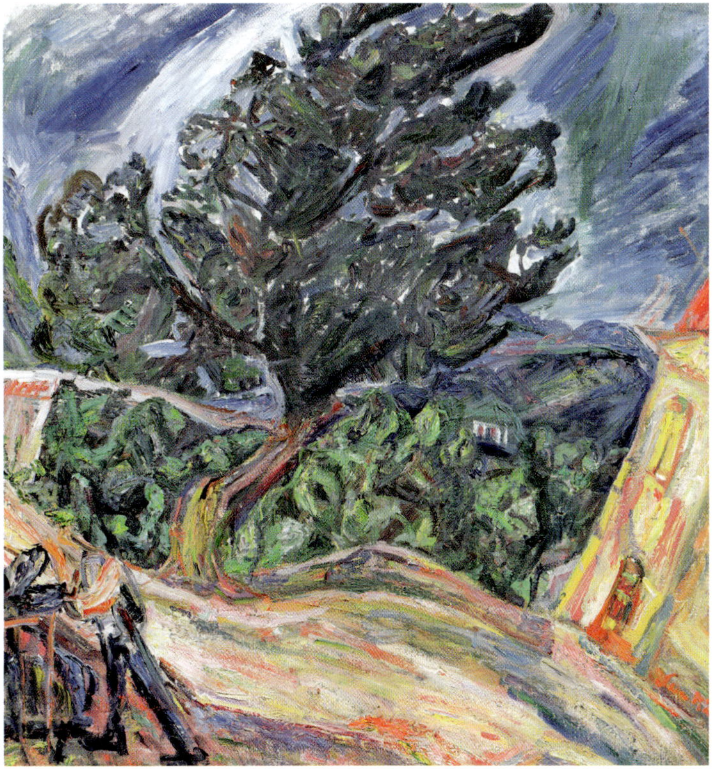

Cité Falguière. Durante este tiempo, produce algunos paisajes urbanos de los alrededores de la Cité, algunos retratos y bodegones simples.

Su producción artística está sujeta a grandes fluctuaciones en ese momento. Modigliani condujo a Soutine a través de una escalada de consumo de drogas. En esa situación, Zborowski lo convenció de dejar París en 1919. En Céret, un pequeño pueblo en los Pirineos franceses, le alcanzó en 1920 la noticia de la muerte de su amigo Modigliani. Soutine permaneció

alcuni paesaggi nei dintorni della Cité, alcuni ritratti e semplici nature morte.

La sua produzione artistica di questi anni fu soggetta a forti oscillazioni. Modigliani lo spinse a un forte consumo di droghe. Fu Zborowski nel 1919 a convincerlo a lasciare Parigi per liberarsi di questa situazione. A Céret, un piccolo paesino nei Pirenei francesi, venne a sapere la notizia della morte del suo amico Modigliani nel 1920. Soutine restò nel sud della Francia per tre anni. Al suo ritorno a Parigi aveva più di 200 dipinti con sé.

een eigen atelier in de Cité Falguière huren. In deze tijd ontstonden enkele van zijn stadslandschappen rondom de Cité, naast enkele portretten en eenvoudige stillevens.

In deze periode was Soutines artistieke productie zeer wisselvallig. Modigliani verleidde hem tot het gebruik van talloze drugs. In die situatie wist Zborowski hem in 1919 ertoe te bewegen Parijs te verlaten. In Céret, een dorpje in de Pyreneeën, kreeg hij in 1920 het nieuws van de dood van zijn vriend

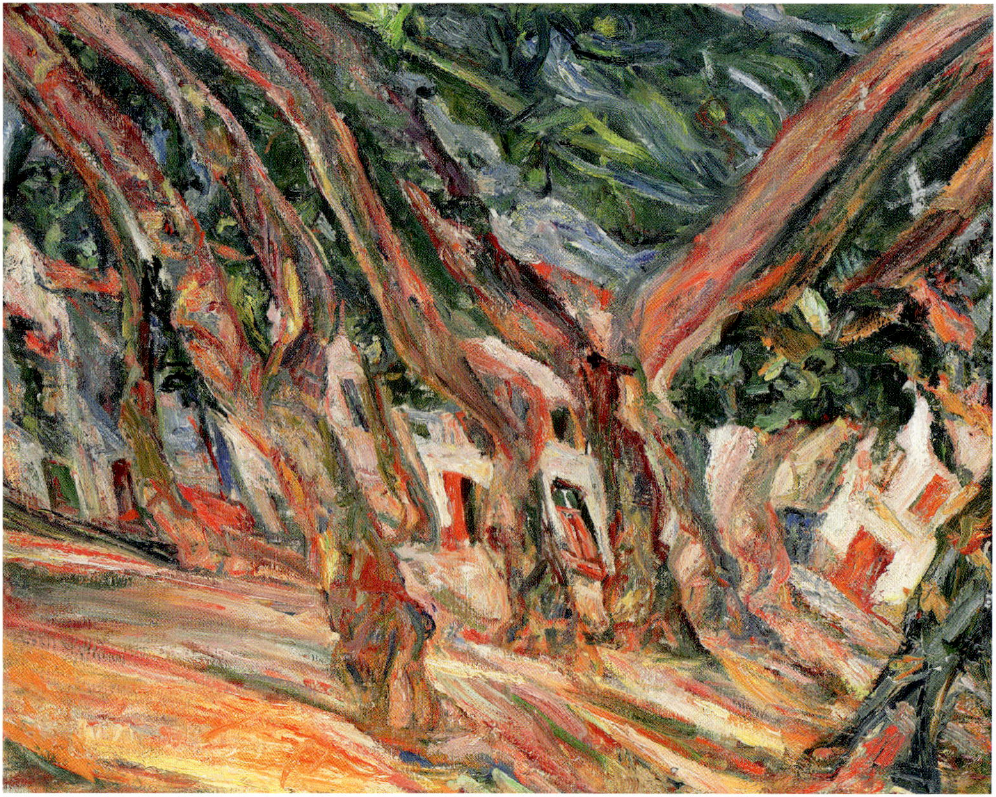

Plane Trees in Céret

Les Platanes à Céret

Platanen in Céret

Plátano en Céret

Platani a Céret

Platanen in Céret

1920, Oil on canvas/Huile sur toile, 73 × 94 cm, Private collection

stayed in the south of France for three years. Upon his return to Paris, he had over 200 pictures in tow.

When famous American collector Albert C. Barnes saw Soutine's wind-swept landscapes of Céret at Zborowski's gallery in the winter of 1922/23, he was so excited that he immediately acquired a significant number of them. This was Soutine's big break. With a single stroke, the oppressive living conditions of the thirty-year-old artist were now

Quand il revient à Paris, il a plus de deux cents toiles dans ses bagages.

Le célèbre collectionneur américain Albert C. Barnes, lorsqu'il voit les paysages fouettés par le vent de Céret chez Zborowski, pendant l'hiver 1922/23, est tellement conquis qu'il en achète aussitôt un lot important. Pour Soutine, c'est la percée. Du jour au lendemain, l'artiste, qui a juste 30 ans, n'a plus à se soucier du lendemain et son mode de vie change du tout au tout. Au cours des

Soutine im Süden. Bei seiner Rückkehr nach Paris hat er über 200 Bilder im Gepäck.

Als der berühmte amerikanische Sammler Albert C. Barnes im Winter 1922/23 bei Zborowski die windgepeitschten Landschaften von Céret sieht, ist er so überwältigt, dass er sofort ein größeres Konvolut erwirbt. Das bedeutet den Durchbruch. Die drückenden Existenzsorgen sind für den knapp dreißigjährigen Künstler mit

The White House
La Maison blanche
Das weiße Hause
La casa blanca
La casa bianca
Het witte huis
1918, Oil on canvas/Huile sur toile, 65 × 50 cm, Musée de l'Orangerie, Paris

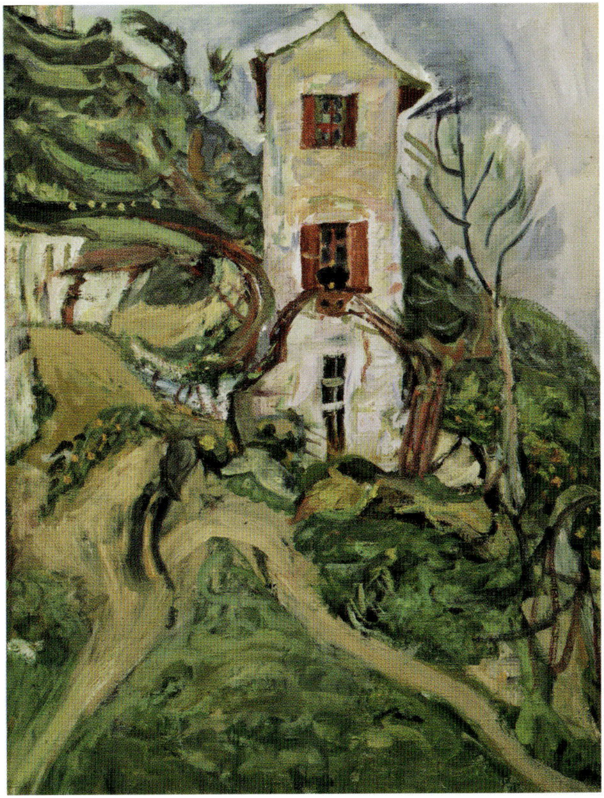

tres años en el sur. A su regreso a París contaba con más de 200 cuadros en su equipaje.

Cuando Albert C. Barnes, el famoso coleccionista estadounidense, ve los paisajes barridos por el viento de Céret en el invierno de 1922/23 en casa de Zborowski, se queda tan abrumado que inmediatamente adquiere un conjunto más grande. Esto significa el éxito. Las preocupaciones y la opresiva existencia durante los casi treinta años del artista

Quando nell'inverno 1922/23 il noto collezionista americano Albert C. Barnes vide da Zborowskidie i paesaggi ventilati di Céret, fu così colpito, che ne acquistò immediatamente alcuni. Questo portò con sé una svolta. Tutti i problemi di sostentamento dell'artista quasi trentenne finirono improvvisamente, e la sua situazione cambiò radicalmente. Negli anni successivi Soutine si trasferì in quartieri migliori. Si fece cucire abiti su misura e frequentò

Modigliani. Soutine bleef drie jaar in Zuid-Frankrijk. Bij zijn terugkeer had hij ruim tweehonderd schilderijen in zijn bagage.

Toen de beroemde verzamelaar Albert C. Barnes in de winter van 1922/23 bij Zborowski de door de wind gegeselde landschappen van Céret zag, was hij zó onder de indruk dat hij meteen een grote levering bestelde. Dat was een doorbraak. De prangende geldzorgen van de amper 30-jarige kunstenaar waren in één klap voorbij en zijn hele

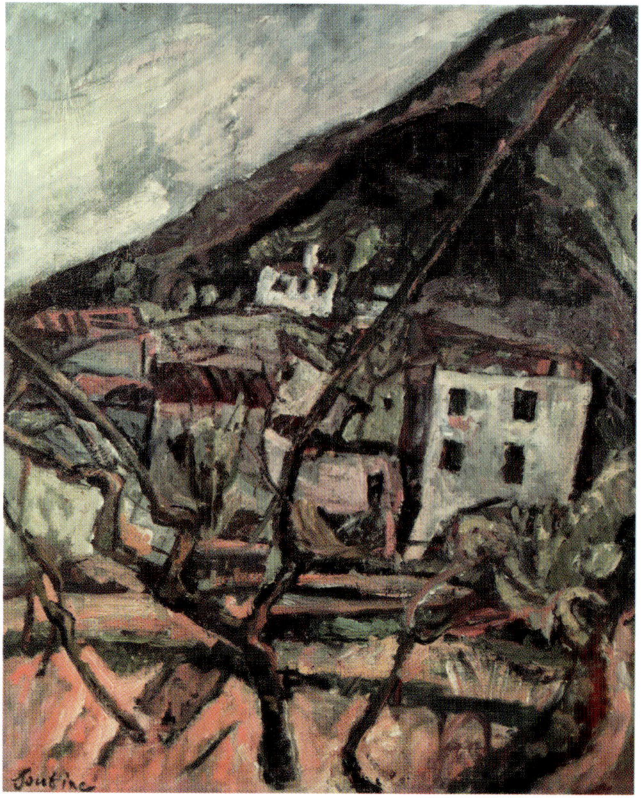

Landscape in Southern France

Paysage du Midi

Landschaft in Südfrankreich

Paisaje en el sur de Francia

Paesaggio del sud della Francia

Landschap in Zuid-Frankrijk

1918, Oil on canvas/Huile sur toile, 65,4 × 54 cm, Musée Calvet, Avignon

over and his entire situation changed fundamentally. In the years that followed, Soutine repeatedly moved to better quarters. He even had suits tailor-made and took conversational classes to improve his French. He broke off contact with some of his old friends, such as Pinchus Krémègne.

At Cagnes-sur-Mer near Nice, Soutine found another place that inspired his work in the 1920s. Here he achieves a clear sense of color while retaining

années suivantes, Soutine déménage souvent, à chaque fois dans un quartier plus élégant. Il se fait confectionner des complets sur mesure et prend des cours de conversation, afin d'améliorer son français. Il rompt avec certains de ses vieux amis, comme Pinchus Krémègne.

À Cagnes-sur-Mer, près de Nice, Soutine trouve un autre endroit qui lui inspire sans cesse de nouveaux tableaux dans les années 1920. Son coloris se précise et il conserve son trait fort et

einem Schlag vorbei, und die gesamte Lebenssituation ändert sich grundlegend. In den kommenden Jahren zieht Soutine mehrmals in bessere Quartiere um. Er lässt sich Maßanzüge schneidern und belegt Konversationskurse, um sein Französisch zu verbessern. Zu einigen seiner alten Freunde, etwa zu Pinchus Krémègne, bricht der Kontakt ab.

Mit Cagnes-sur-Mer, in der Nähe von Nizza, findet Soutine einen weiteren Ort, der ihn in den Zwanzigerjahren immer

Landscape with Houses

Paysage avec maisons

Landschaft mit Häusern

Paisaje con casas

Paesaggio con case

Landschap met huizen

1918, Oil on canvas/Huile sur toile, 54 × 65,1 cm, Kunstmuseum, Luzern

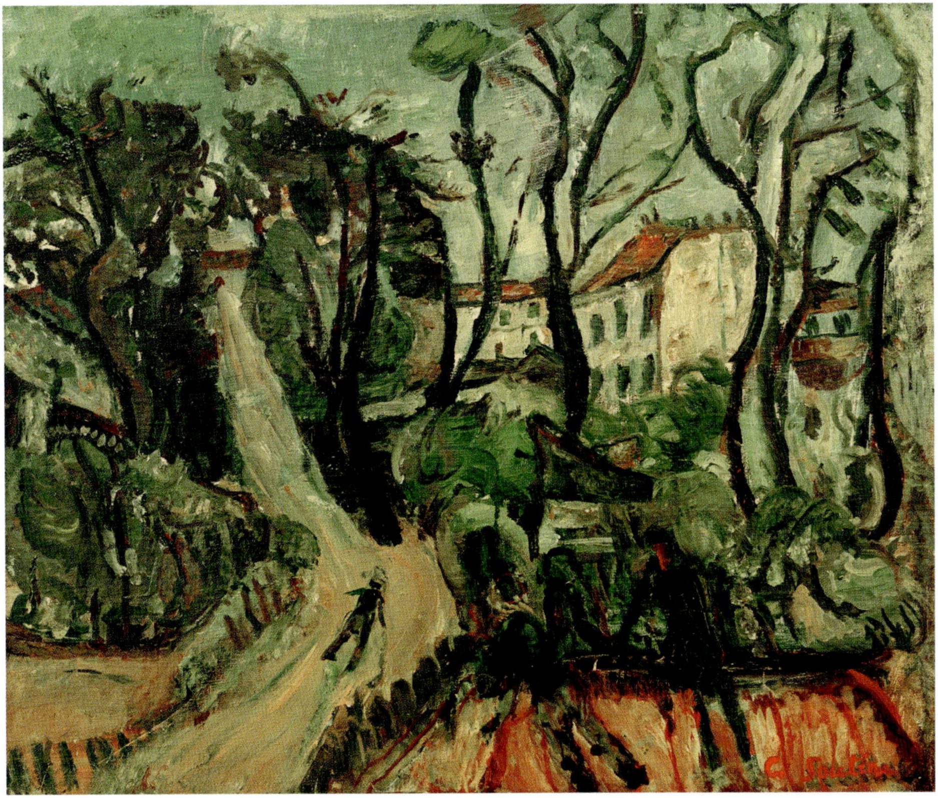

desaparecen de golpe y toda la situación le cambia radicalmente la vida. En los años siguientes, Soutine se traslada varias veces a mejores barrios. Puede hacerse trajes a medida y asiste a clases de conversación para mejorar su francés. Se rompe el contacto con algunos de sus viejos amigos, como Pinchus Krémègne.

En Cagnes-sur-Mer, cerca de Niza, Soutine encuentra otro lugar que de nuevo le inspira a pintar en los años veinte. Aquí se trata de un color claro,

corsi di conversazione, per migliorare il suo francese. Interruppe tutti i contatti con i suoi vecchi amici come Pinchus Krémègne.

A Cagnes-sur-Mer, vicino Nizza, Soutine trovò un altro luogo che lo ispirò nella pittura degli anni 20. Qui prevalsero i colori chiari, anche se il ductus forte e dinamico dei primi anni rimase invariato. Secondo testimoni dell'epoca, l'artista lavorava sulla tela in maniera così impulsiva e violenta,

levenssituatie veranderde zich grondig. In de jaren daarna verhuisde Soutine naar telkens betere woningen. Hij liet zich maatpakken aanmeten en nam conversatielessen om zijn Frans te verbeteren. Met enkele van zijn oude kompanen, onder wie Pinchus Krémègne, brak hij het contact af.

In Cagnes-sur-Mer bij Nice vond Soutine opnieuw een plek die hem in de jaren twintig telkens weer tot schilderen zou inspireren. Hier bereikte

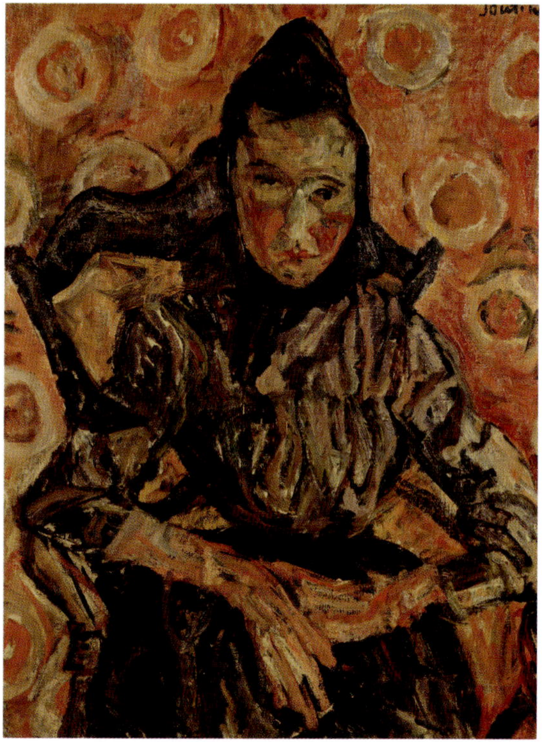

Woman Seated in Armchair

Femme assise dans un fauteuil

Sitzende Frau im Sessel

Mujer sentada en una butaca

Donna seduta su una poltrona

Vrouw in leunstoel

1919, Oil on canvas/Huile sur toile, 65 × 50 cm, Private collection

the strong, dynamic style of his early years. Contemporaries reported that the artist worked so impulsively and violently in front of the canvas that he even dislocated one of his thumbs while painting. Despite increasing recognition and financial security, Soutine could not find inner peace. His tendency to merciless self-criticism even dove him to buy back his Céret paintings from dealers and collectors so that he could destroy them.

dynamique des débuts. Des témoins ont rapporté qu'il travaillait avec une telle impulsivité et une telle vivacité devant la toile qu'un jour il se luxa le pouce. Pourtant, malgré le succès qui se confirme et la sécurité financière, Soutine ne trouve pas la paix intérieure. Sa tendance à une autocritique impitoyable le pousse même à racheter aux marchands et aux collectionneurs ses tableaux peints à Céret, en vue de les détruire.

wieder zum Malen inspiriert. Hier gelangt er zu einer klaren Farbigkeit, sein starker, dynamischer Duktus der frühen Jahre bleibt erhalten. Zeitzeugen berichten, dass der Künstler so impulsiv und heftig vor der Leinwand arbeitete, dass er sich während des Malprozesses einmal den Daumen ausrenkte. Trotz zunehmender Anerkennung und finanzieller Sicherheit kommt Soutine innerlich nicht zur Ruhe. Sein Hang zu gnadenloser Selbstkritik treibt ihn sogar dazu, seine Bilder aus Céret von Kunsthändlern und Sammlern zurück zu kaufen, um sie zu vernichten.

Woman with Dog

La Femme au chien

Frau mit Hund

Mujer con perro

Donna con cane

Vrouw met hond

1917/18, Oil on canvas/Huile sur toile, 73,5 × 54,5 cm, Private collection

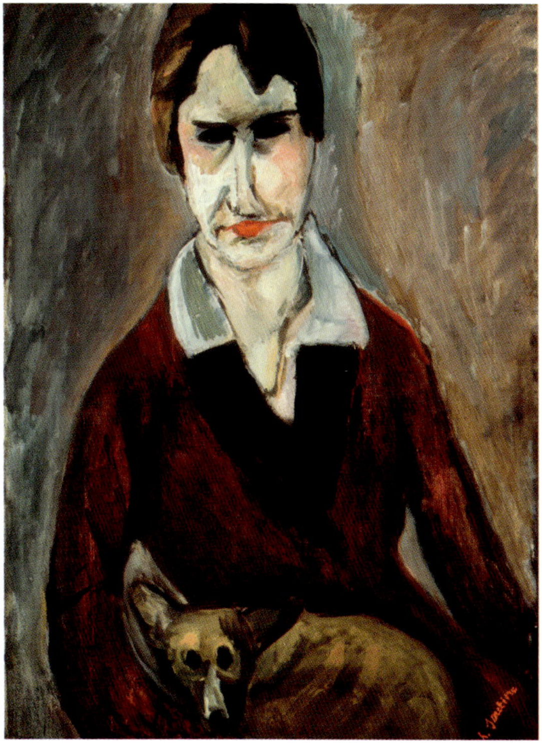

se mantiene su estilo fuerte, dinámico característico de los primeros años. Hay testigos que relatan que el artista trabajaba tan impulsiva y violentamente en el lienzo, que una vez se dislocó el pulgar durante el proceso de pintura. A pesar del creciente reconocimiento y de la seguridad financiera, Soutine no encontraba la paz interior. Su inclinación por la implacable autocrítica le llevó incluso a comprar de nuevo sus cuadros de Céret a marchantes y coleccionistas y destruirlos.

che una volta si slogò il pollice mentre dipingeva. Nonostante la fama crescente e la sicurezza economica, Soutine non riusciva ad essere tranquillo. La sua tendenza all'autocritica spietata lo spinsero addirittura a riacquistare i suoi dipinti di Ceret da collezionisti e mecenati, con l'intenzione di distruggerli.

hij een helder kleurenpalet, terwijl de krachtige en dynamische penseelvoering van zijn vroege jaren bleef behouden. Tijdgenoten berichtten dat de kunstenaar zó impulsief en gepassioneerd aan zijn doeken werkte dat hij tijdens het schilderproces ooit een duim verstuikte. Ondanks de groeiende erkenning en financiële zekerheid vond Soutine geen gemoedsrust. Zijn hang naar genadeloze zelfkritiek dreef hem er zelfs toe zijn schilderijen uit Céret van kunsthandelaren en verzamelaars terug te kopen en te vernietigen.

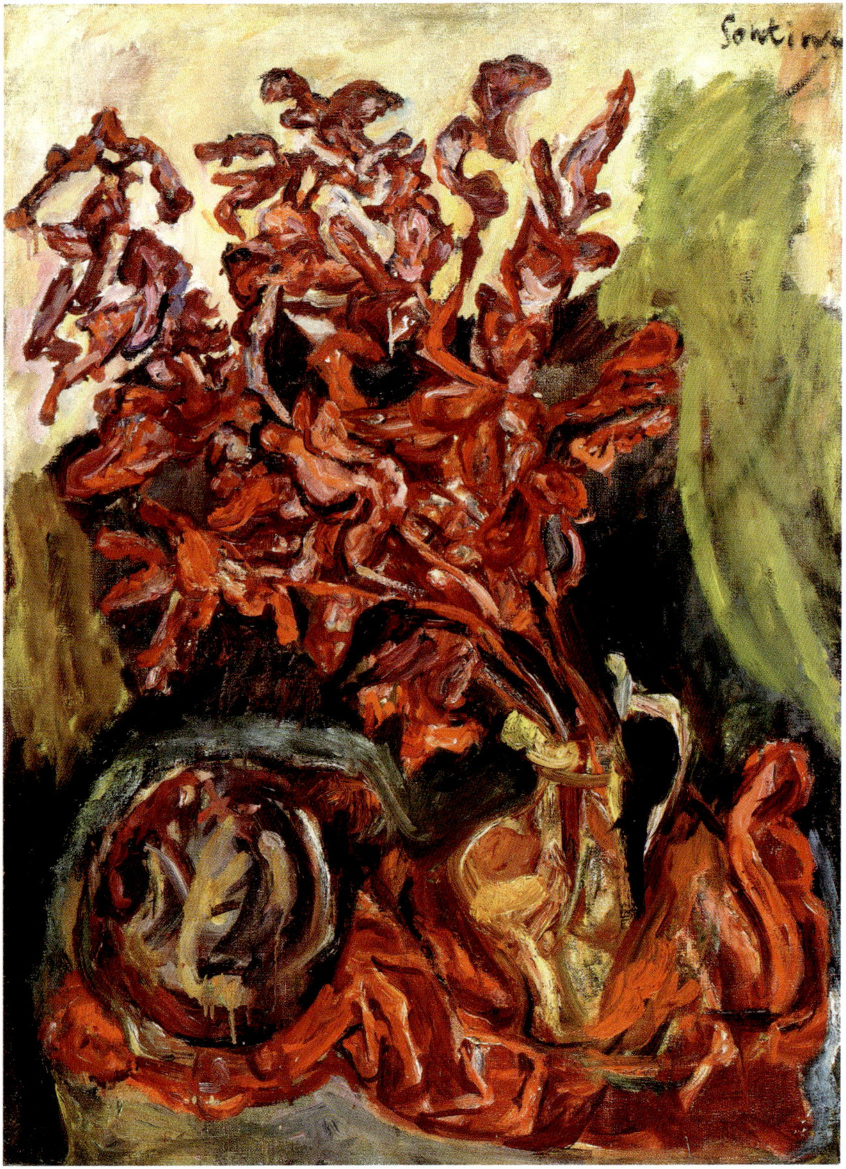

Gladioli

Les Glaïeuls

Gladiolen

Gladiolos

Gladioli

Gladiolen

1919, Oil on canvas/Huile sur toile, 82,6 × 60,3 cm, Private collection

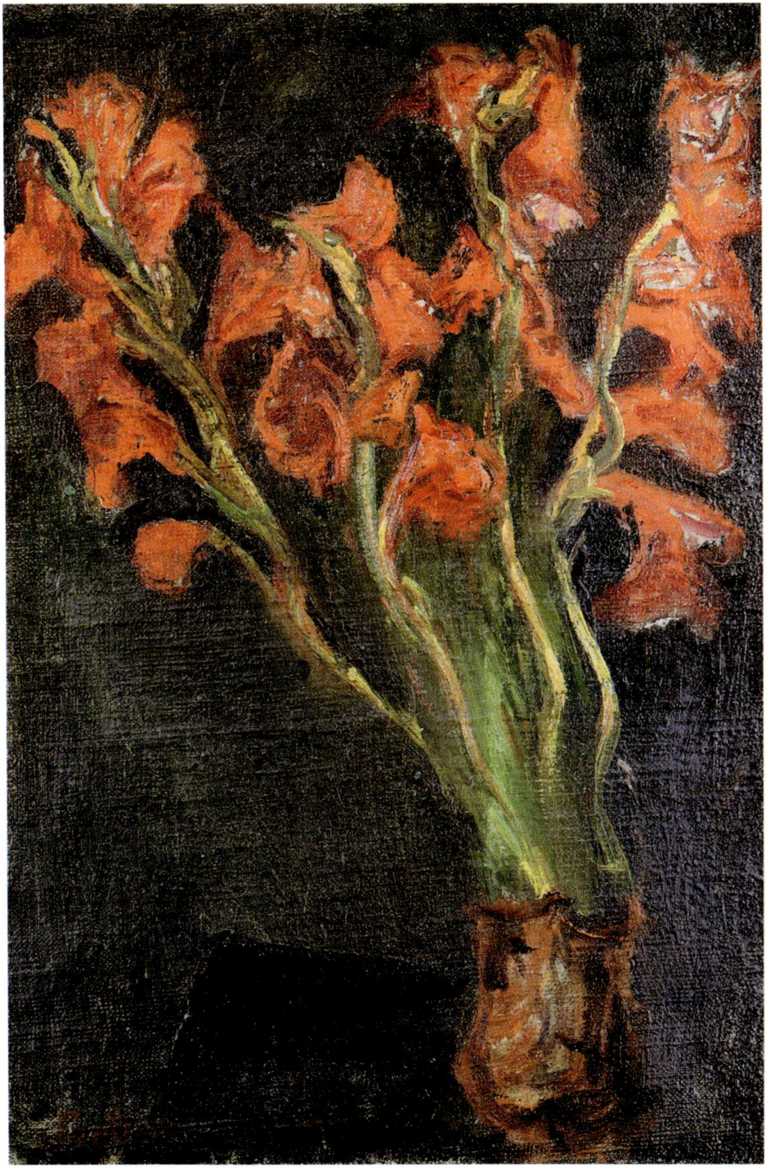

Gladioli

Les Glaïeuls

Gladiolen

Gladiolos

Gladioli

Gladiolen

1919, Oil on canvas/Huile sur toile, 54,9 × 37,8 cm, Private collection

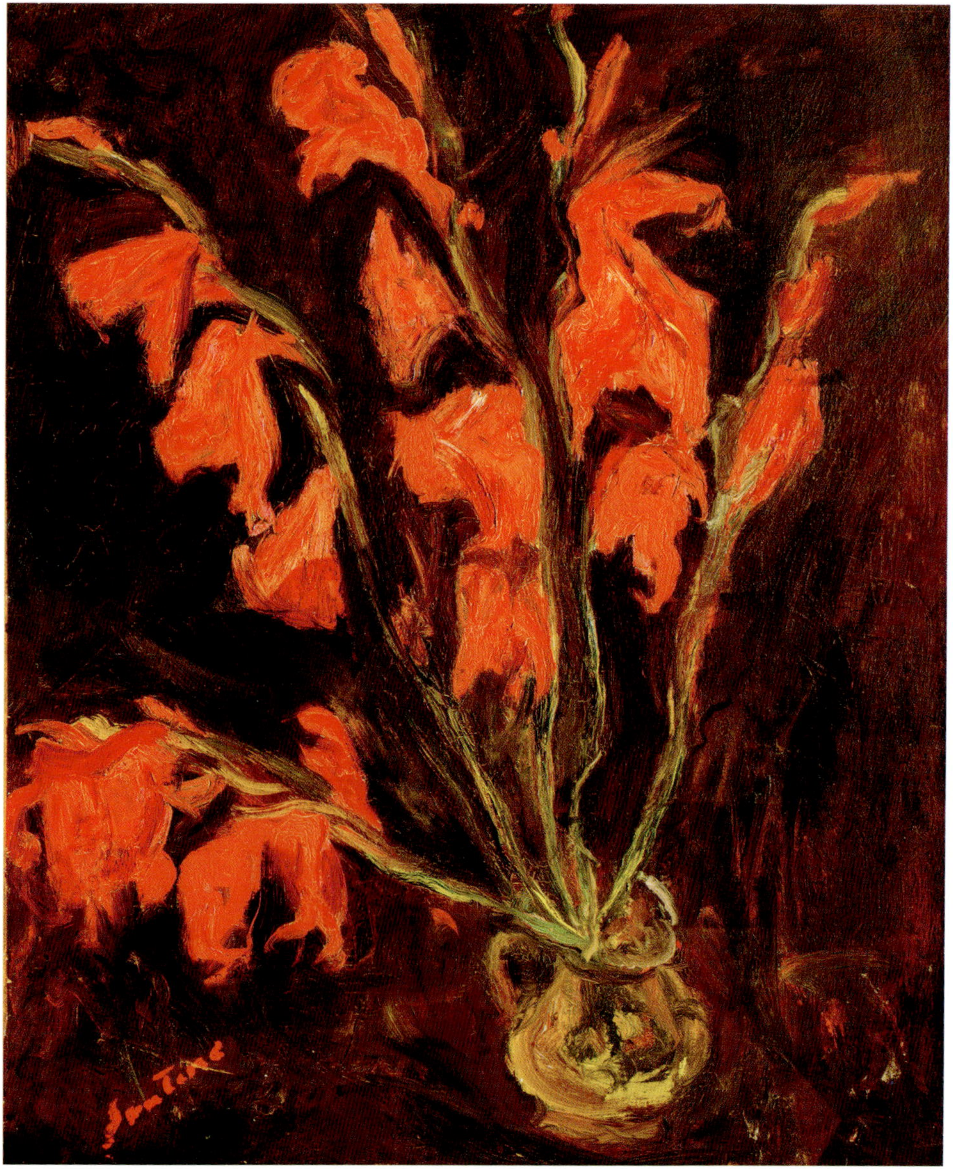

Red Gladioli

Les Glaïeuls rouges

Rote Gladiolen

Gladiolos rojos

Gladioli rossi

Rode gladiolen

c. 1919, Oil on canvas/ Huile sur toile, 54,6 × 45,7 cm, Detroit Institute of Arts, Detroit

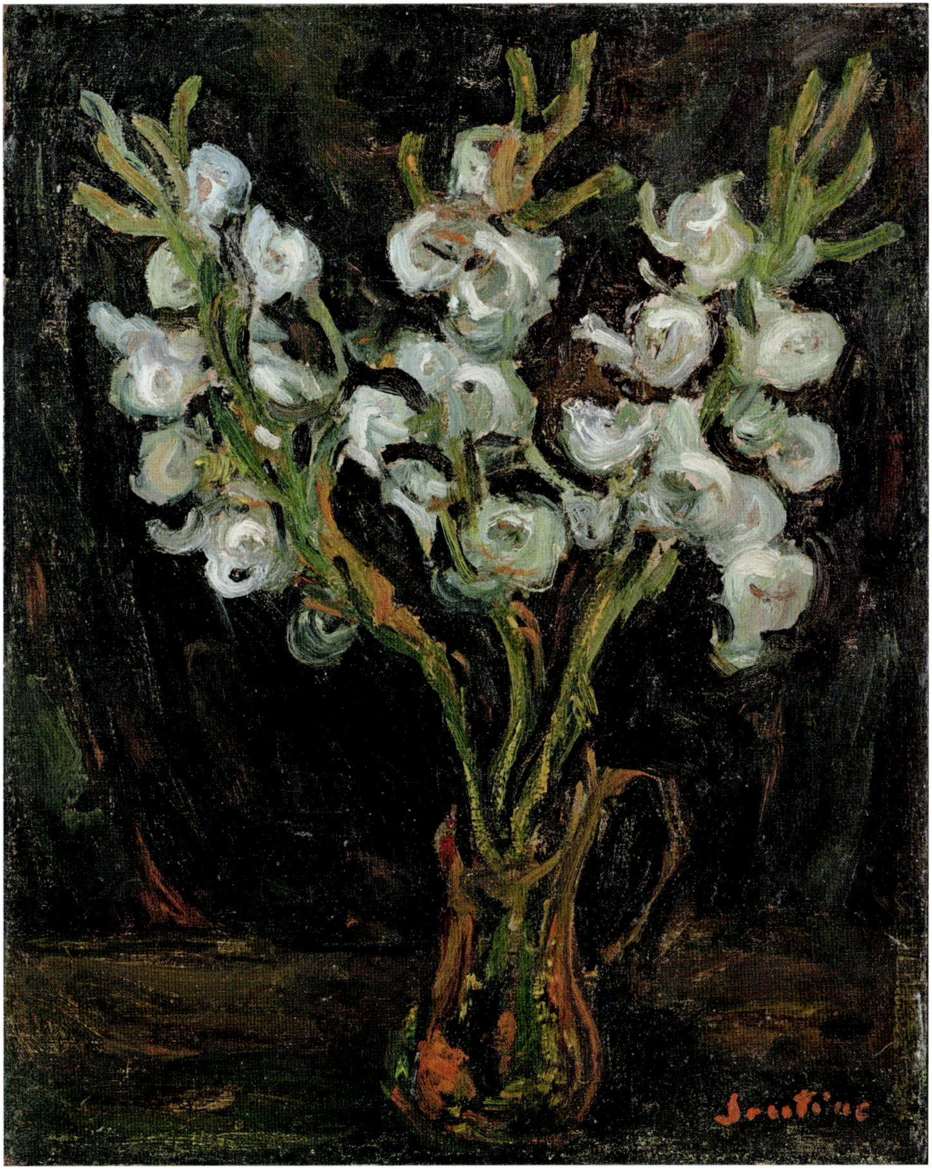

Blue Gladioli

Les Glaïeuls bleus

Blaue Gladiolen

Gladiolos azules

Gladioli blu

Blauwe gladiolen

1919, Oil on wood/Huile sur bois, 45 × 37 cm, Private collection

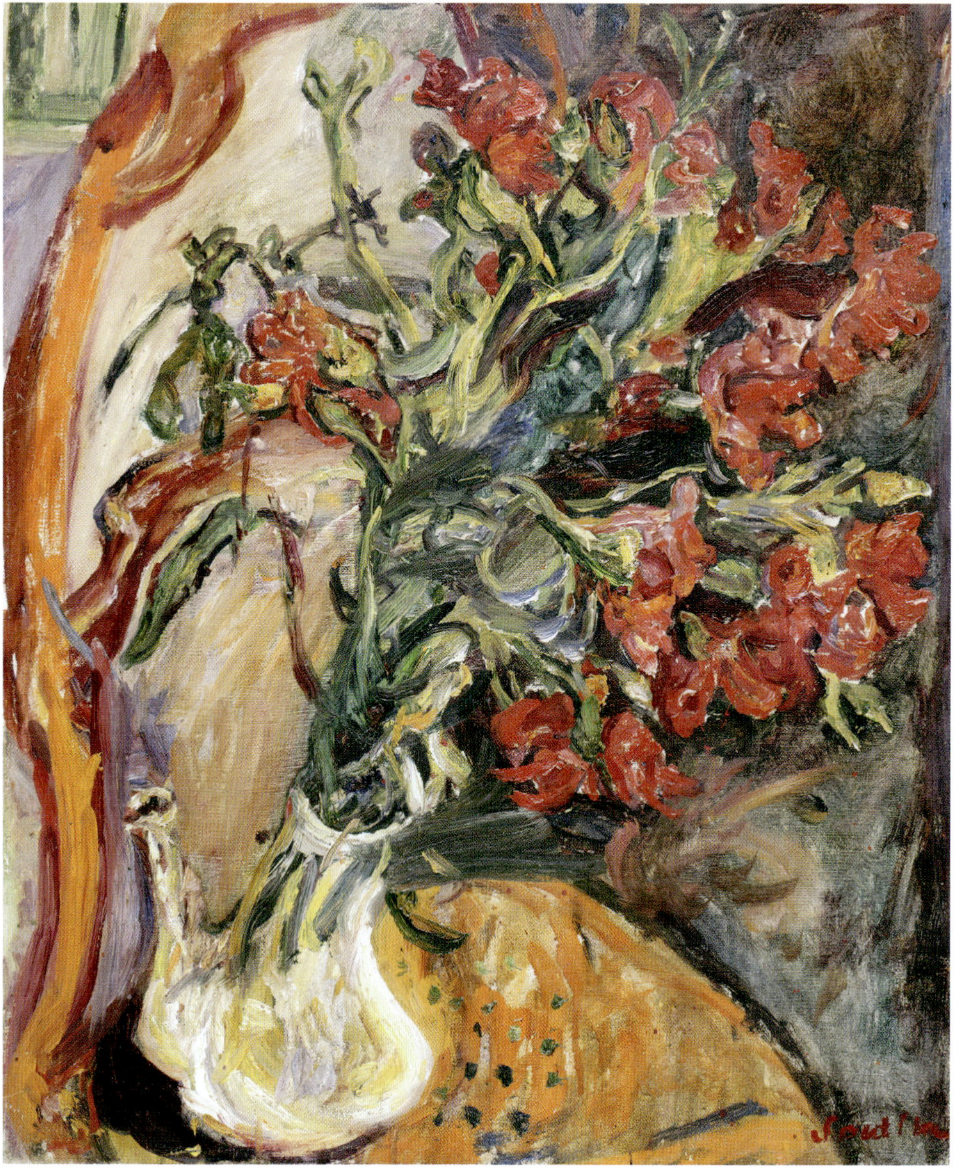

Attributed to/ Attribué à Chaim Soutine

Red Carnations

Les Œillets rouges

Rote (Garten)nelken

Claveles rojos (de jardín)

Garofano rosso

Rode (tuin)anjers

1919, Oil on canvas/ Huile sur toile, 55,9 × 46,6 cm, Private collection

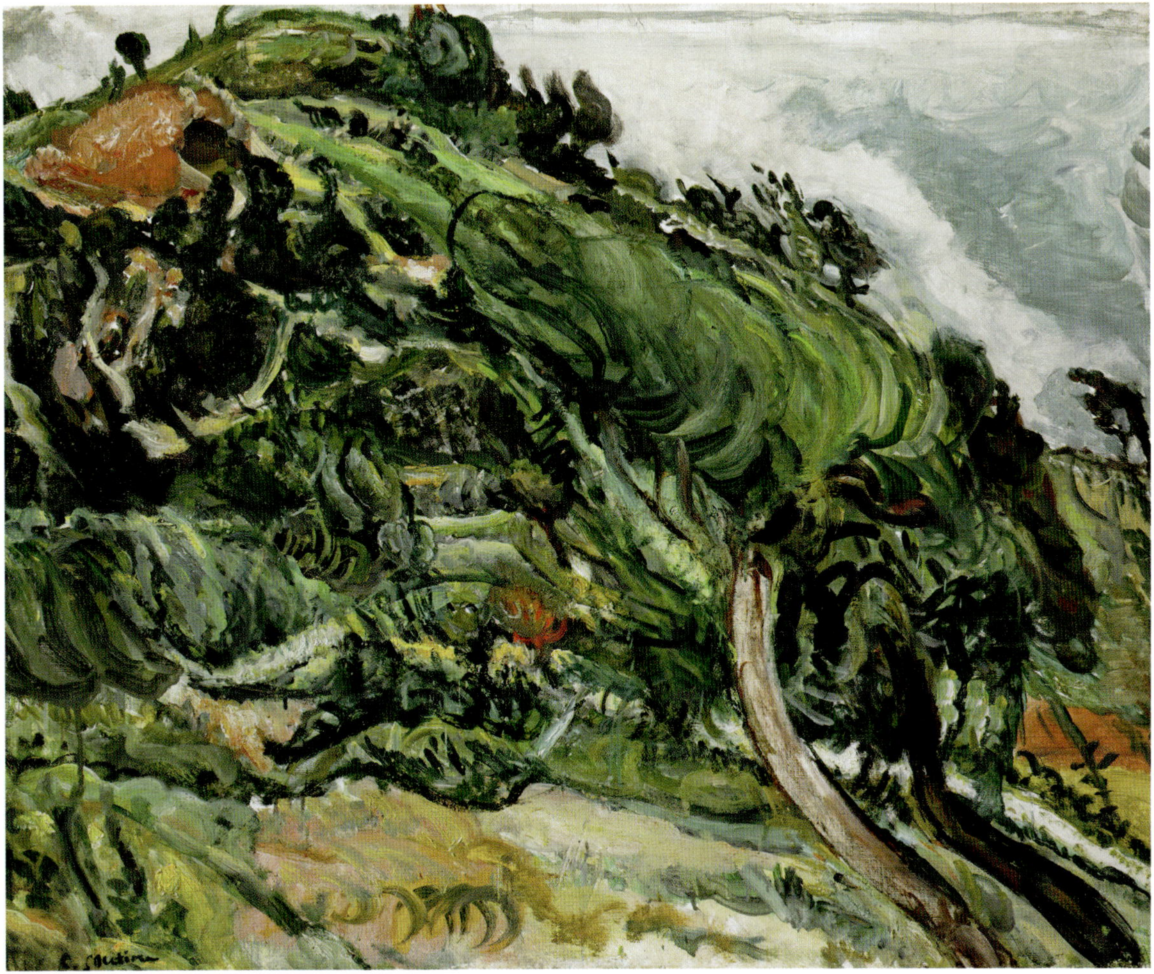

Landscape with Trees

Paysage avec arbres

Landschaft mit Bäumen

Paisaje con árboles

Paesaggio con alberi

Landschap met bomen

1919, Oil on canvas/Huile sur toile, 64 × 80 cm, Private collection

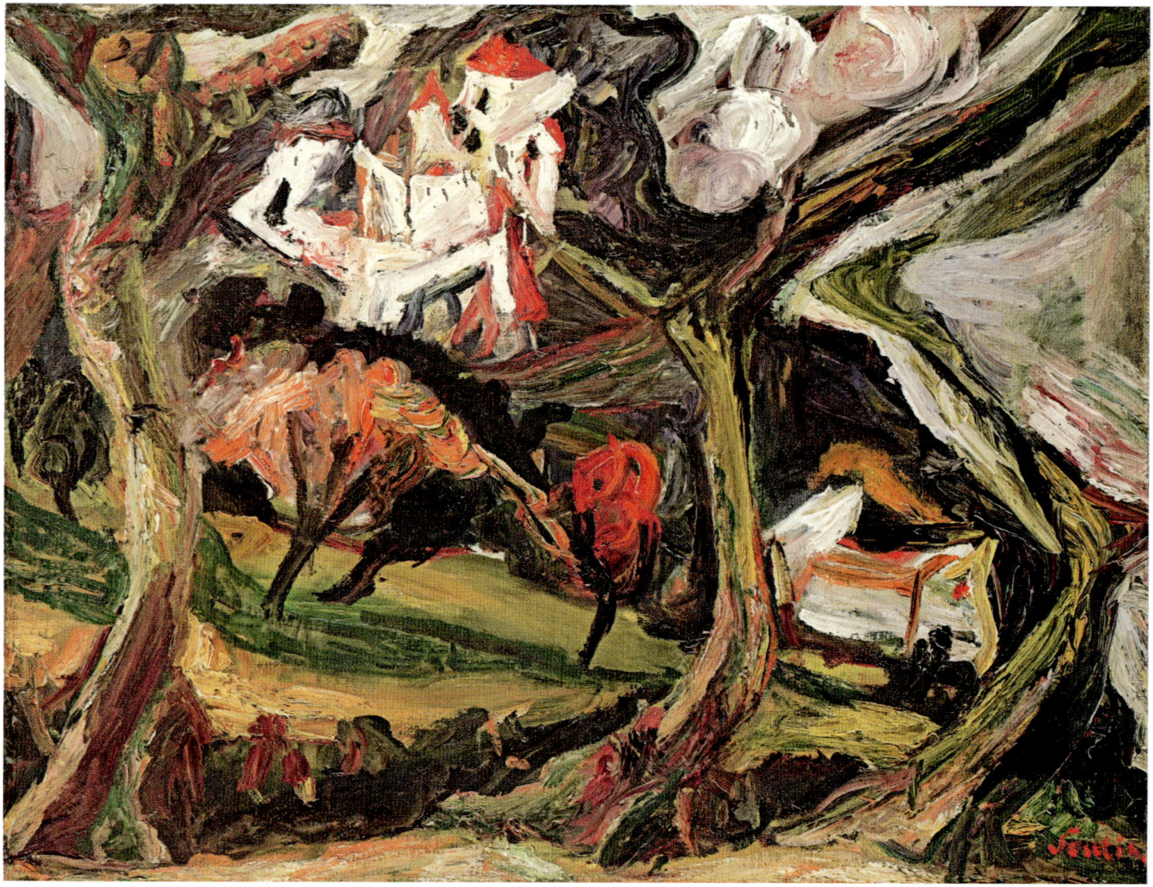

The Capuchin Monastry in Céret
Le Couvent des capucins à Céret
Das Kapuzinerkloster in Céret
El monasterio capuchino en Céret
Il convento dei Cappuccini a Céret
Het Kapucijns klooster in Céret
1919, Oil on canvas/Huile sur toile, 54,8 × 71,7 cm, Private collection

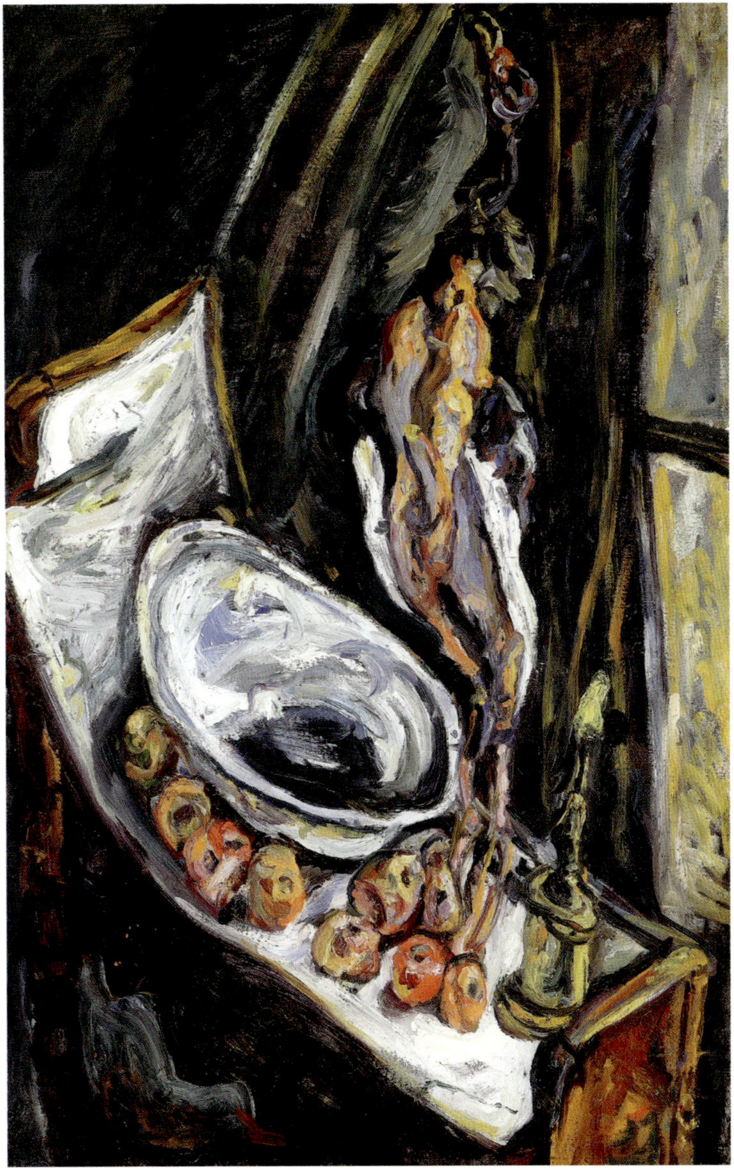

Still Life with Pheasant

Nature morte au faisan

Stilleben mit Fasan

Naturaleza muerta con faisán

Natura morta con fagiano

Stilleven met fazant

1919, Oil on canvas/Huile sur toile, 91,8 × 60,3 cm, Private collection

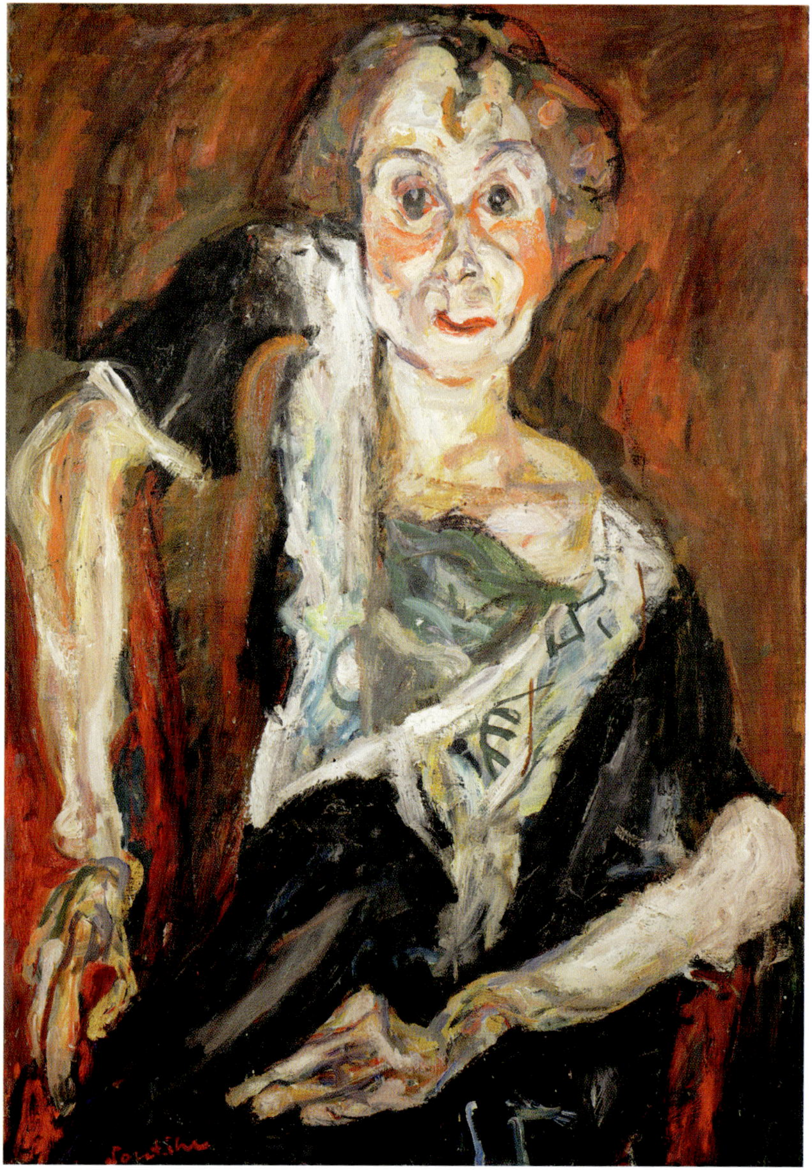

The Old Actress

La Vieille Actrice

Die alte Schauspielerin

La actriz vieja

La vecchia attrice

De oude toneelspeelster

c. 1922, Oil on canvas/Huile sur toile, 92,1 × 65,1 cm, Private collection

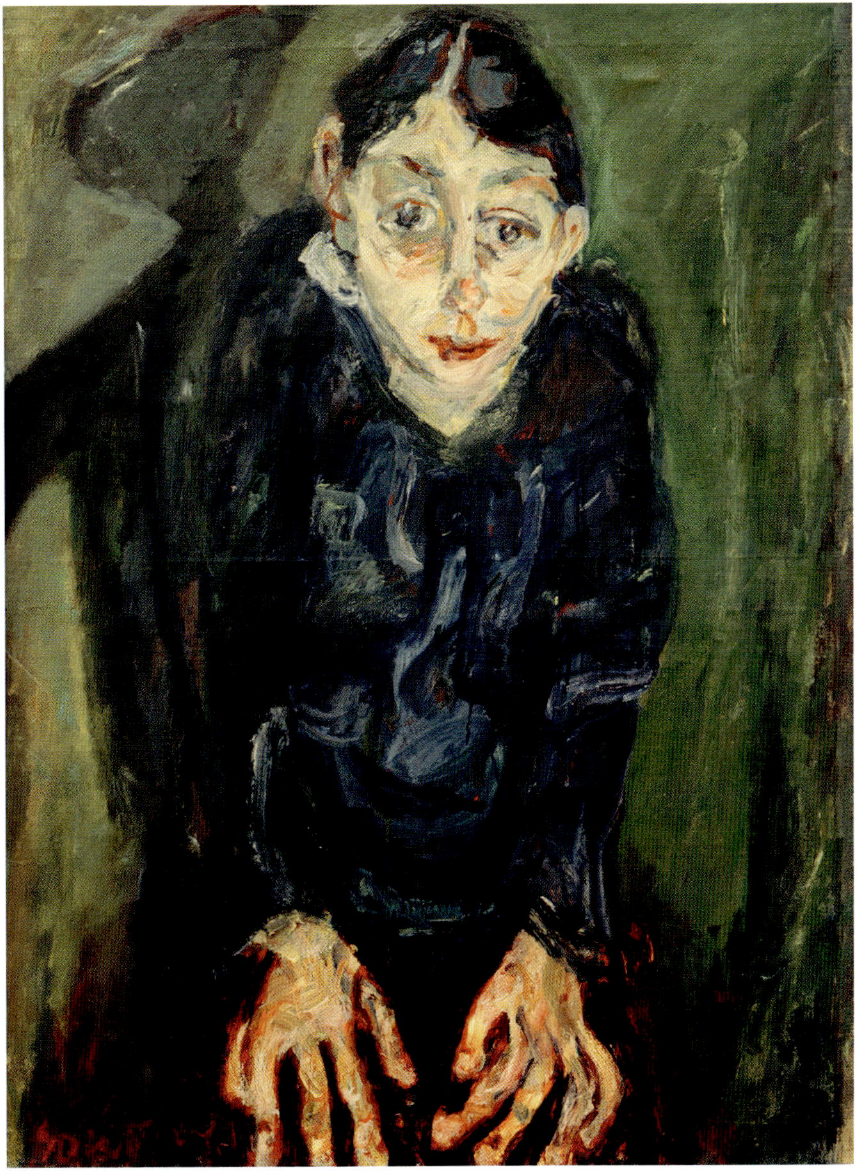

The Mad Woman

La Folle

Die Verrückte

El loco

La pazza

De gek

1919, Oil on canvas/Huile sur toile, 87 × 65,1 cm, Private collection

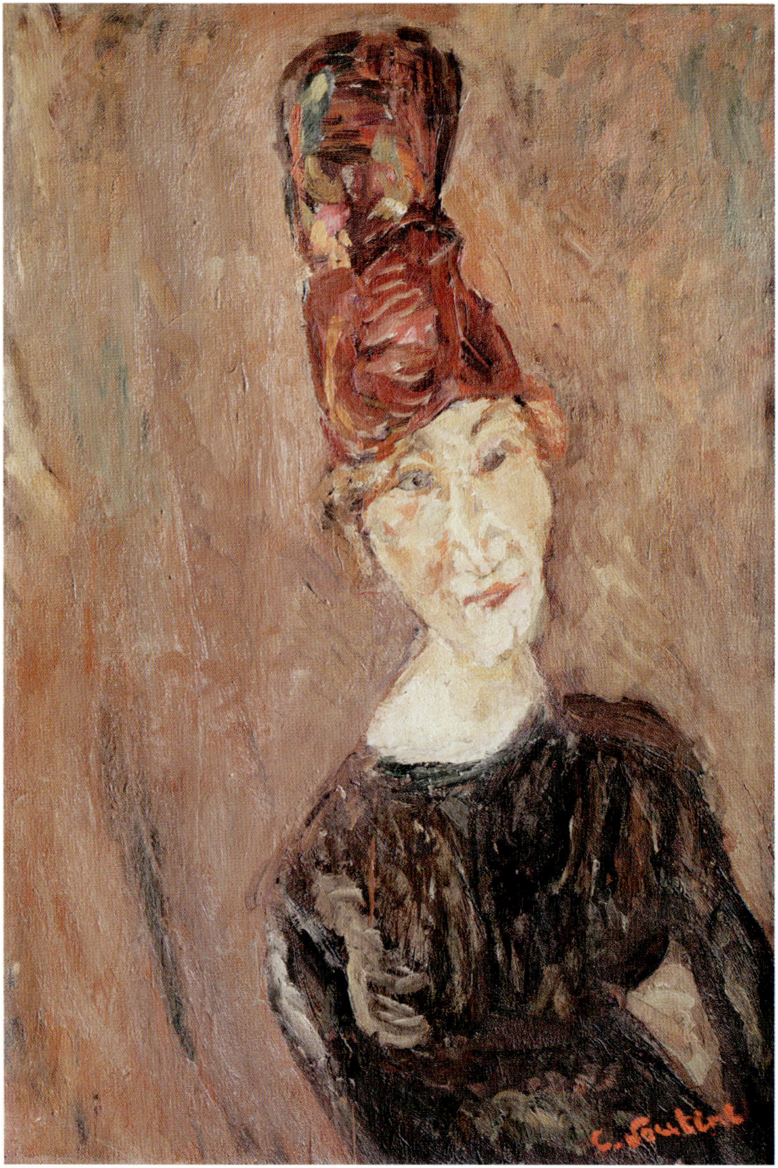

Woman with Large Hat

La Femme au grand chapeau

Frau mit großem Hut

Mujer con gran sombrero

Donna con cappello grande

Vrouw met grote hoed

1919, Oil on canvas/Huile sur toile, 73 × 50 cm, Private collection

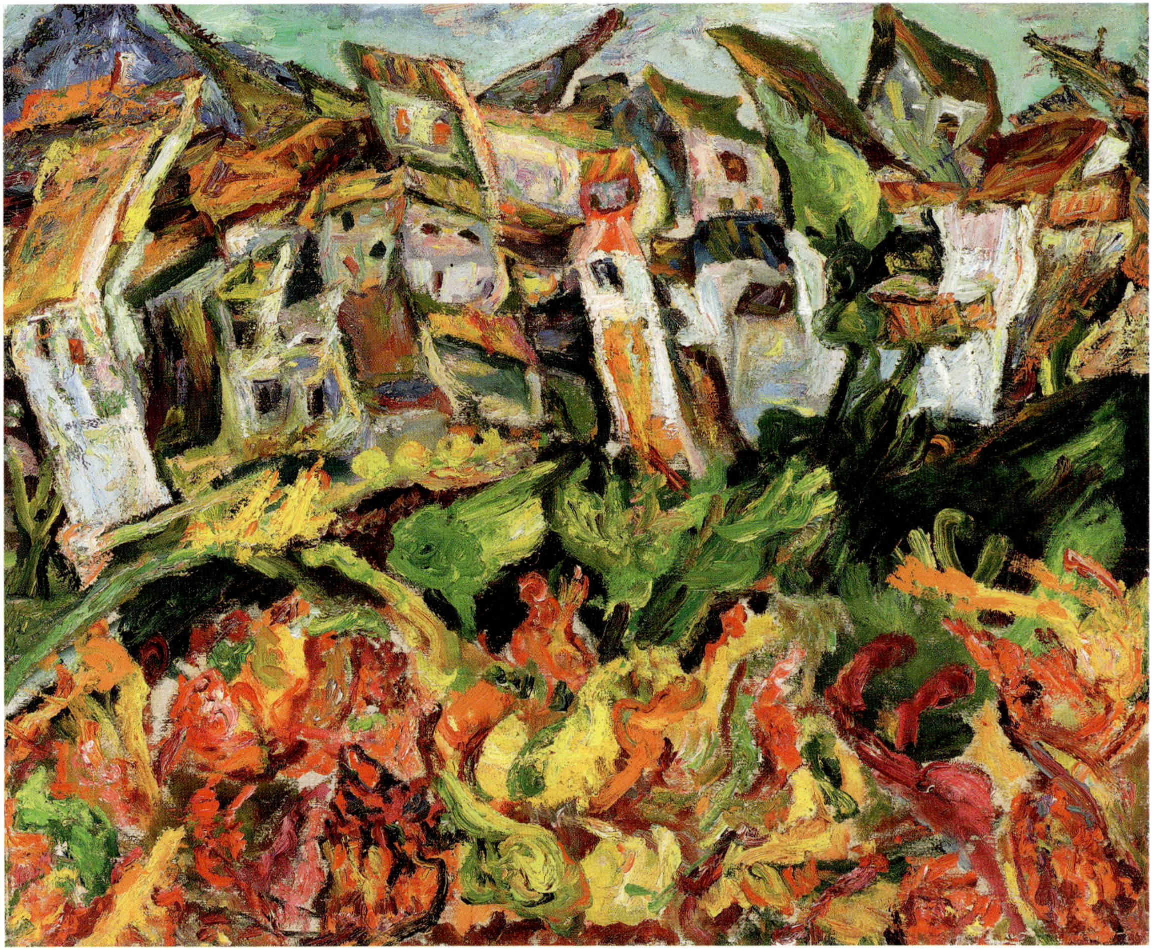

Houses with Pitched Roofs ***Häuser mit Spitzdächern*** ***Case con tetti spioventi***
Maisons aux toits pointus ***Casas con tejados puntiagudos*** ***Huizen met puntdaken***

c. 1920/21, Oil on canvas/Huile sur toile, 61 × 85,1 cm, Private collection

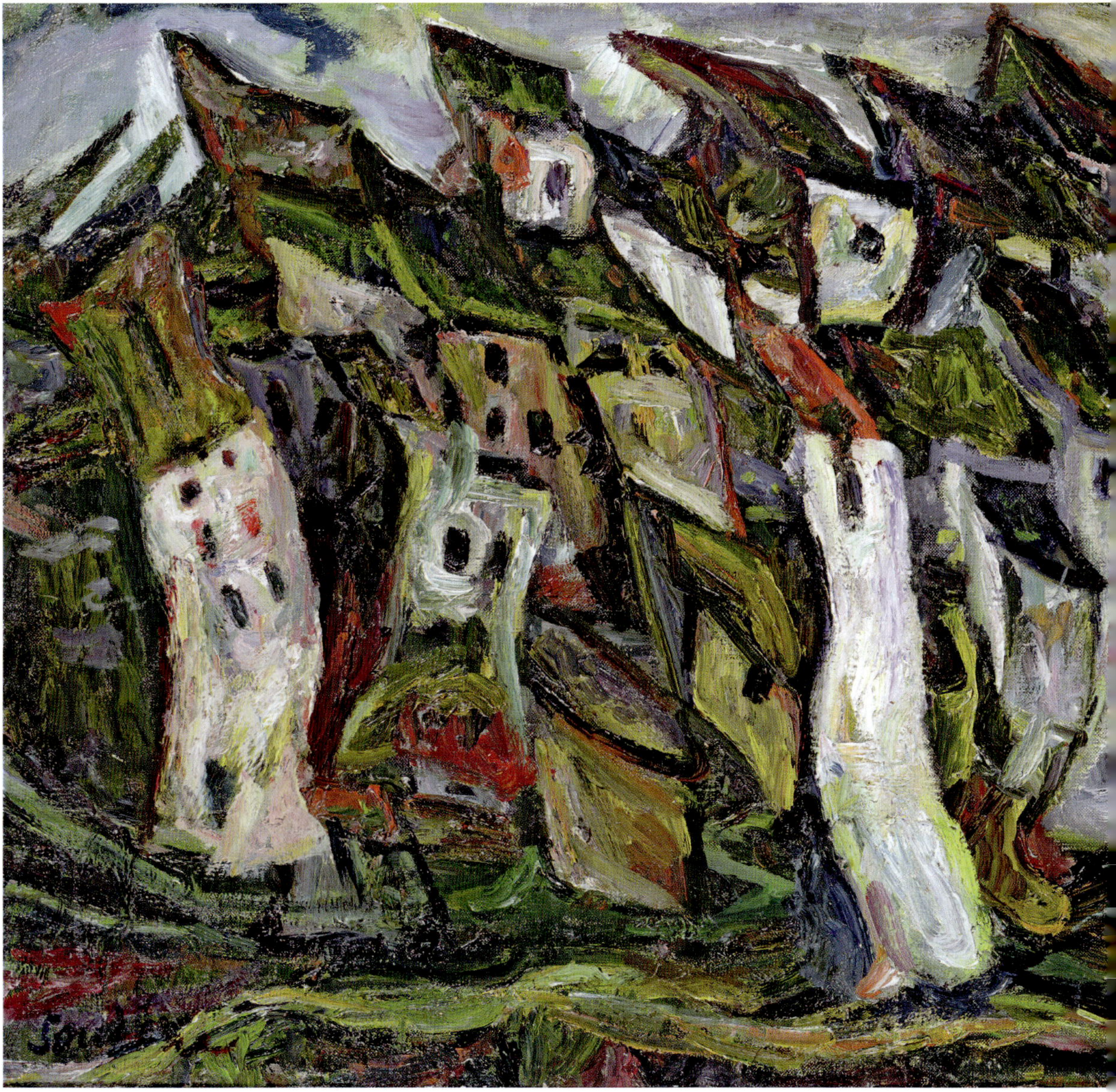

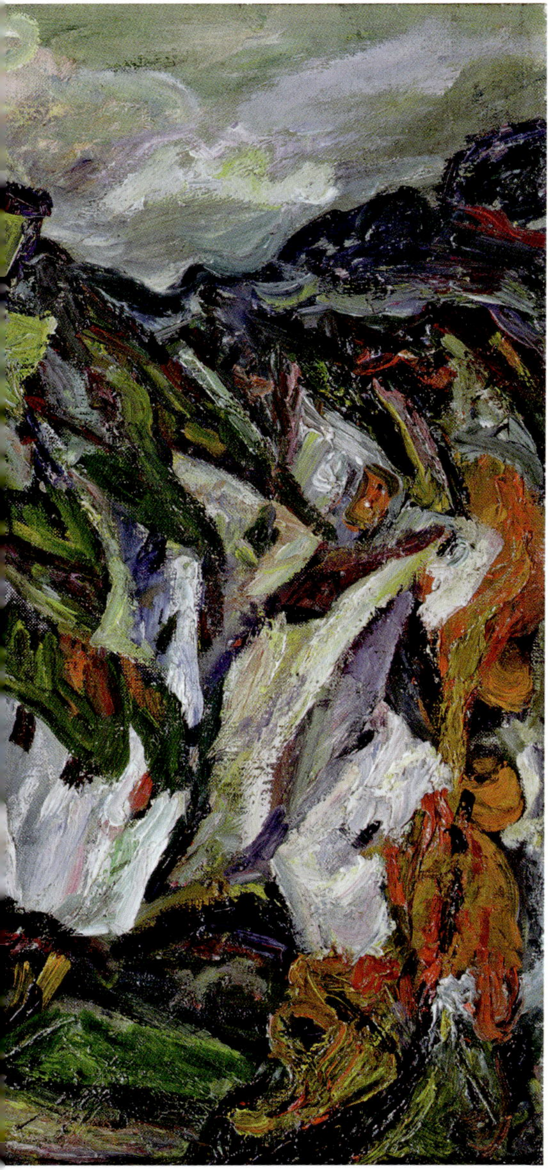

Houses

Les Maisons

Häuser

Casas

Case

Huizen

c. 1920/21, Oil on canvas/Huile sur toile, 58 × 92 cm, Musée de l'Orangerie, Paris

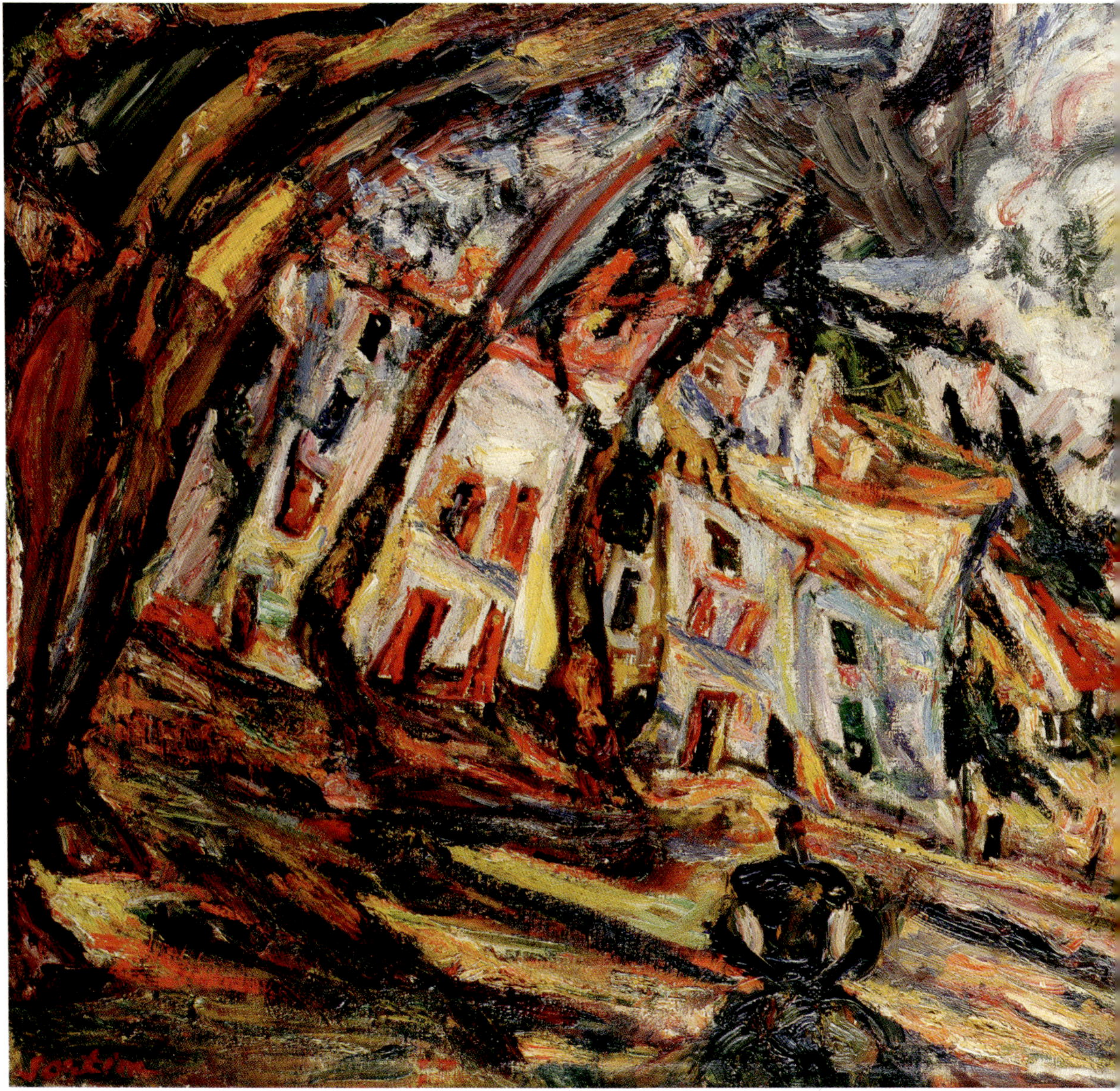

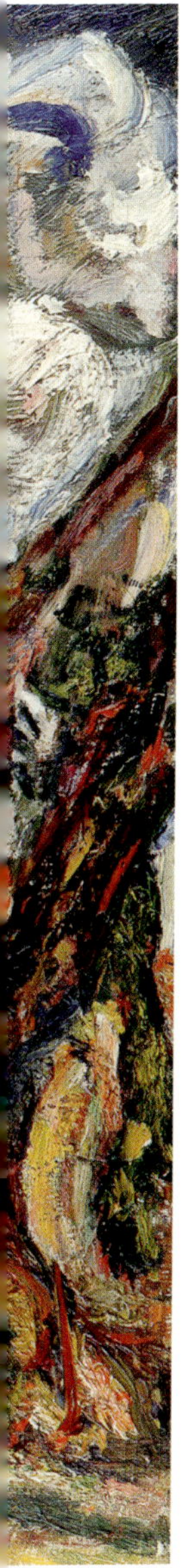

Village Square in Céret
La Place du village à Céret
Dorfplatz in Céret
Plaza del pueblo en Céret
Piazza del villaggio a Céret
Dorpsplein in Céret
1920, Oil on canvas/Huile sur toile, 76 × 94 cm, The Israel Museum, Jerusalem

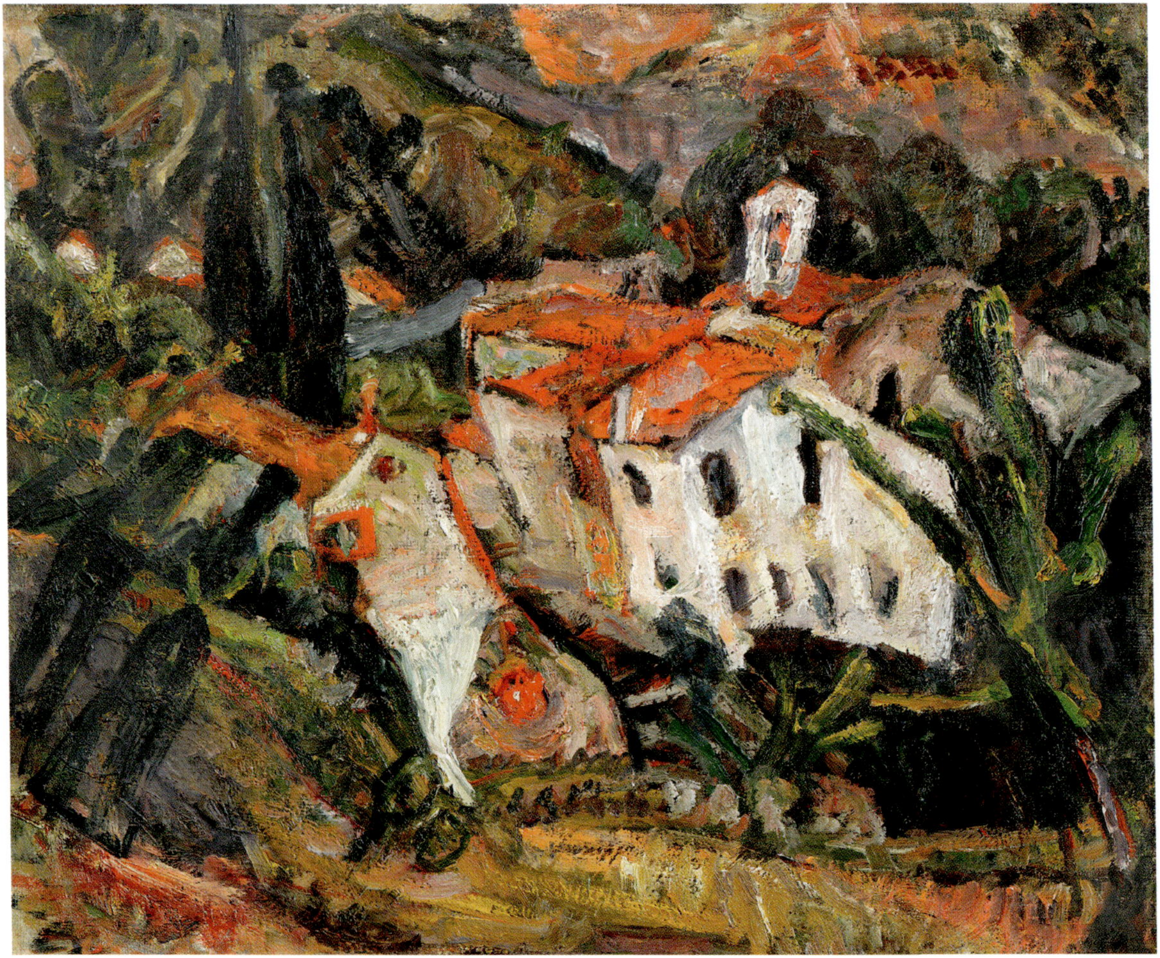

Landscape in Céret ***Landschaft in Céret*** ***Paesaggio a Céret***
Paysage de Céret ***Paisaje en Céret*** ***Landschap in Céret***
1920, Oil on canvas/Huile sur toile, 50,1 × 60,3 cm, Private collection

Le Chemin de la fontaine des Tins, à Céret

c. 1920, Oil on canvas/Huile sur toile, 81,3 × 78,7 cm, The Henry and Rose Pearlman-Foundation, Princeton University Art Museum, Princeton

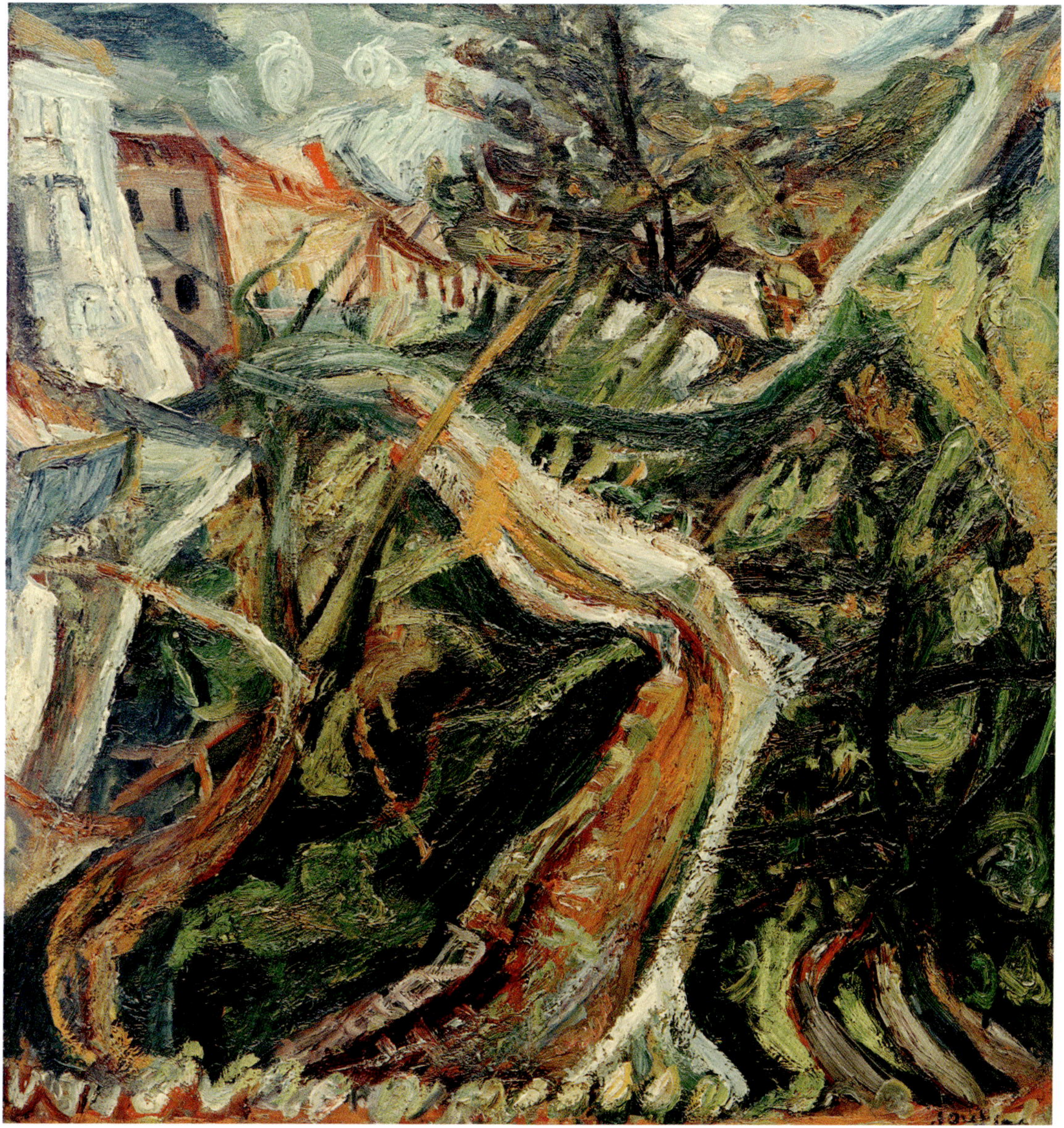

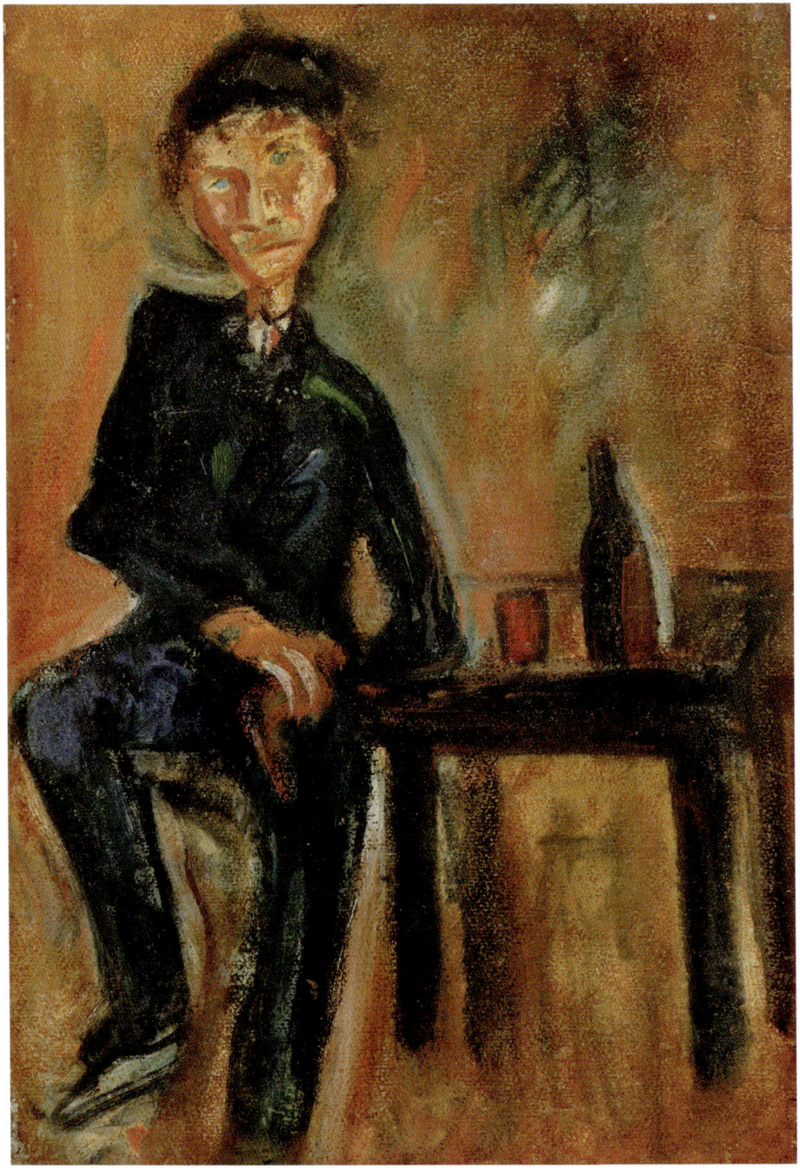

Monsieur Almenar

c. 1920, Oil on canvas/Huile sur toile, 65 × 46 cm, Musée d'Art Moderne de la Ville de Paris, Paris

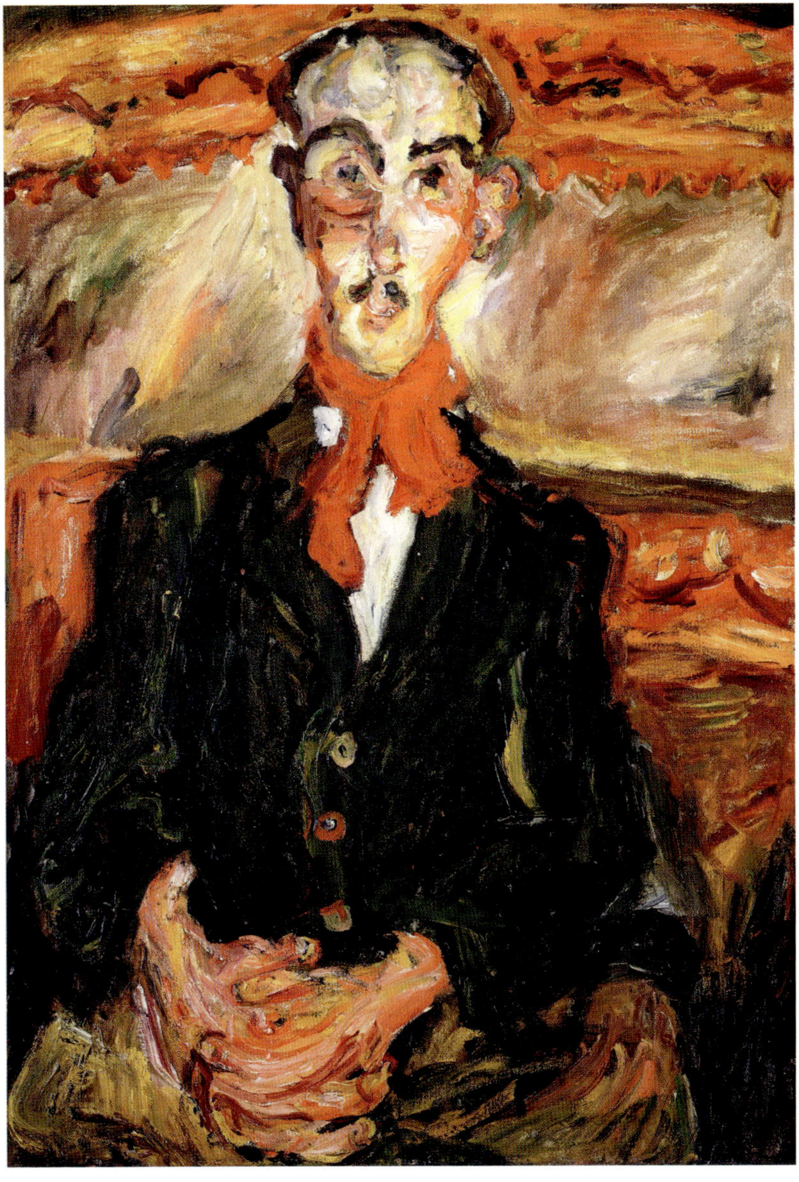

Man with Red Scarf

L'Homme au foulard rouge

Mann mit rotem Halstuch

Hombre con pañuelo rojo

L'uomo col foulard rosso

Man met rode halsdoek

1921, Oil on canvas/Huile sur toile, 100 × 70 cm, Private collection

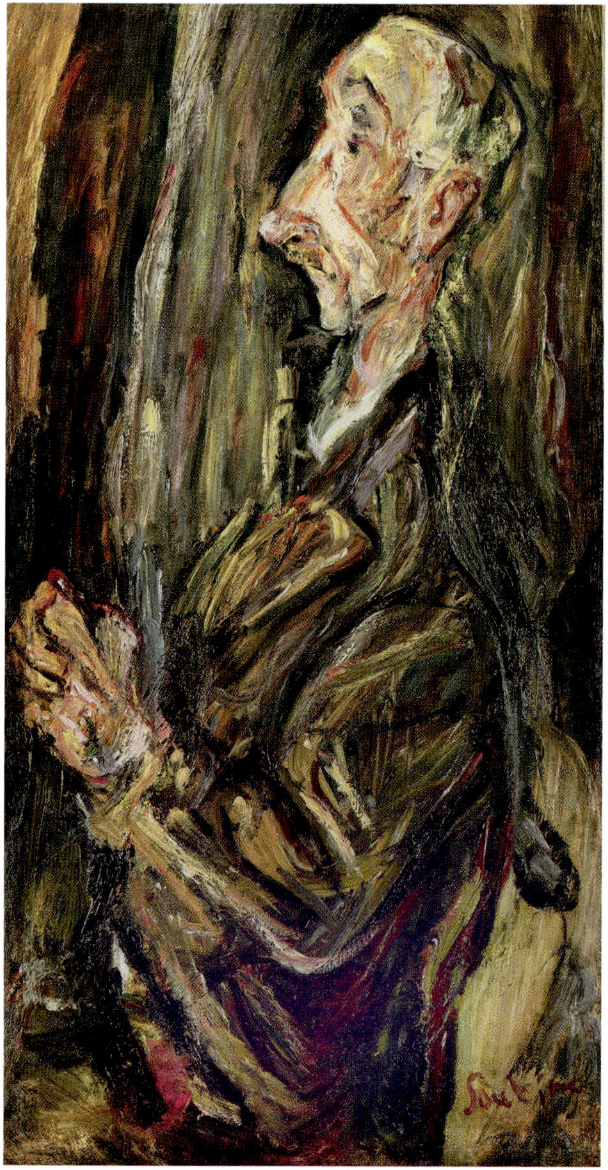

Man Praying

L'Homme en prière

Betender Mann

Hombre en oración

Uomo in preghiera

Biddende man

1921, Oil on canvas/Huile sur toile, 94 × 51 cm,
Hokkaido Museum of Modern Art, Sapporo

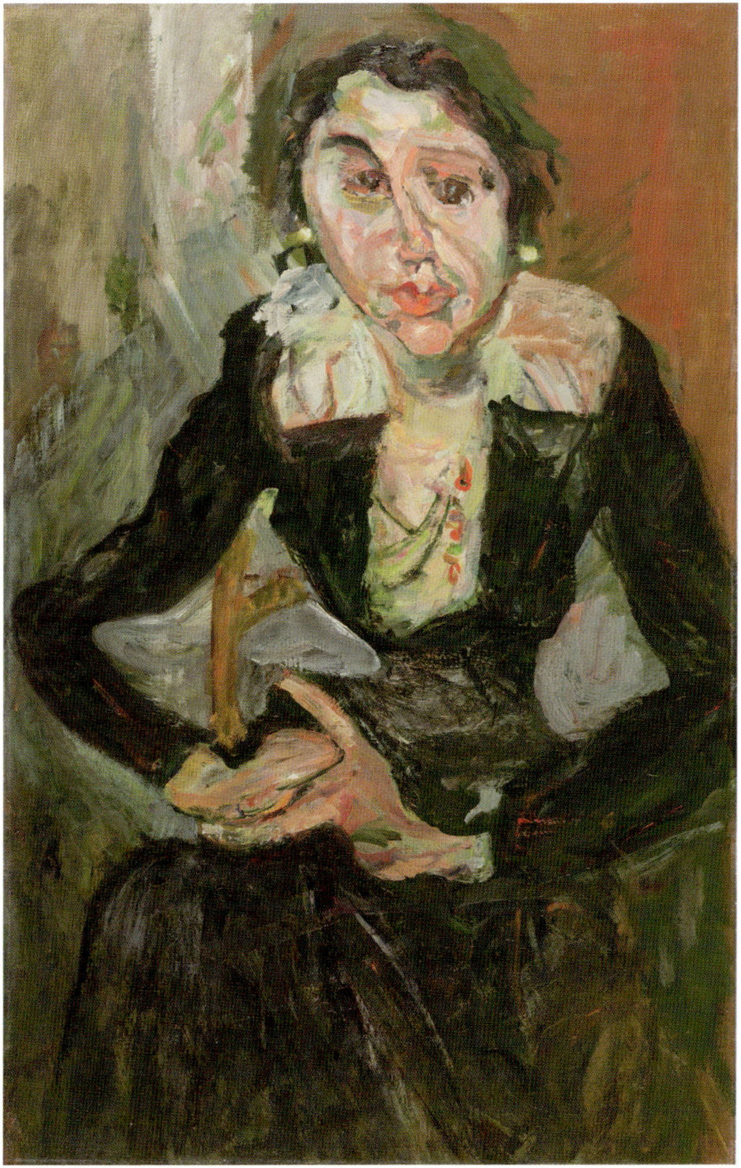

The Green Dress

La Robe verte

Das grüne Kleid

El vestido verde

L'abito verde

De groene jurk

1921/22, Oil on canvas/Huile sur toile, 84,5 × 66 cm, Private collection

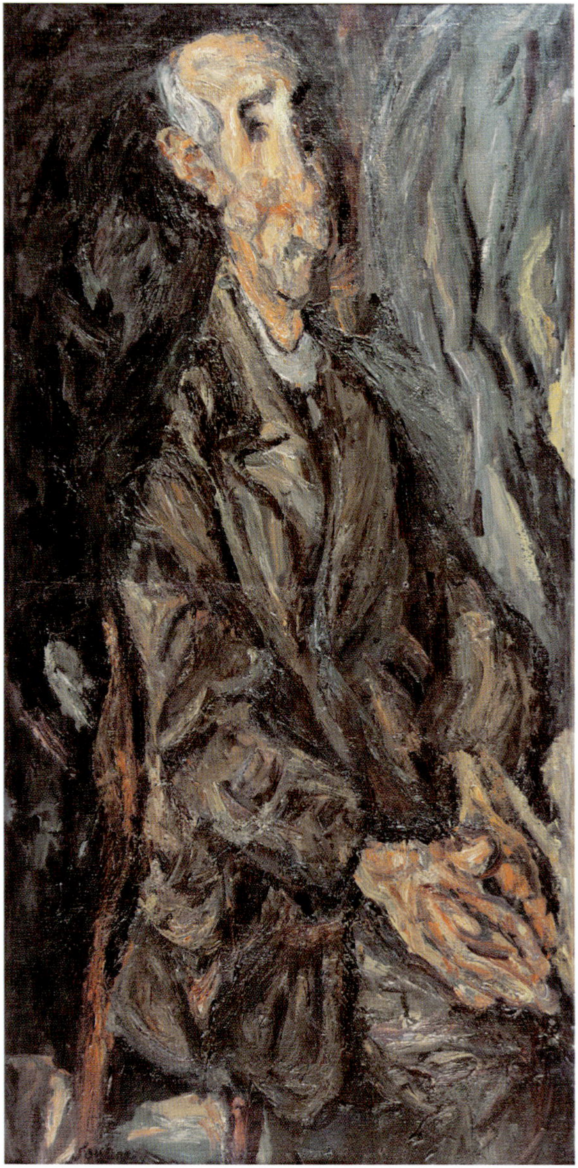

Old Man

Le Vieillard

Alter Mann

El hombre viejo

Uomo anziano

Oude man

1921, Oil on canvas/Huile sur toile, 135 × 67,5 cm, Musée Calvet, Avignon

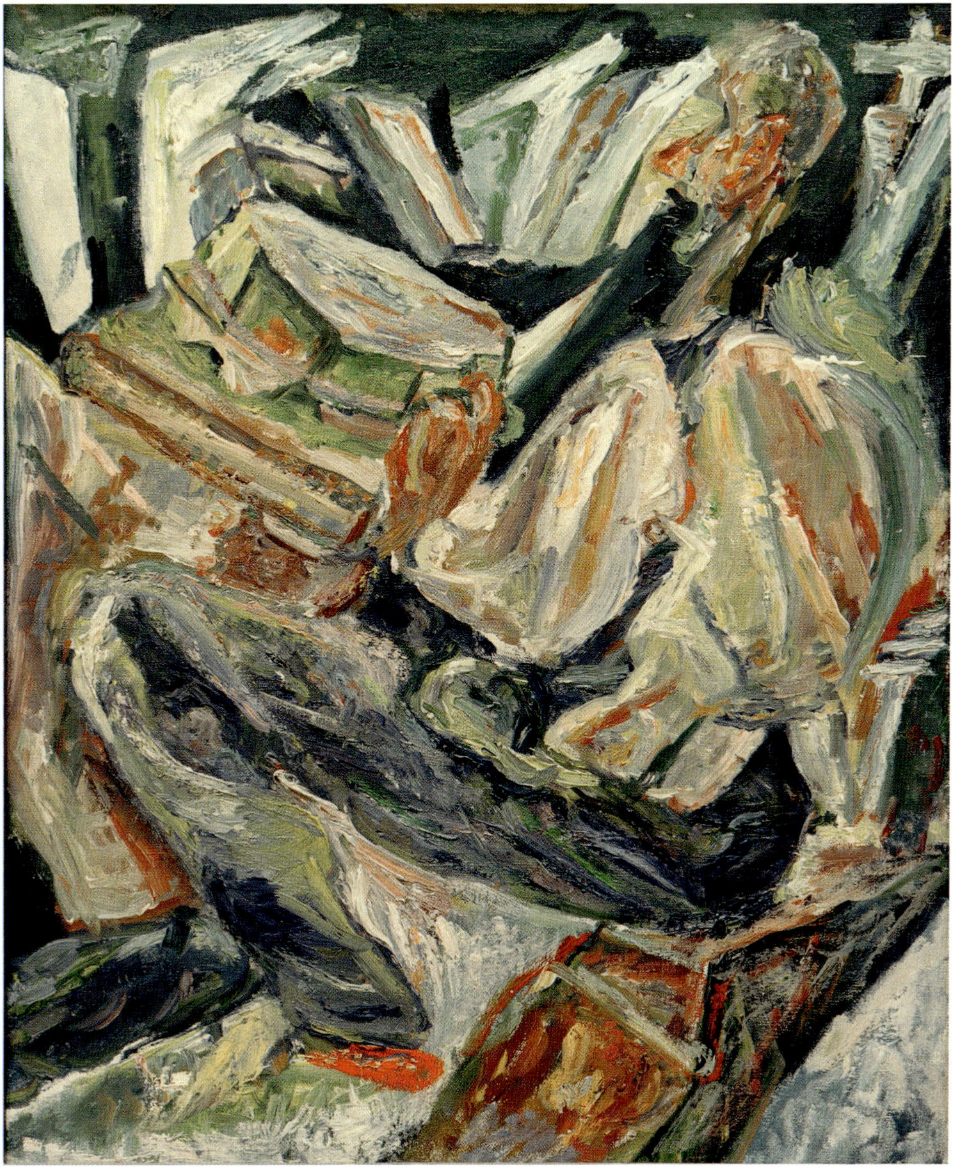

The Philosopher

Le Philosophe

Der Philosoph

El filósofo

Il filosofo

De filosoof

1921, Oil on canvas/ Huile sur toile, 61 × 51,4 cm, Private collection

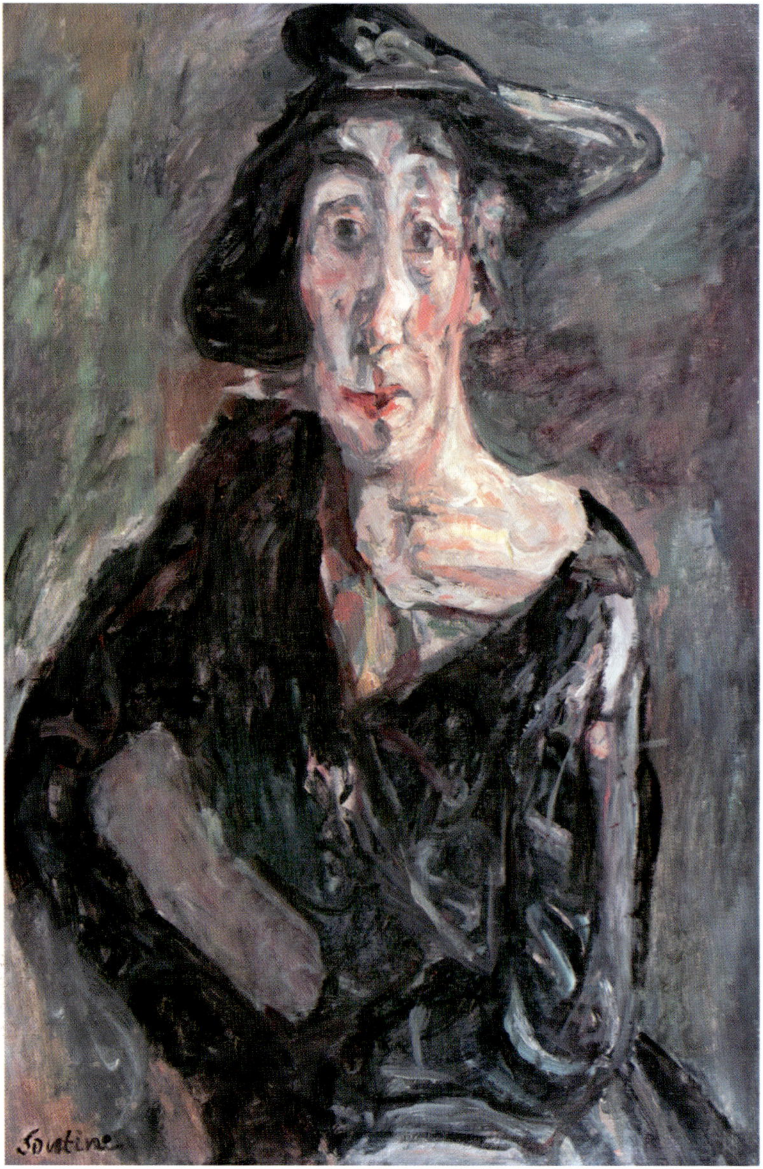

Abandoned

Désolation

Einsamkeit

Soledad

Solitudine

Eenzaamheid

1921/22, Oil on canvas/Huile sur toile, 81 × 54,6 cm, Musée Calvet, Avignon

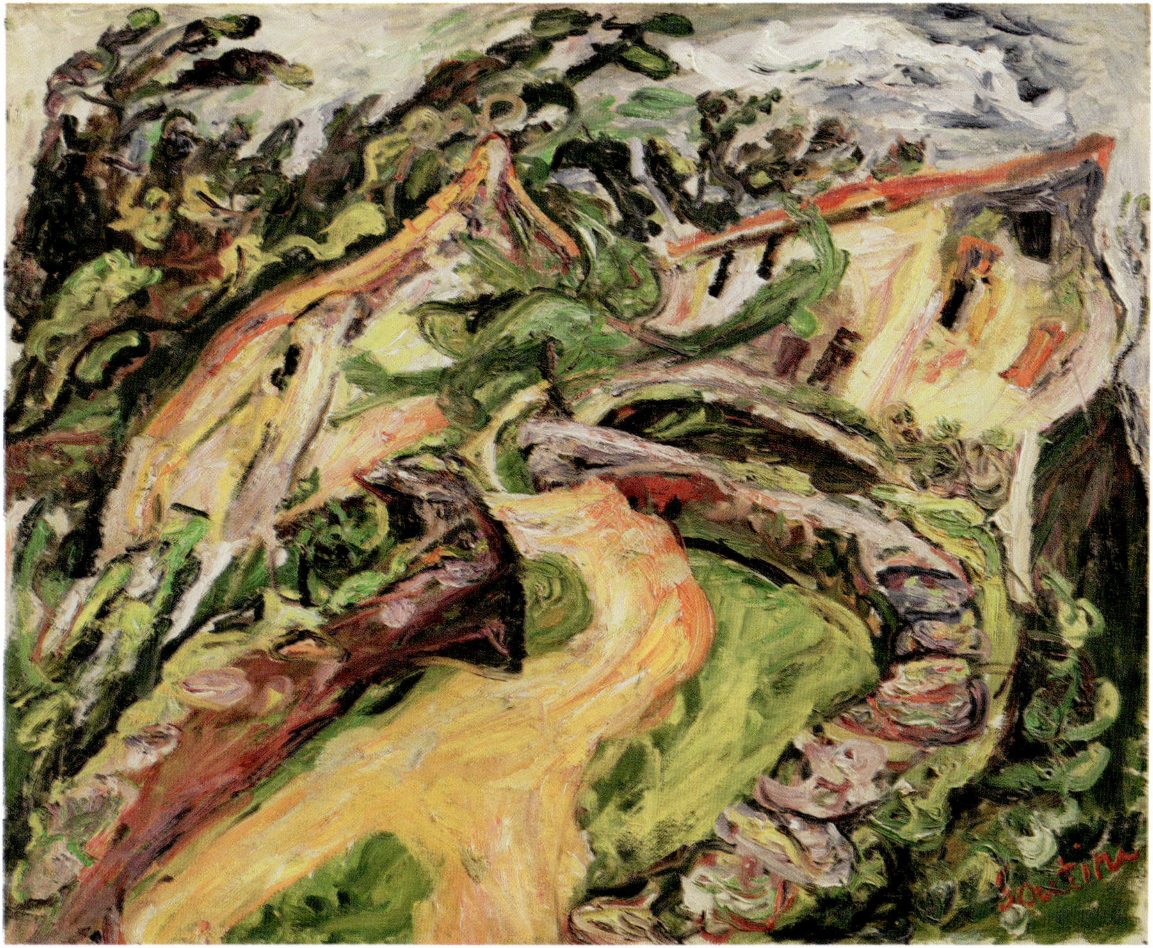

Landscape with Street on an Incline

La Route montante

Landschaft mit ansteigender Straße

Paisaje con cuesta

Paesaggio con strada in salita

Landschap met oplopende weg

1921, Oil on canvas/Huile sur toile, 65,1 × 81 cm, Private collection

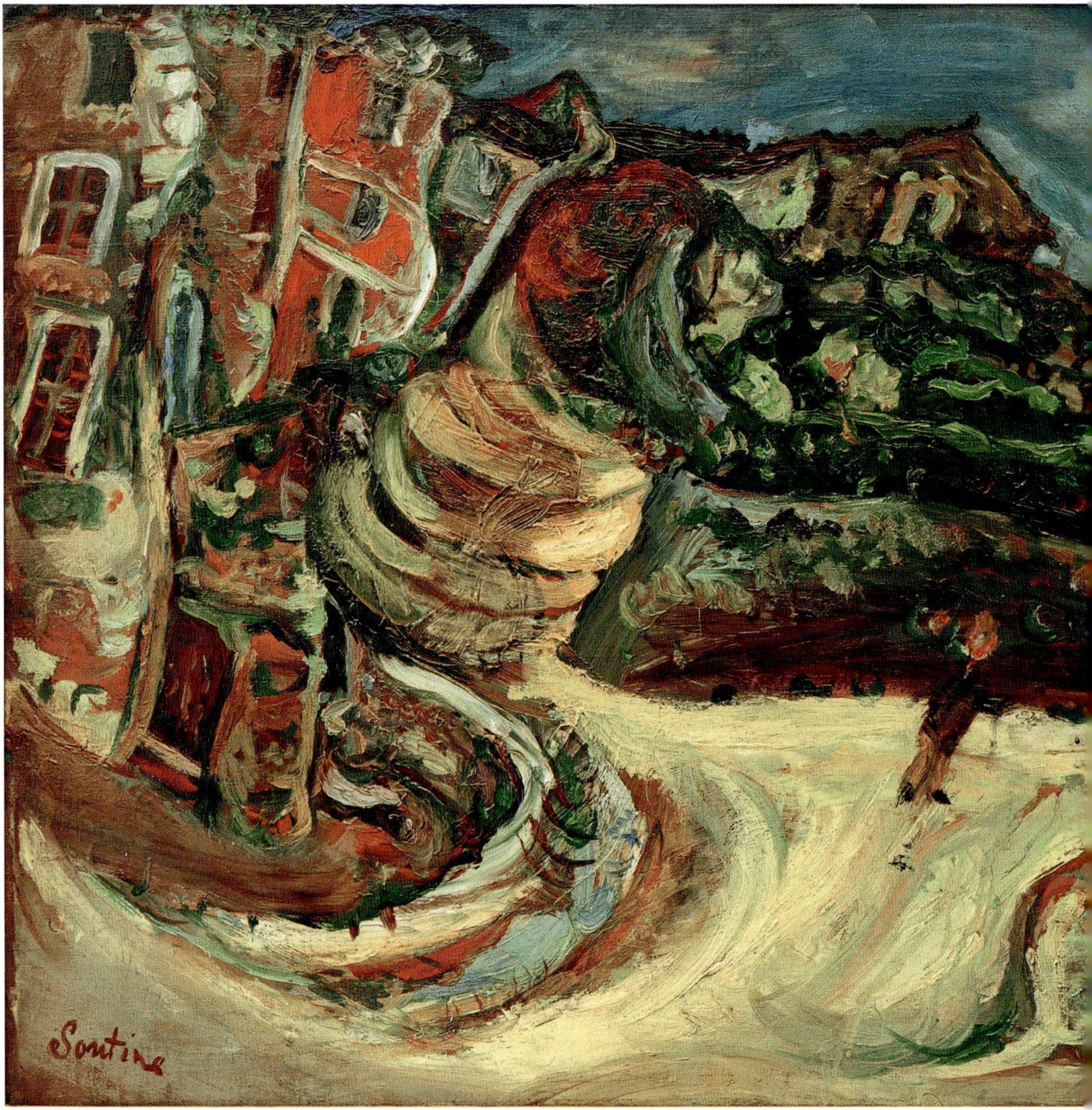
Soutine

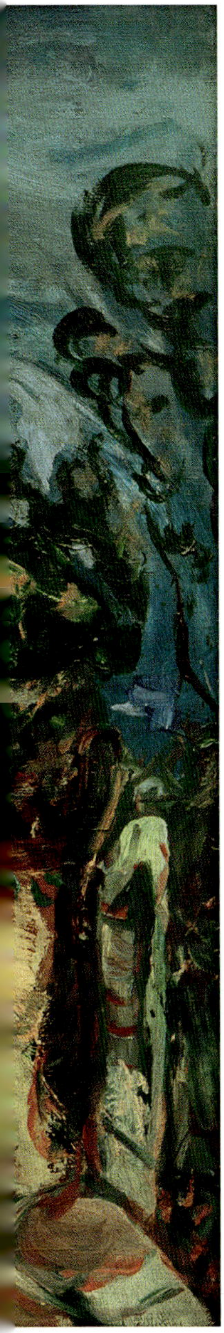

Street in Céret

La Route

Die Straße von Céret

La calle de Céret

La strada di Céret

Straat in Céret

c. 1923/24, Oil on canvas/Huile sur toile, 65 × 81 cm, Neue Nationalgalerie, Berlin

Space and motifs dissolve in the whirling movement of the brush. It is as if houses on the left side of the picture are holding each other tight to withstand the tremendously dynamic energy of the painter. In the middle of the street is a figure, who seems to awaiting the viewer amid this stormy landscape.

Le mouvement tourbillonnant du pinceau dissout l'espace et les motifs. Les maisons à gauche semblent se serrer les unes contre les autres pour résister à cette dynamique affolante. Au beau milieu de la rue se tient une figure qui semble attendre le visiteur pour le saluer dans ce paysage tumultueux.

Raum und Motive lösen sich in der wirbelnden Bewegung des Pinsels auf. Es wirkt so als schmiegten sich Häuser am linken Bildrand eng aneinander, um der enormen Dynamik standzuhalten. Mitten auf der Straße steht eine Figur, die den Betrachter in dieser stürmischen Landschaft grüßend zu erwarten scheint.

El espacio y los motivos se disuelven en el movimiento arremolinado del pincel. Parece así que las casas están acurrucadas en el lado izquierdo, cerca unas de otras, con el fin de soportar el enorme impulso. En medio de la carretera aparece un personaje a la espera del saludo del espectador en este paisaje tormentoso.

Spazio e tema si fondono tra le pennellate vertiginose. Sembra che le case sulla sinistra si poggino tra loro, per tenere il passo alla forte dinamica. Al centro della strada si erge una figura, che sembra attendere l'osservatore in questo paesaggio tempestoso.

De ruimte en motieven lossen op in wervelende penseelstreken. Het lijkt alsof de huizen aan de linkerrand van het doek tegen elkaar zijn gedrukt om de dynamiek van het werk te kunnen weerstaan. Op straat staat een figuur die de beschouwer te midden van dit stormachtige landschap lijkt op te wachten.

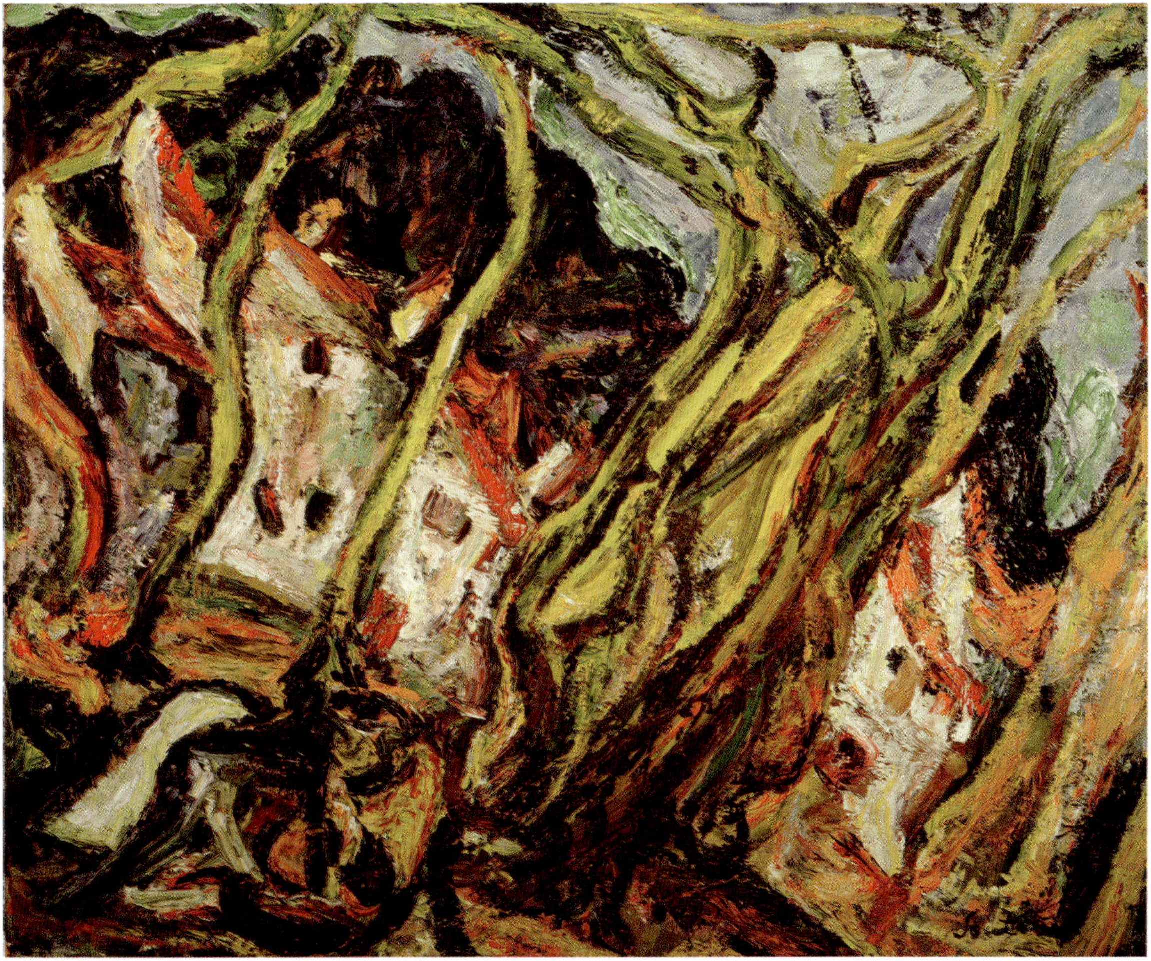

Les Gorges du Loup sur Vence

1921/22, Oil on canvas/Huile sur toile, 60 × 73 cm, Von der Heydt-Museum, Wuppertal

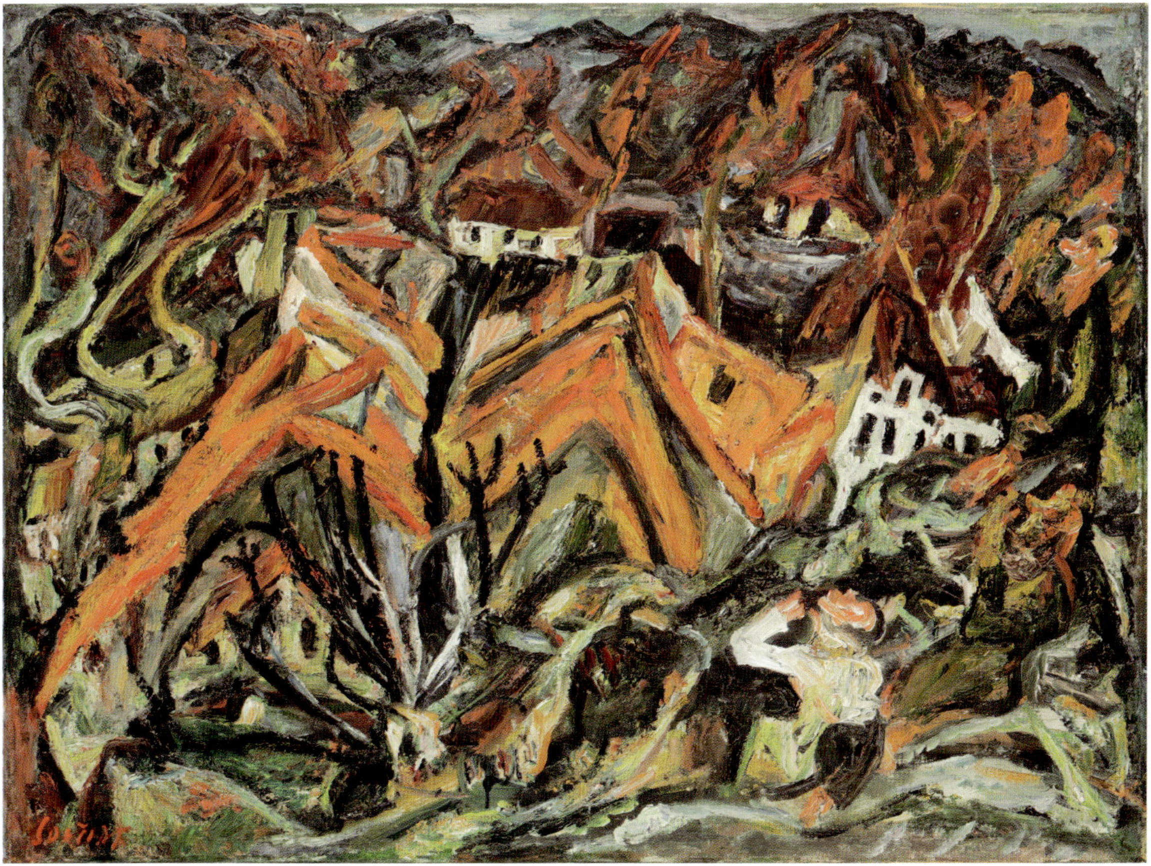

Landscape in Céret
Vue sur le village
Landschaft in Céret
Paisaje en Céret
Paesaggio a Céret
Landschap in Céret

1921/22, Oil on canvas/Huile sur toile, 72,8 × 99 cm, Private collection

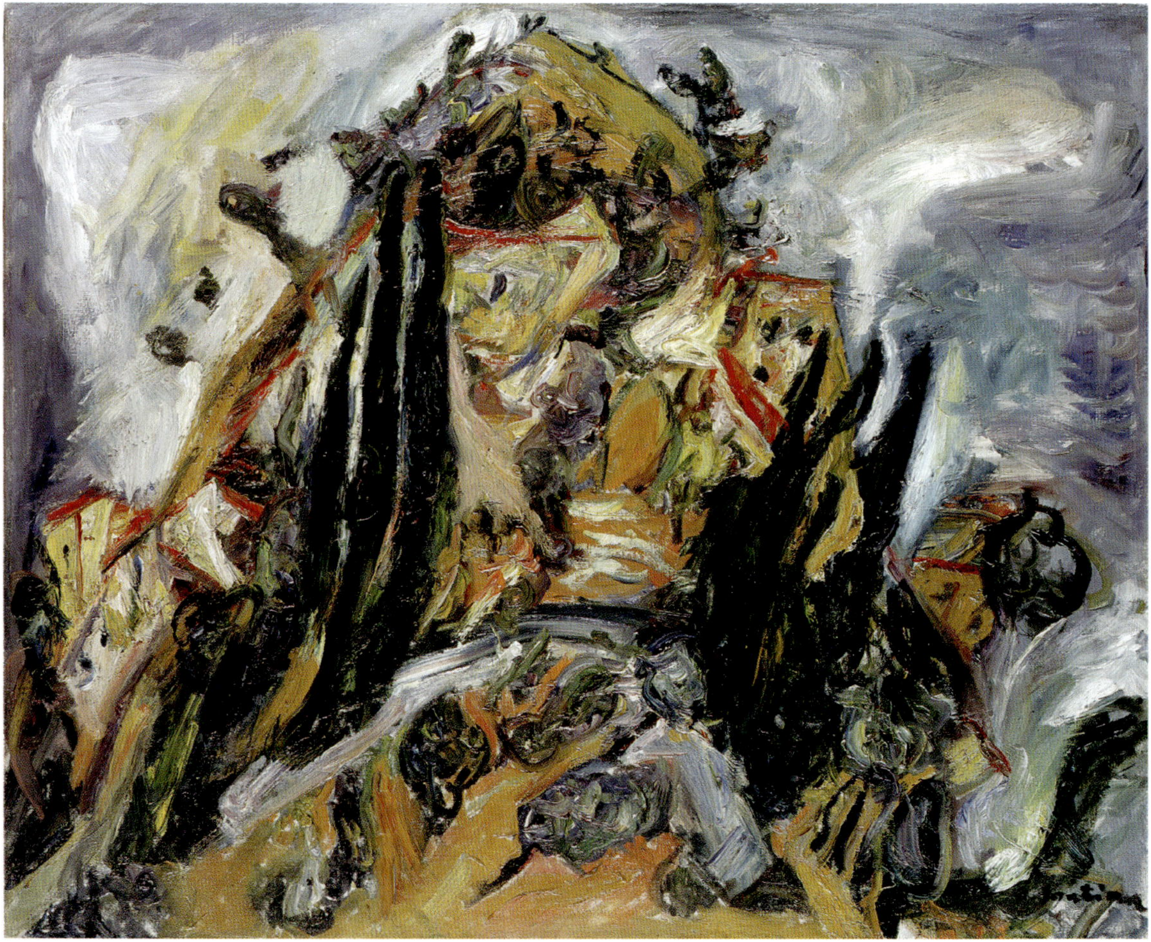

Hills in Céret ***Hügel in Céret*** ***Collina a Céret***
La Colline de Céret ***Colina en Céret*** ***Heuvel in Céret***

c. 1921/22, Oil on canvas/Huile sur toile, 72,4 × 91 cm, The Israel Museum, Jerusalem

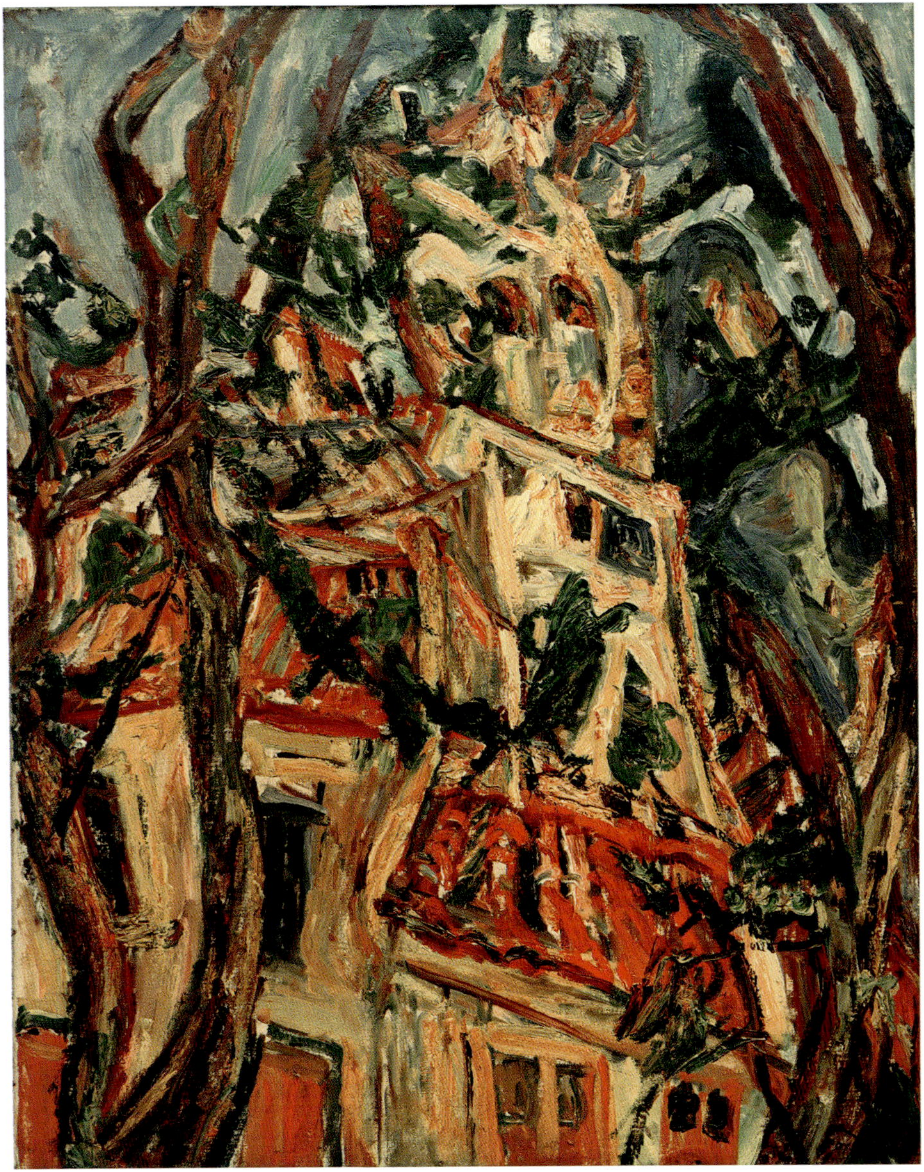

The Tower of Saint-Pierre in Céret

Le Clocher de Saint-Pierre à Céret

Der Kirchturm von Saint-Piere in Céret

La torre de la iglesia de Saint-Pierre en Céret

Il campanile di Saint-Piere a Céret

De kerktoren van de Saint-Pierre in Céret

c. 1922, Oil on canvas/Huile sur toile, 81,3 × 64,8 cm, The Henry and Rose Pearlman-Foundation, Princeton University Art Museum, Princeton

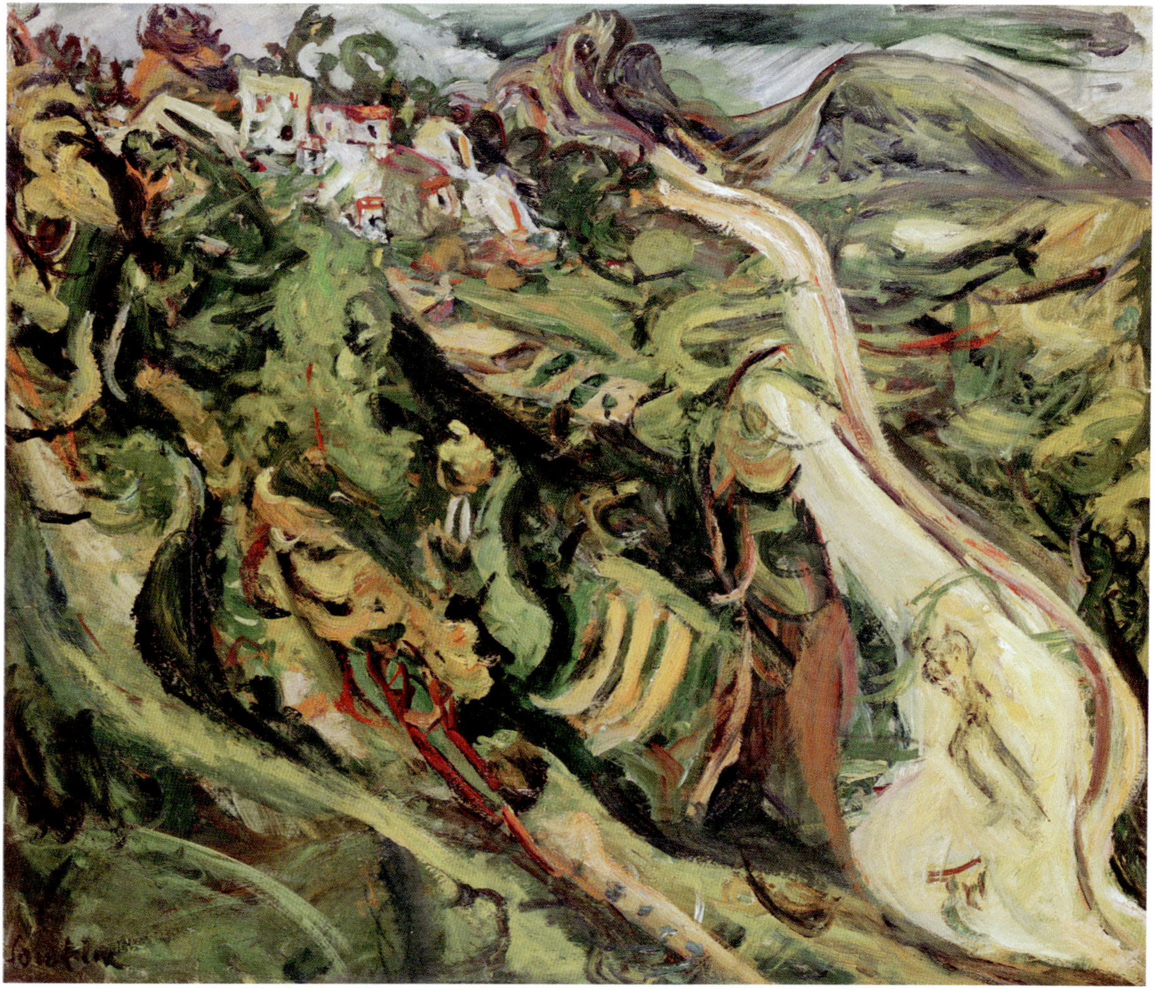

Street in Cagnes ***Straße in Cagnes*** ***Strada a Cagnes***
La Route de Cagnes ***Calle en Cagnes*** ***Weg in Cagnes***
c. 1922/23, Oil on canvas/Huile sur toile, 65 × 77,5 cm, Private collection

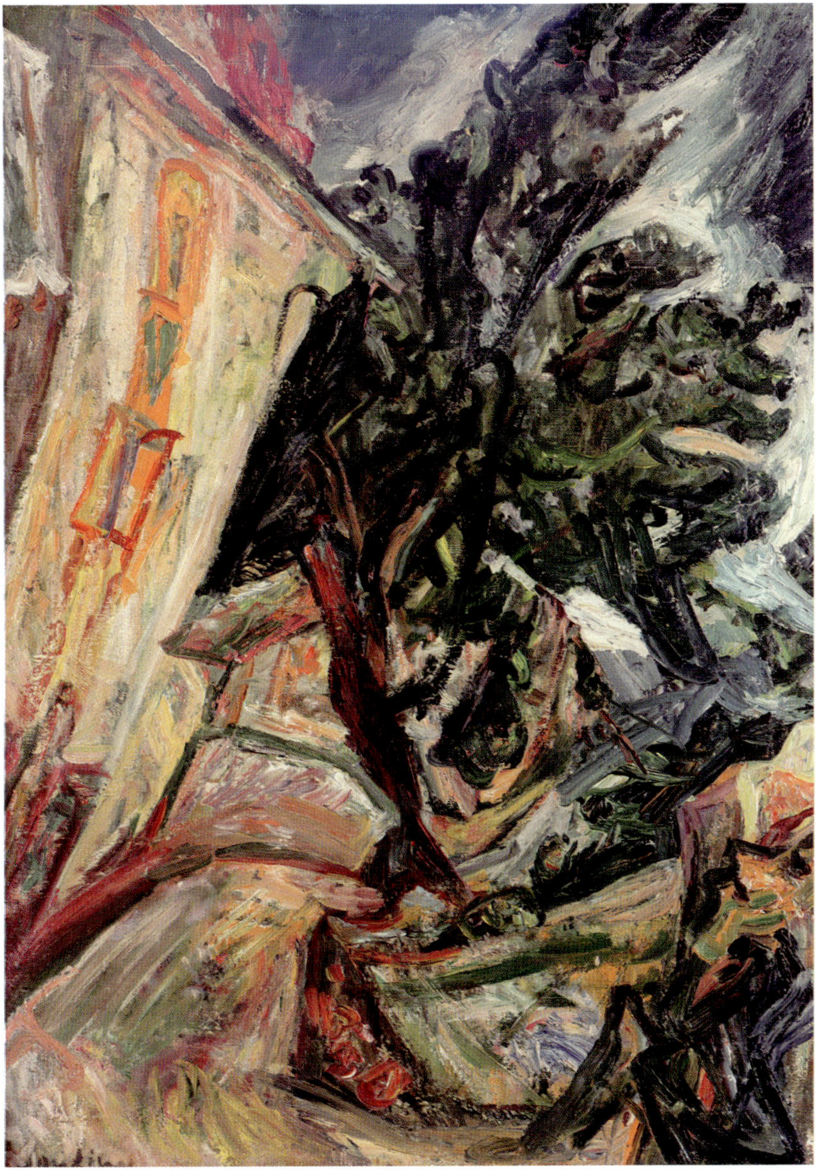

Landscape with Figures, Céret

Paysage de Céret avec personnages

Landschaft mit Figuren, Céret

Paisaje con figuras, Céret

Paesaggio con figure, Céret

Landschap met figuren, Céret

1922, Oil on canvas/Huile sur toile,
73 × 54 cm, Private collection

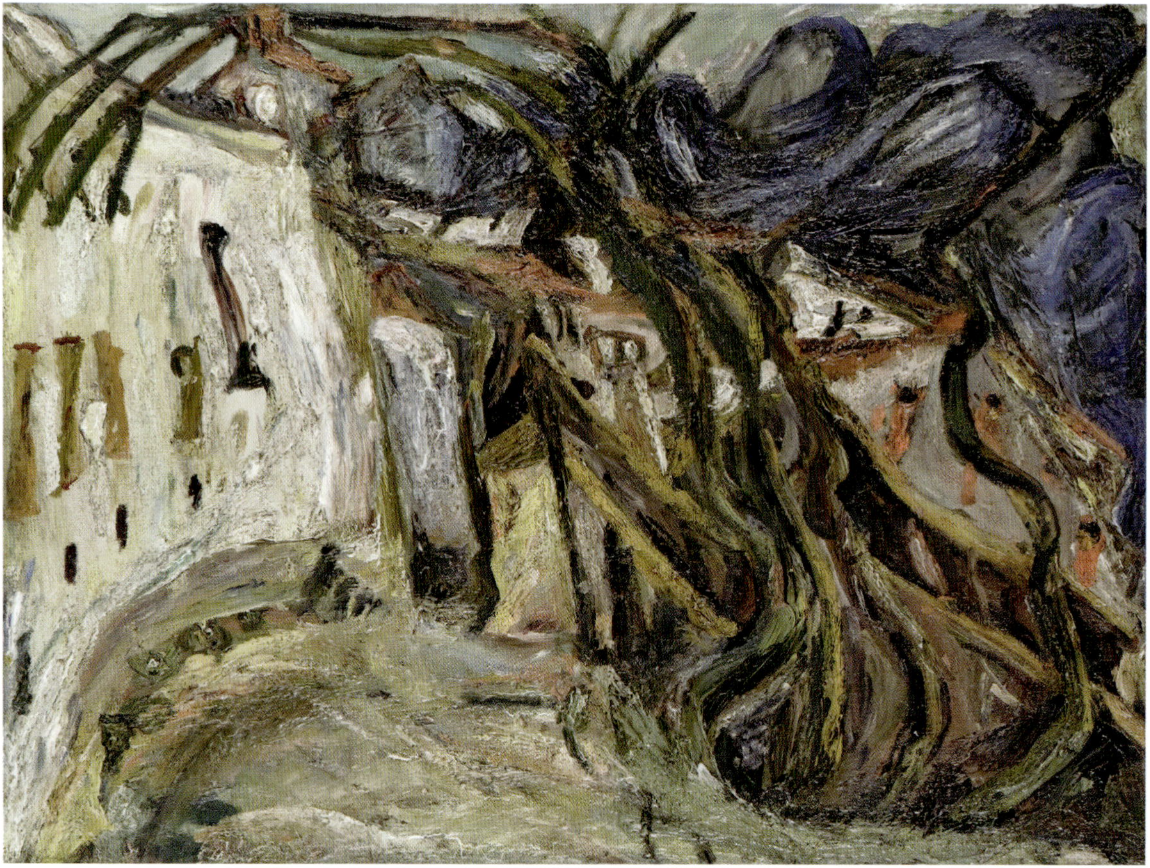

Landscape in Céret

Paysage de Céret

Landschaft in Céret

Paisaje en Céret

Paesaggio a Céret

Landschap in Céret

1922, Oil on canvas/Huile sur toile, 66,7 × 90,8 cm, Philadelphia Museum of Art, Pennsylvania

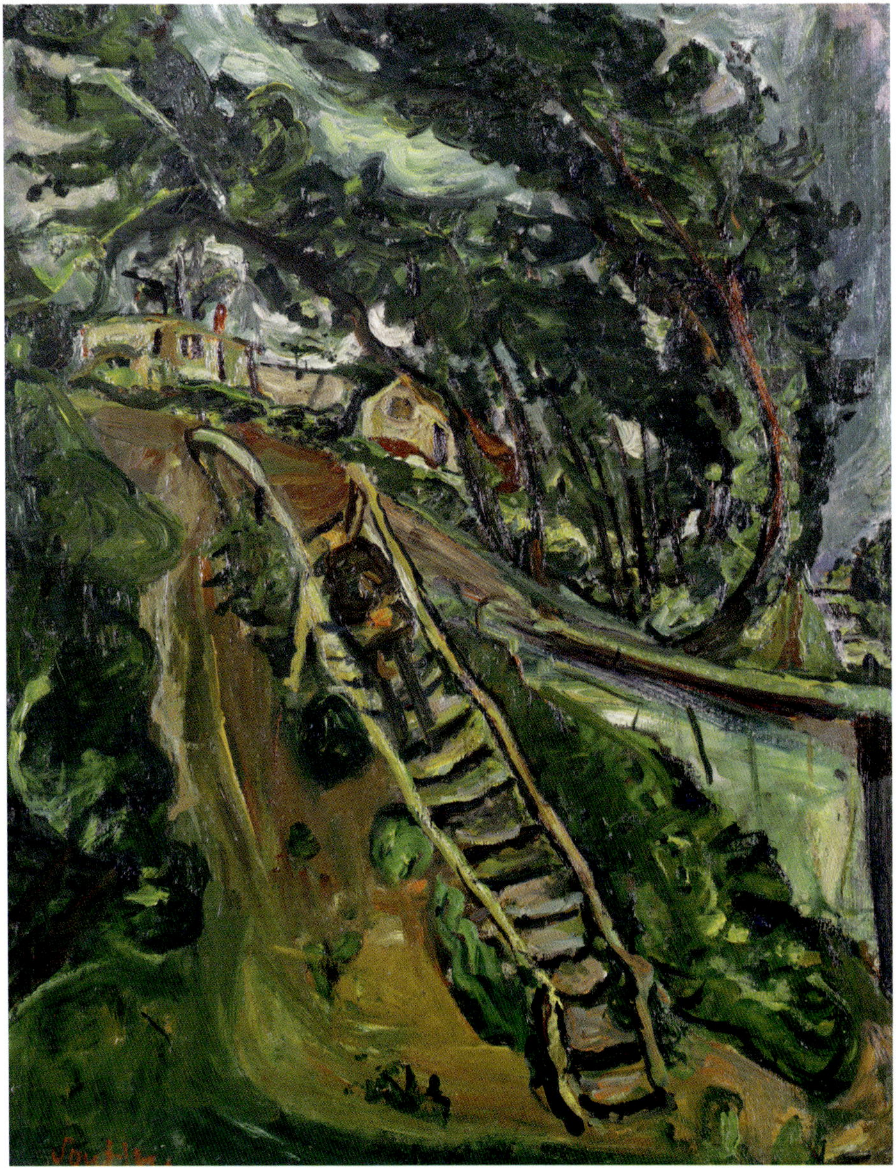

Landscape with Stairs

Paysage aux escaliers

Landschaft mit Treppe

Paisaje con escalera

Paesaggio con scalinata

Landschap met trap

c. 1922, Oil on canvas/Huile sur toile, 81,5 × 65 cm, National Gallery of Ireland, Dublin

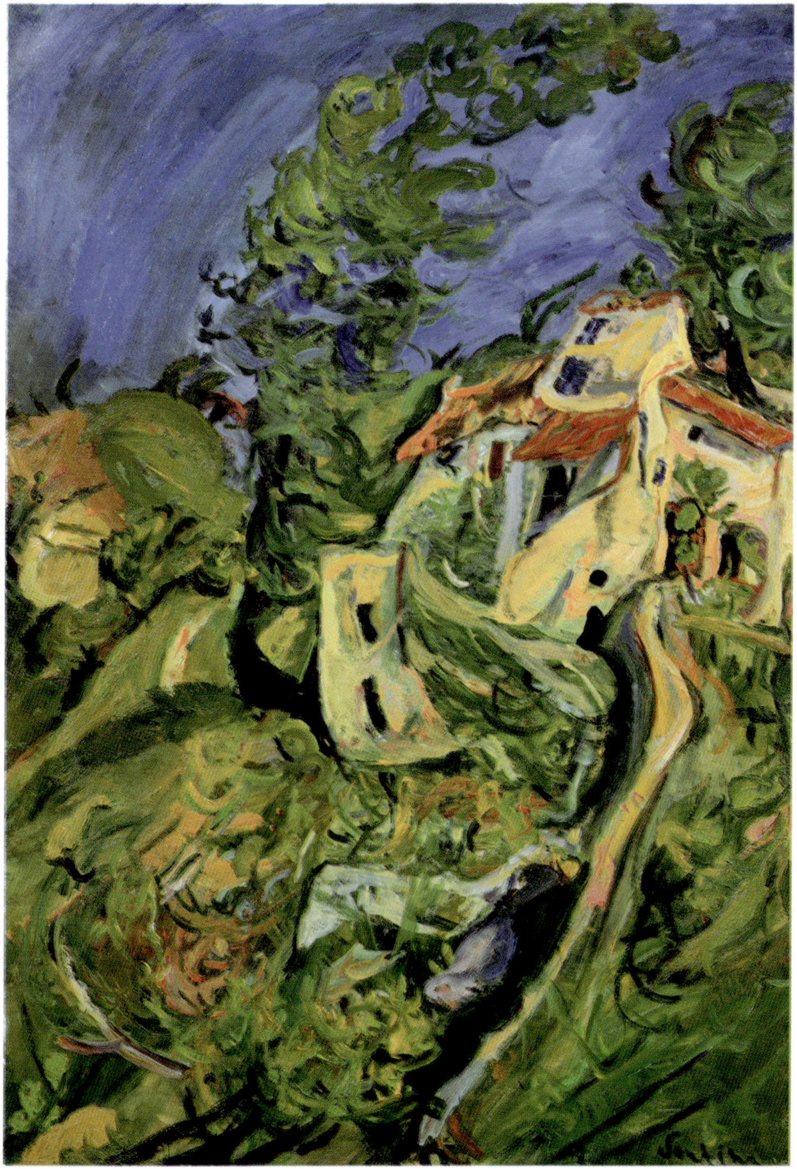

Landscape in Cagnes

Paysage à Cagnes

Landschaft in Cagnes

Paisaje en Cagnes

Paesaggio a Cagnes

Landschap in Cagnes

c. 1922/23, Oil on canvas/Huile sur toile, 92 × 65 cm, Musée de l'Orangerie, Paris

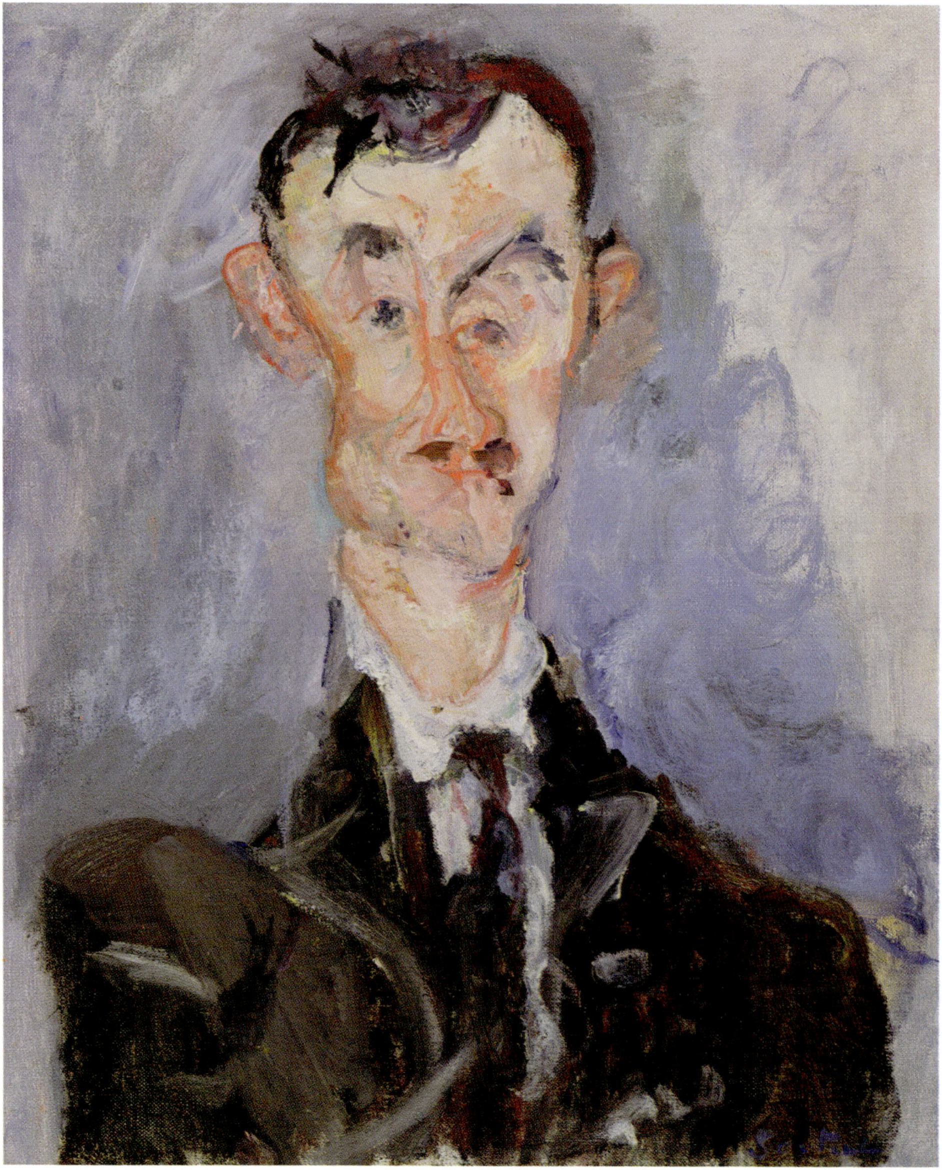

Portrat of Emile Lejeune

Portrait d'homme (Émile Lejeune)

Bildnis Emile Lejeune

Retrato de Emile Lejeune

Ritratto di Emile Lejeune

Portret van Émile Lejeune

c. 1922, Oil on canvas/ Huile sur toile, 55,5 × 46,5 cm, Musée de l'Orangerie, Paris

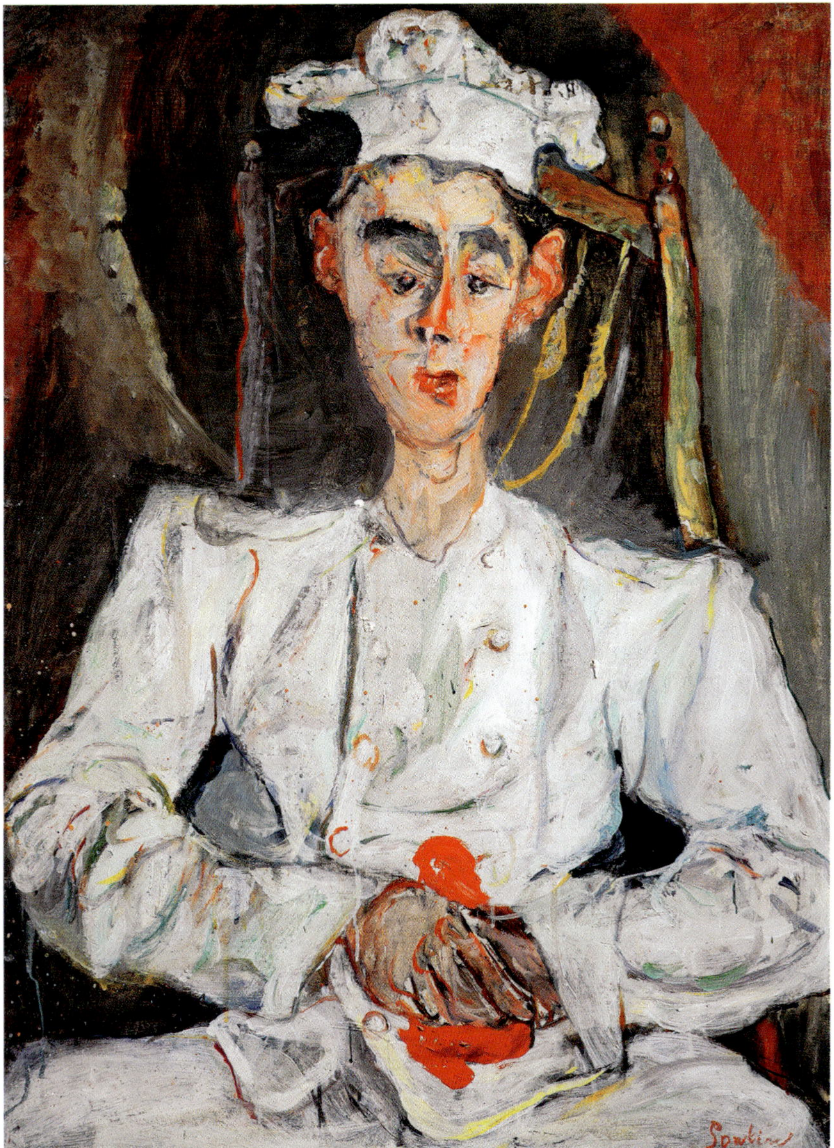

The Pastry Chef with Red Handkerchief

Le Petit Pâtissier* ou *Le Pâtissier au mouchoir rouge

Der Konditor mit rotem Taschentuch

El pastelero con pañuelo rojo

Pasticcere con fazzoletto rosso

De banketbakker met de rode halsdoek

1922/23, Oil on canvas/Huile sur toile, 73 × 54 cm, Musée de l'Orangerie, Paris

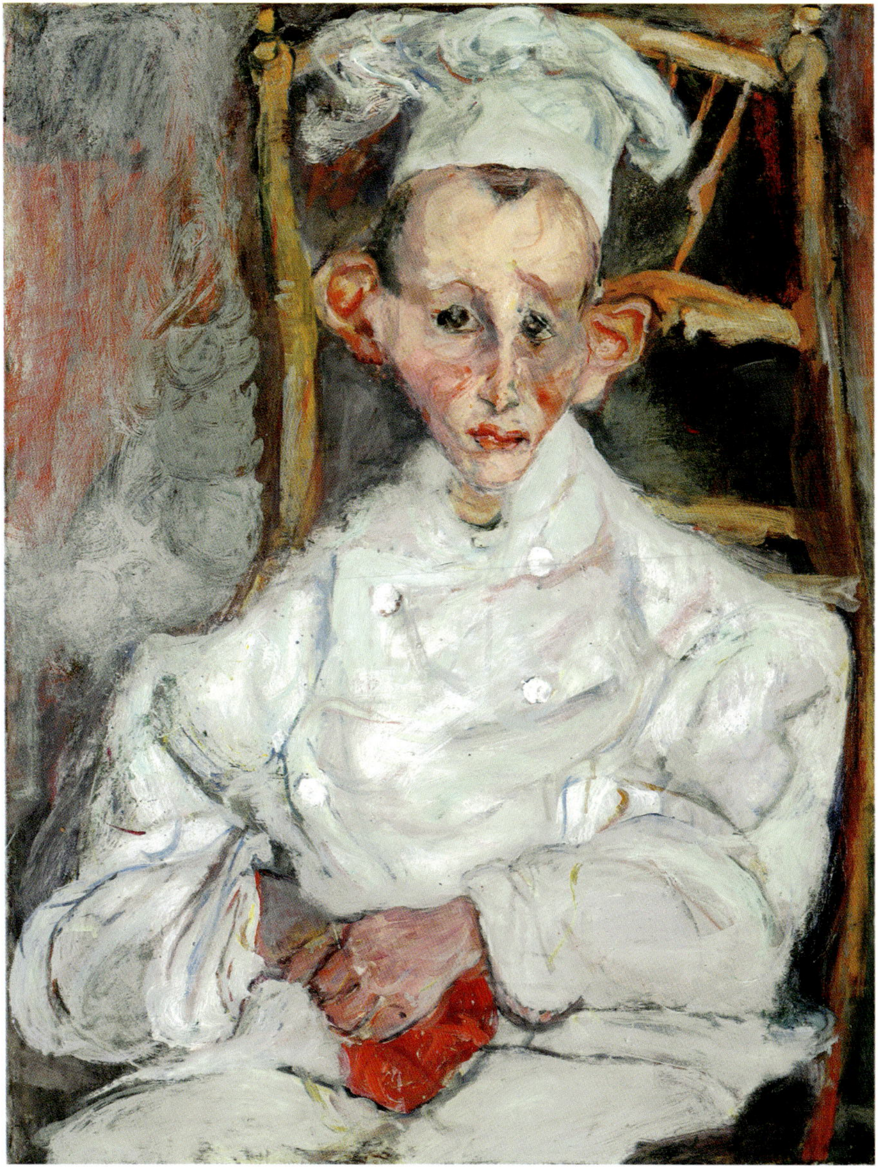

The Pastry Chef of Cagnes

Le Pâtissier de Cagnes

Der Konditor von Cagnes

El pastelero de Cagnes

Il pasticcere di Cagnes

De banketbakker van Cagnes

1922/23, Oil on canvas/Huile sur toile, 65 × 50 cm, Private collection

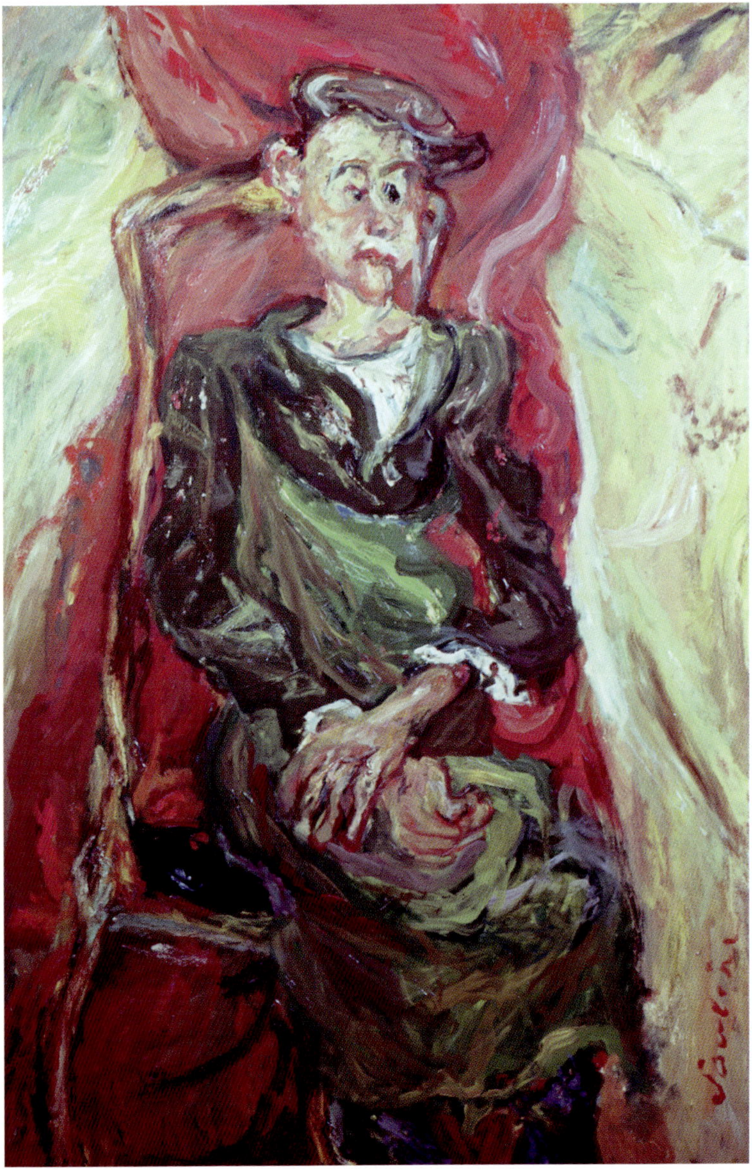

The Apprentice

L’Apprenti

Der Lehrling

El aprendiz

L’apprendista

De leerling

1922, Oil on canvas/Huile sur toile, 99 × 68,6 cm, Private collection

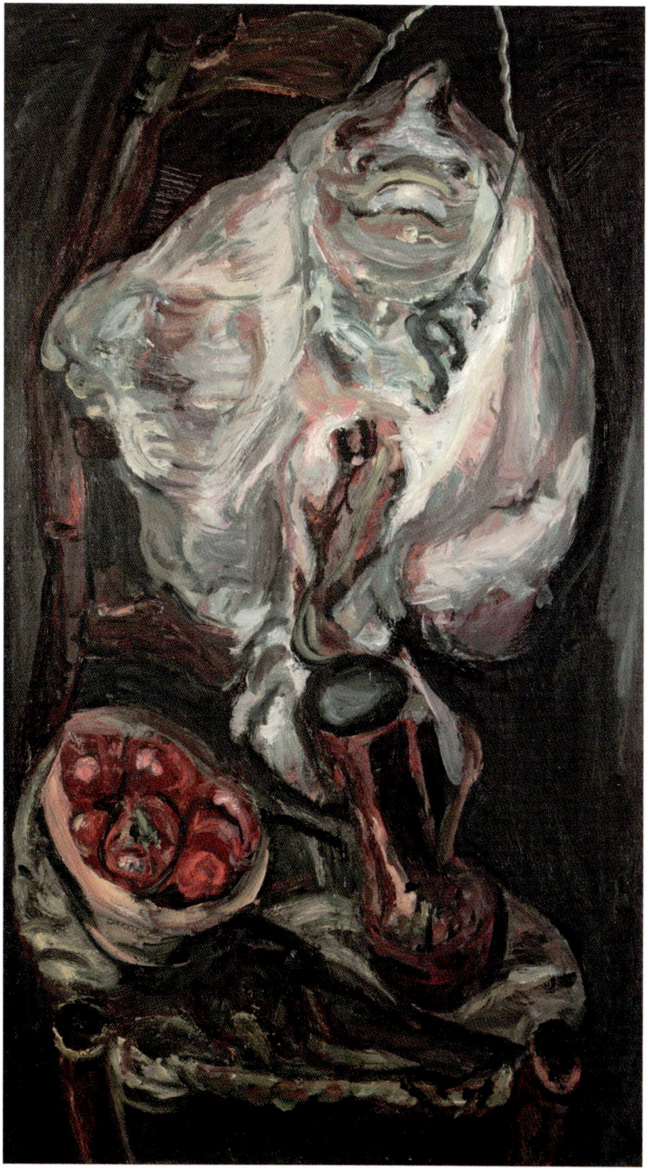

Rays

La Raie

Rochen

La raya

Razza

Rog

1922, Oil on canvas/Huile sur toile, 81 × 47,9 cm, Musée Calvet, Avignon

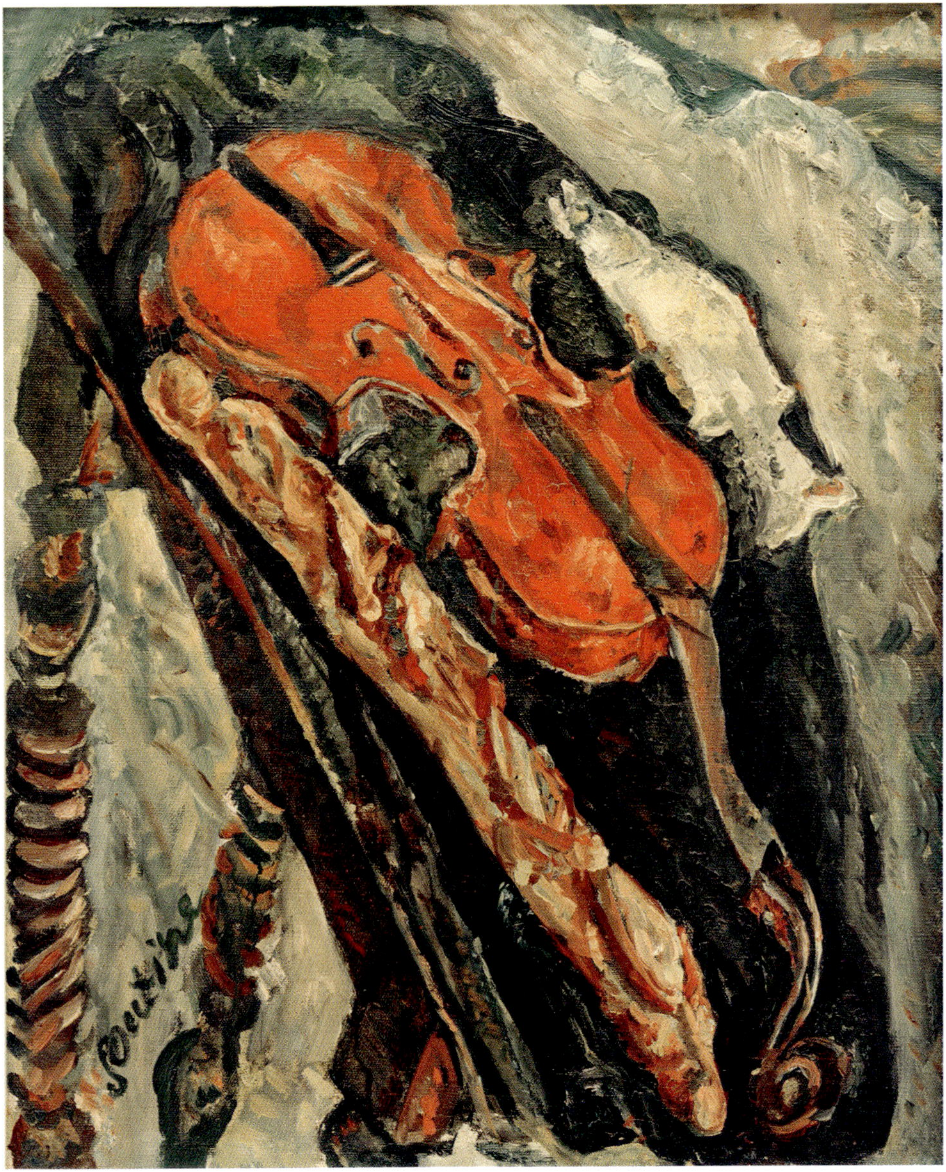

Still Life with Violin, Bread, and Fish

Nature morte au violon, pain et poisson

Stillleben mit Geige, Brot und Fisch

Naturaleza muerta con violín, pan y pescado

Natura morta con violino, pane e pesce

Stilleven met viool, stokbrood en vis

c. 1922, Oil on canvas/Huile sur toile, 65 × 54 cm, Kunstmuseum, Basel

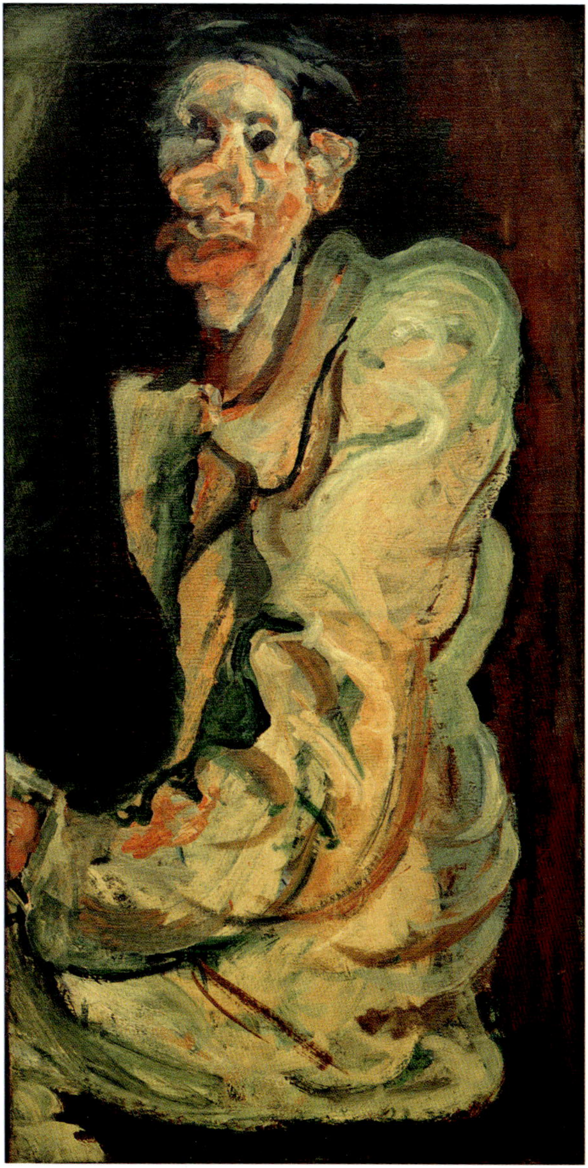

Grotesque – Self-Portrait

Grotesque, autoportrait présumé

Grotesk – Selbstbildnis

Grotesco – Autorretrato

Grottesco – autoritratto

Groteske – Zelfportret

c. 1922–25, Oil on canvas/Huile sur toile, 81 × 45 cm,
Musée d'Art Moderne de la Ville de Paris, Paris

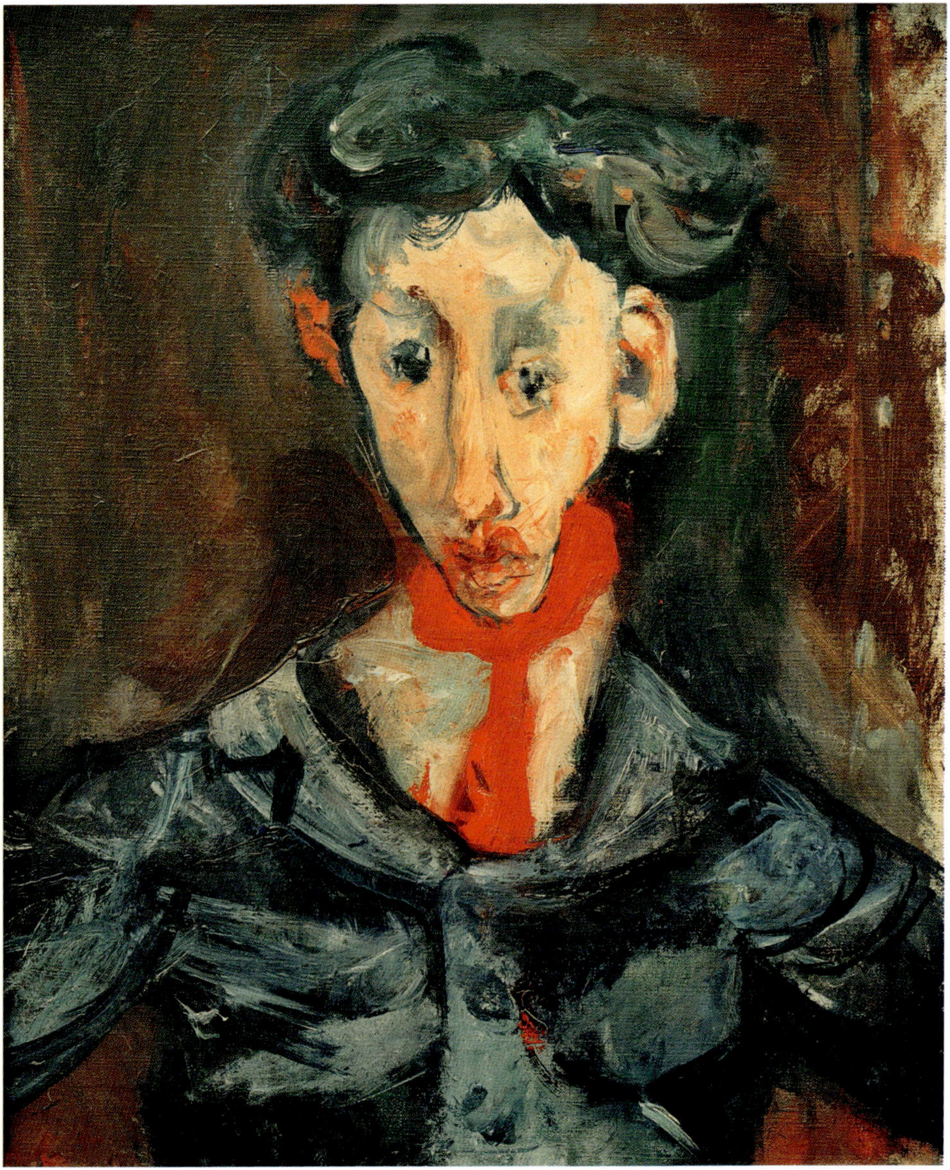

Gypsy Man

Le Tzigane

Der Zigeuner

El gitano

Lo zingaro

De zigeuner

1922/23, Oil on canvas/Huile sur toile, 46 × 38,1 cm, Statens Museum for Kunst, København

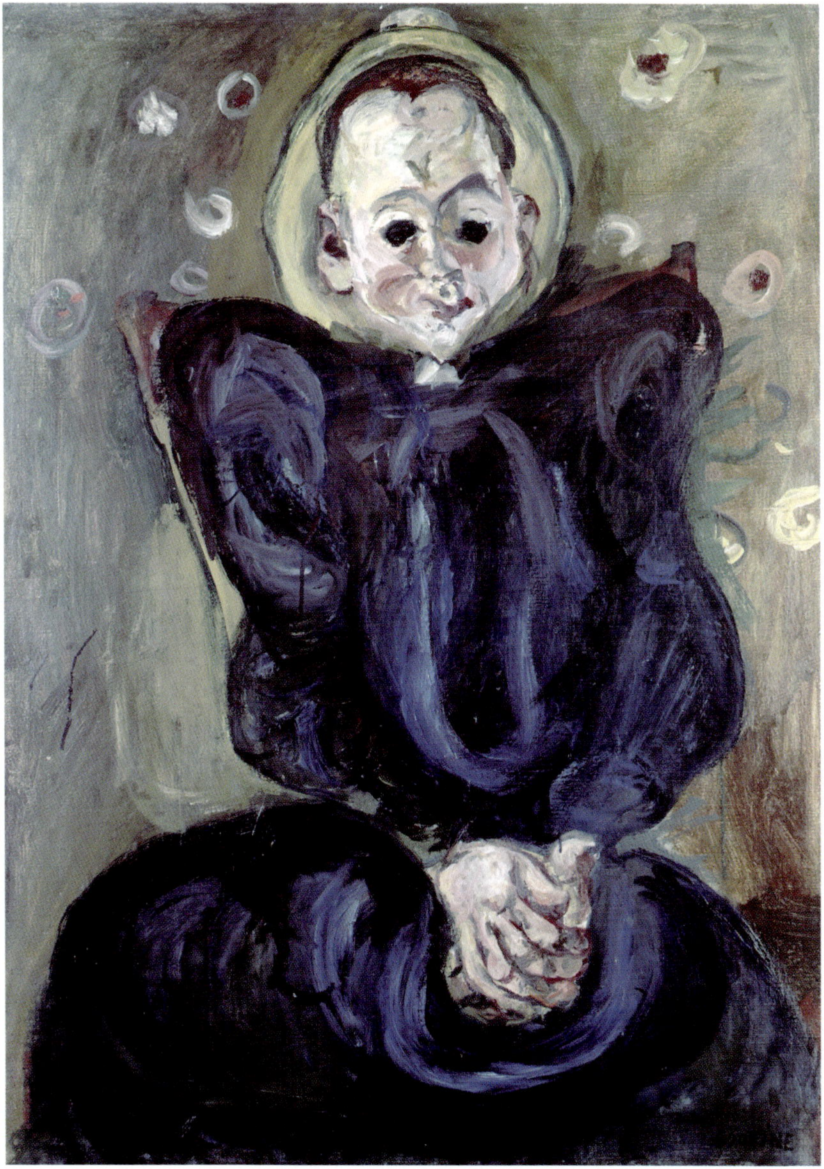

Woman in Blue Dress

La Femme à la robe bleue

Frau in blauem Kleid

Mujer con vestido azul

Donna con abito blu

Vrouw in blauwe jurk

c. 1924, Oil on canvas/Huile sur toile, 81 × 60 cm, Musée d'Art Moderne de la Ville de Paris, Paris

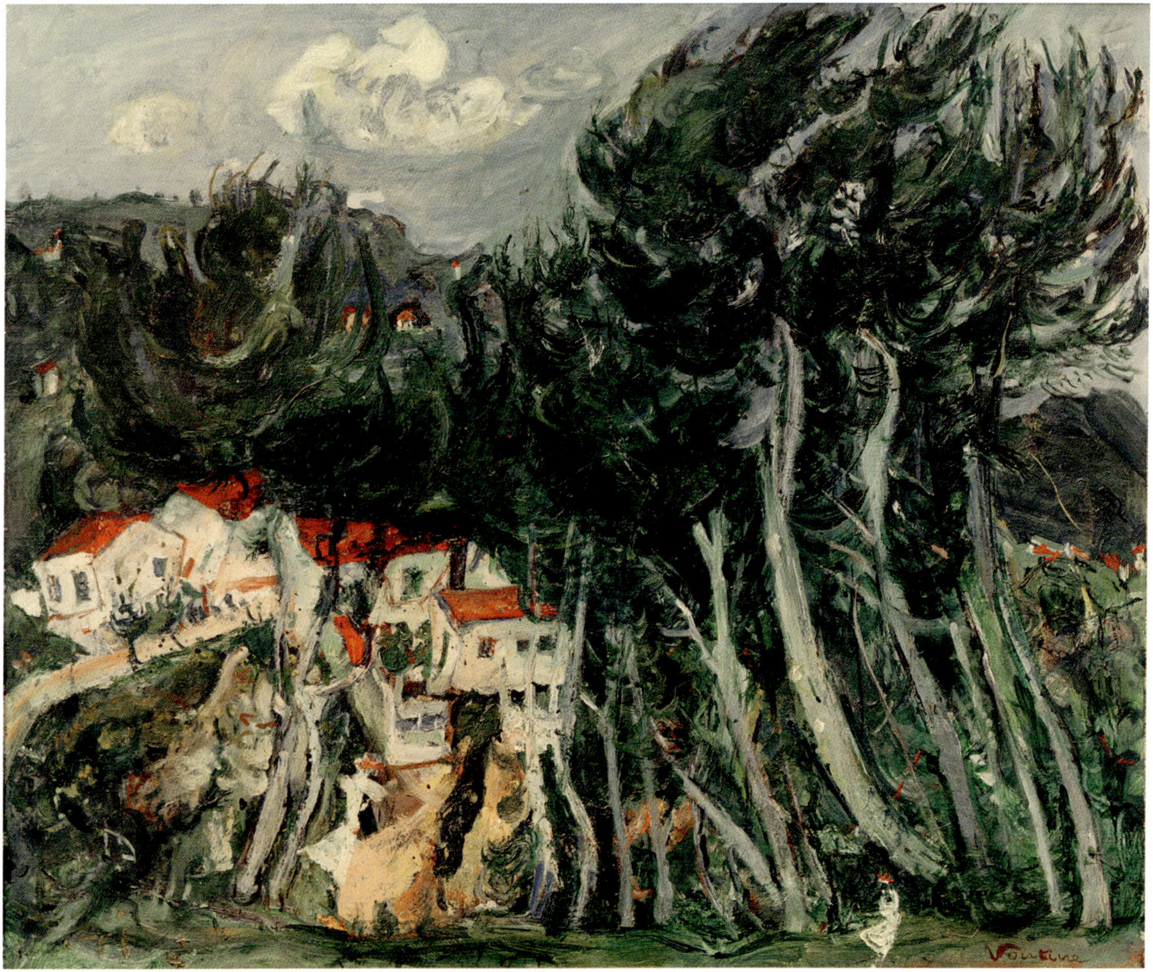

Village to the Left, Trees to the Right

Village à gauche, arbres à droite

Dorf links, Bäume rechts

Pueblo a la izquierda, árboles a la derecha

Villaggio a sinistra, alberi a destra

Dorp links, bomen rechts

1922/23, Oil on canvas/Huile sur toile, 58 × 73 cm, Private collection

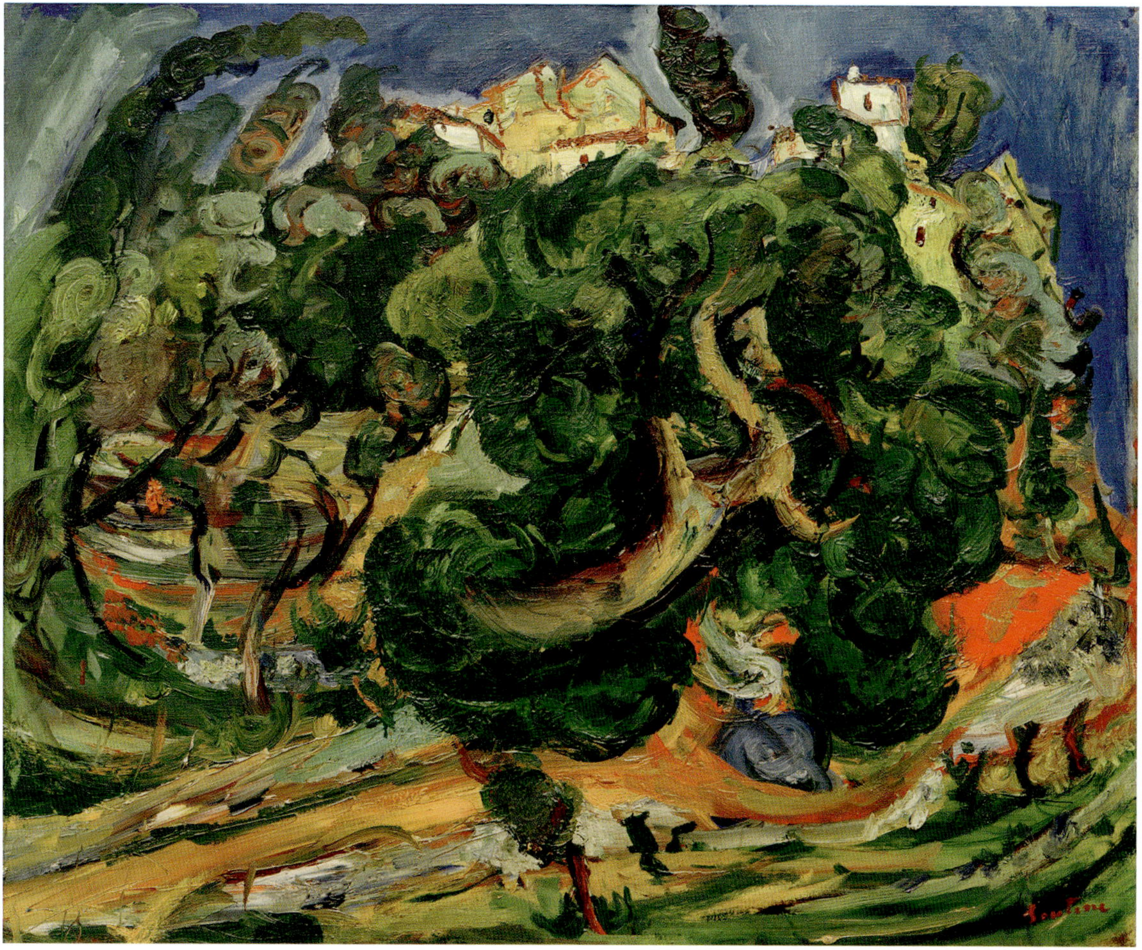

Landscape in Southern France
Paysage du Midi

Landschaft in Südfrankreich
Paisaje en el sur de Francia

Paesaggio del sud della Francia
Landschap in Zuid-Frankrijk

c. 1922/23, Oil on canvas/Huile sur toile, 64,5 × 81 cm, Private collection

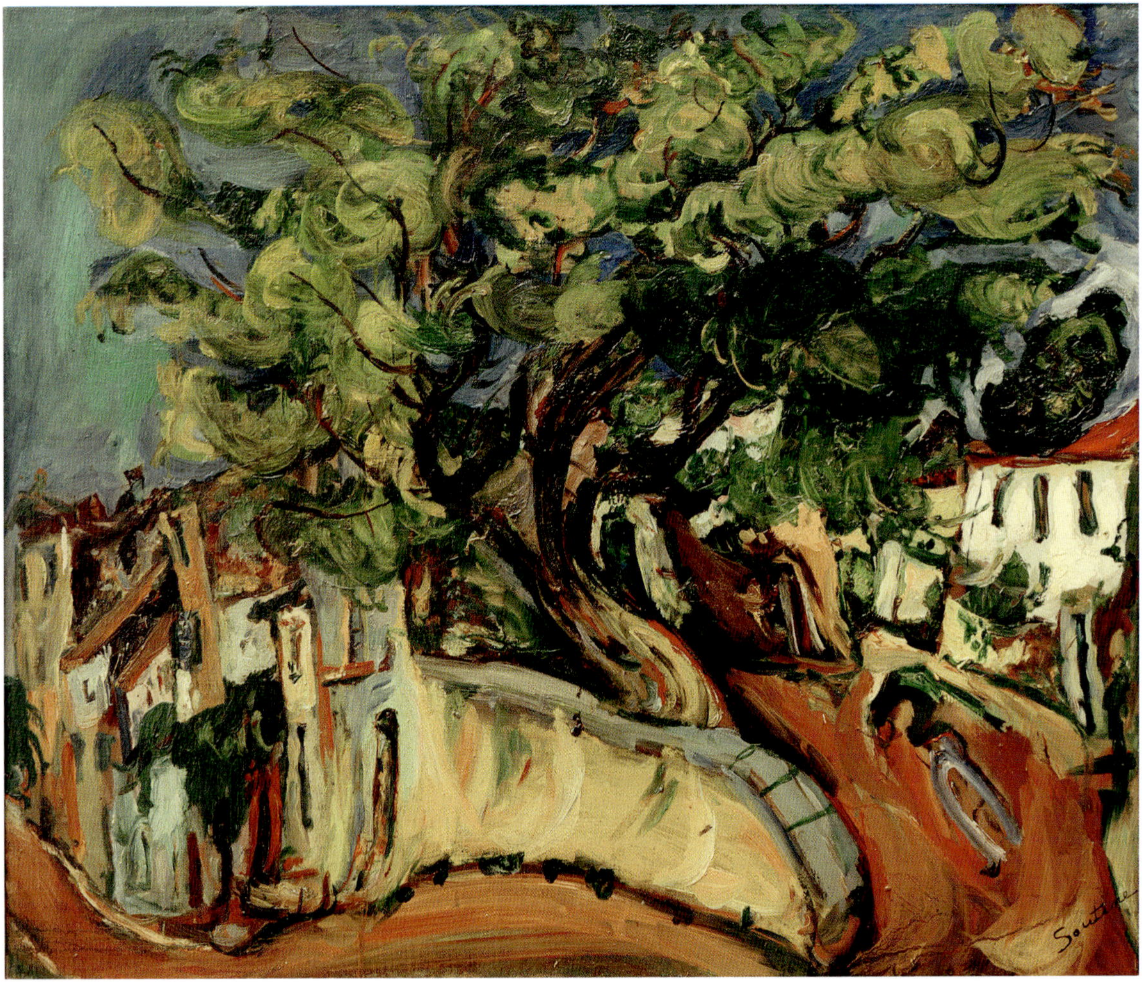

Landscape in Cagnes with Tree

Paysage de Cagnes

Landschaft in Cagnes mit Baum

Paisaje en Cagnes con árbol

Paesaggio a Cagnes con albero

Landschap in Cagnes met boom

c. 1925/26, Oil on canvas/Huile sur toile, 60 × 72,7 cm, Tate Britain, London

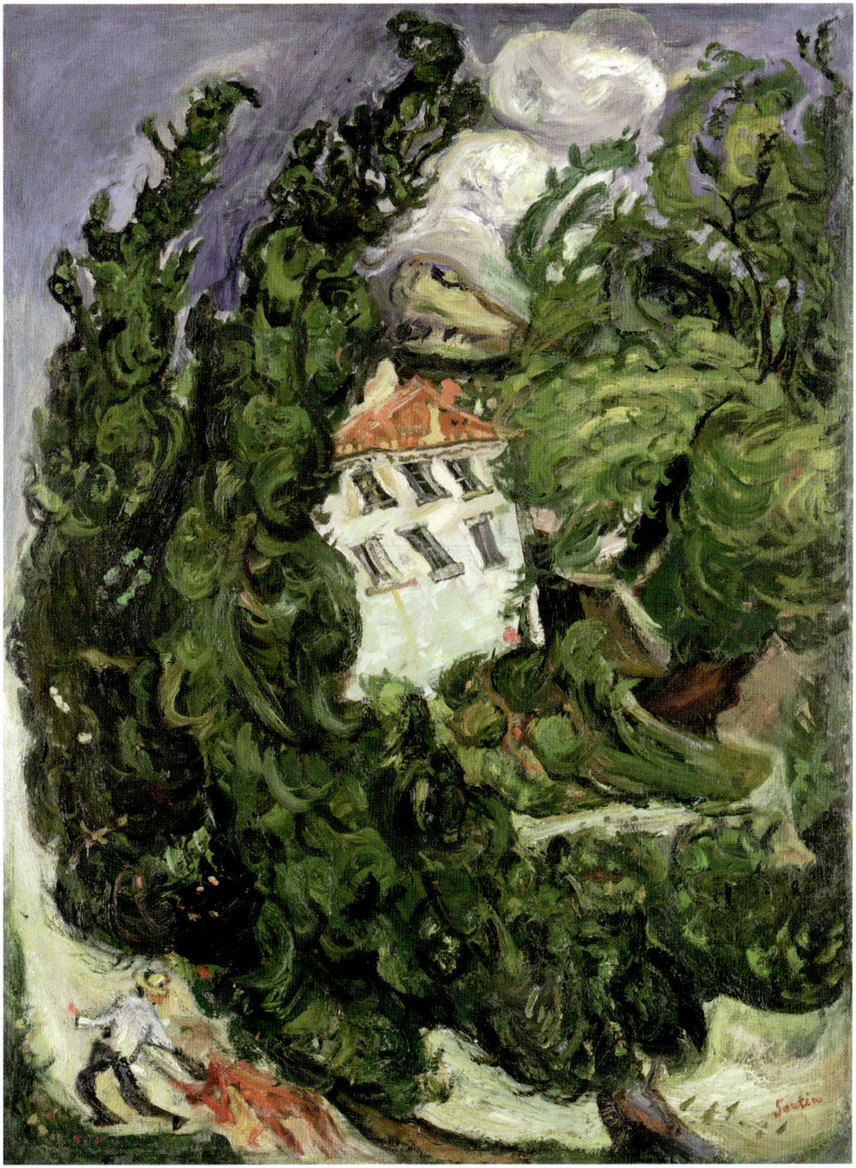

Landscape with Red Donkey

Paysage à l'âne rouge

Landschaft mit rotem Esel

Paisaje con burro rojo

Paesaggio con asino rosso

Landschap met rode ezel

c. 1923/24, Oil on canvas/Huile sur toile, 81 × 62 cm, Private collection

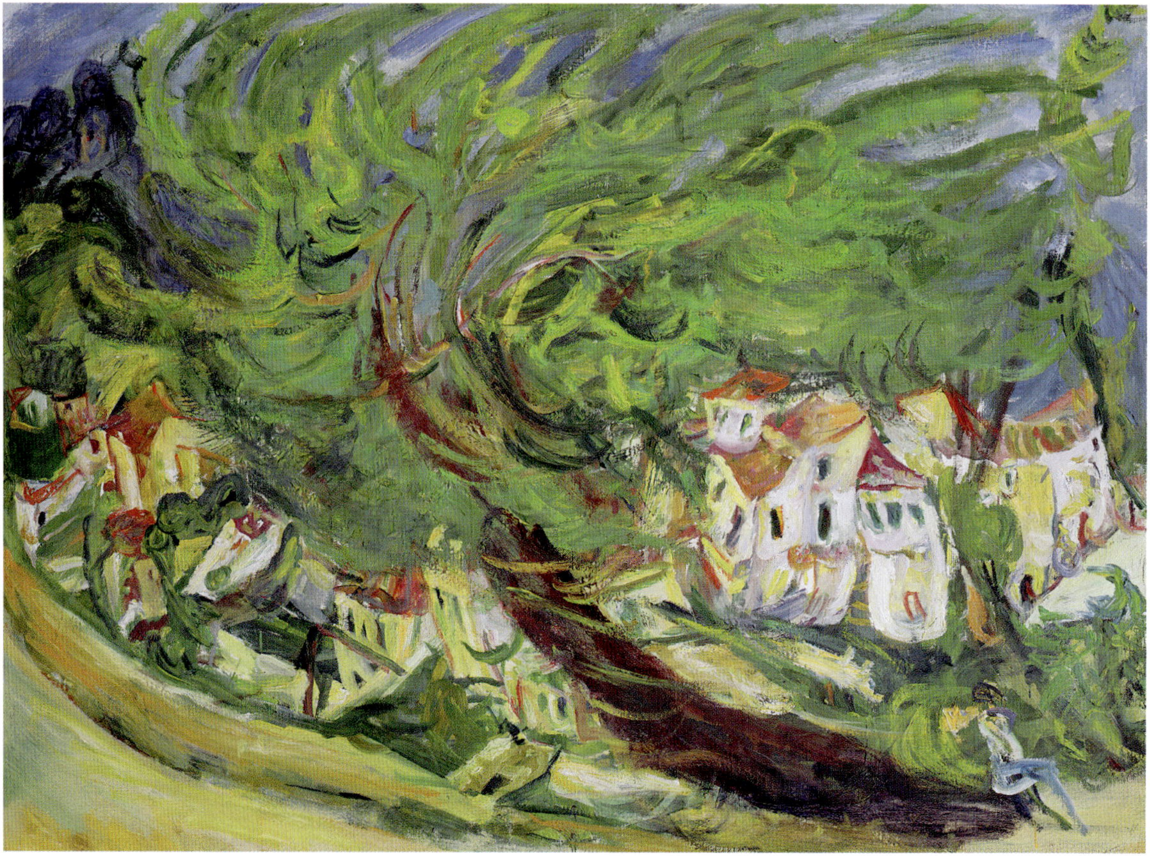

Tree Bent with the Wind

L'Arbre couché

Windschiefer Baum

Árbol inclinado en el viento

Albero mosso dal vento

Scheefgroeiende boom

c. 1923/24, Oil on canvas/Huile sur toile, 60 × 81 cm, Musée de l'Orangerie, Paris

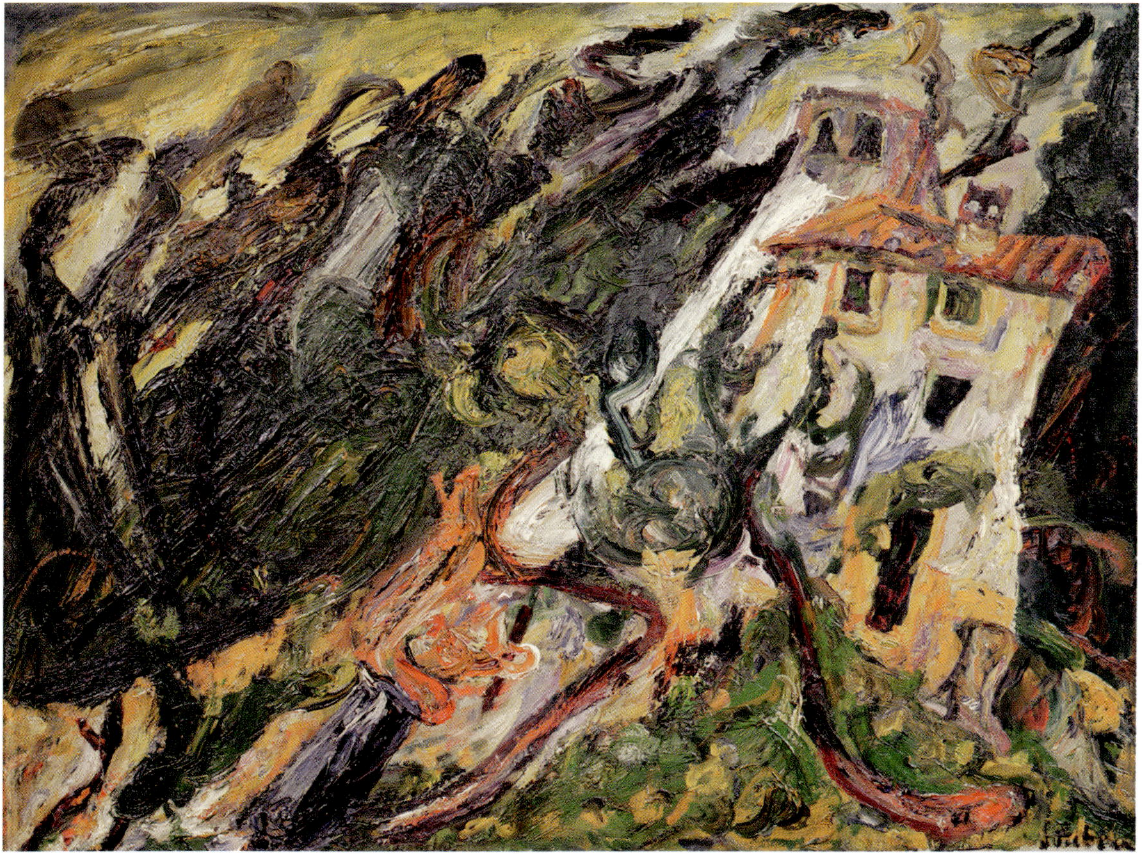

Le Mas Passe-Temps, Céret

c. 1920/21, Oil on canvas/Huile sur toile, 62,8 × 86,3 cm, National Galleries of Scotland, Edinburgh

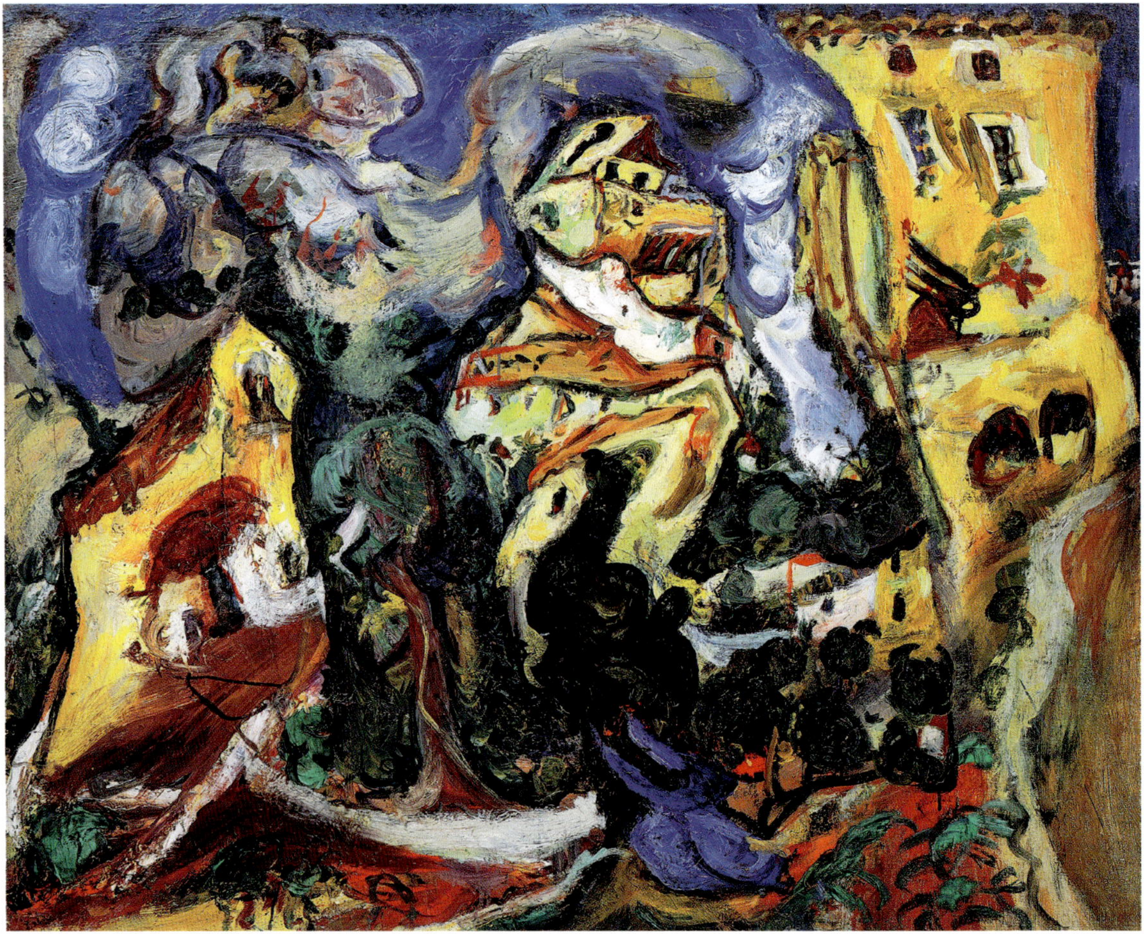

Village ***Dorf*** ***Villaggio***

Le Village ***Pueblo*** ***Dorp***

c. 1923, Oil on canvas/Huile sur toile, 73,5 × 92 cm, Musée de l'Orangerie, Paris

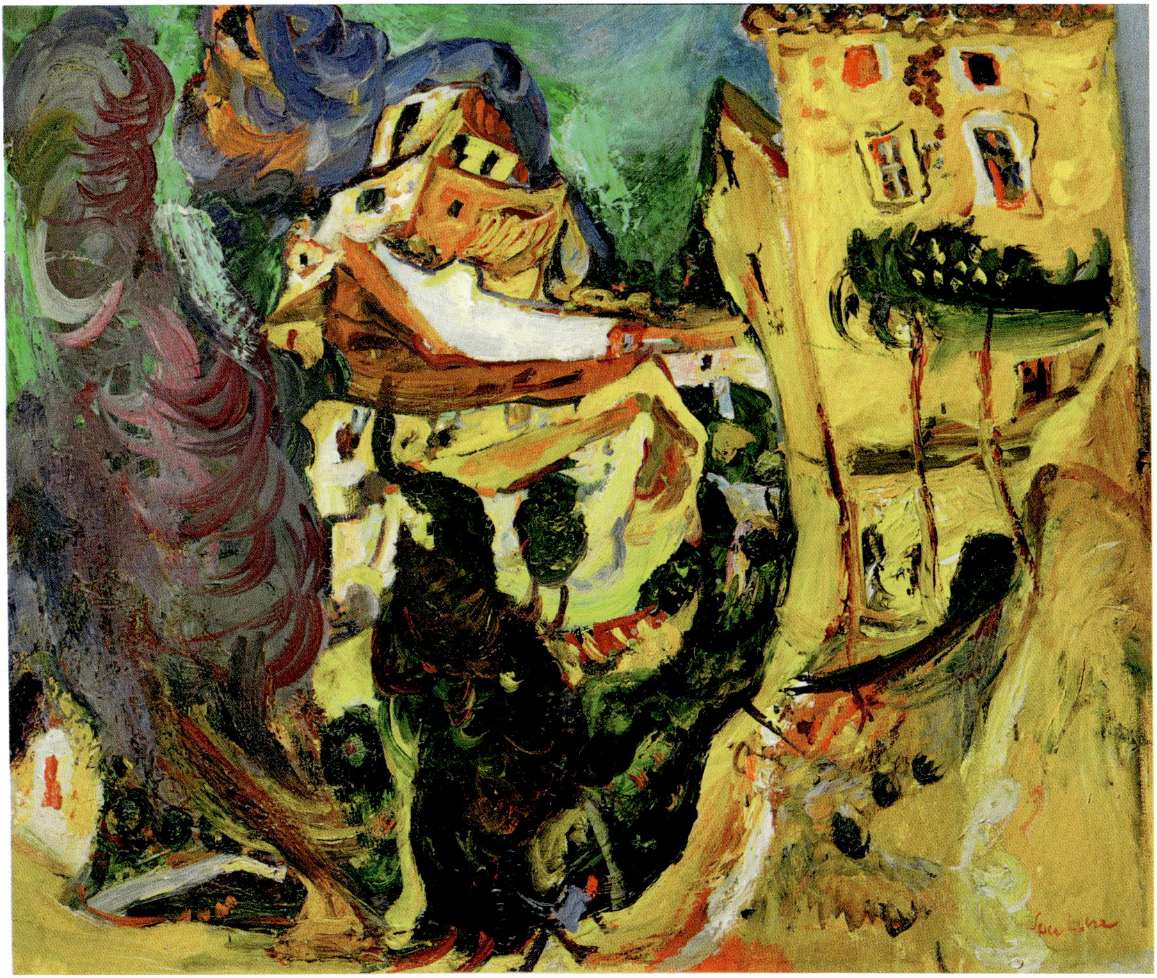

Landscape in Cagnes | ***Landschaft in Cagnes*** | ***Paesaggio a Cagnes***

Paysage de Cagnes (La Gaude) | ***Paisaje en Cagnes*** | ***Landschap in Cagnes***

c. 1923, Oil on canvas/Huile sur toile, 60 × 73 cm, Shizuoka Prefectural Museum of Art, Shizuoka

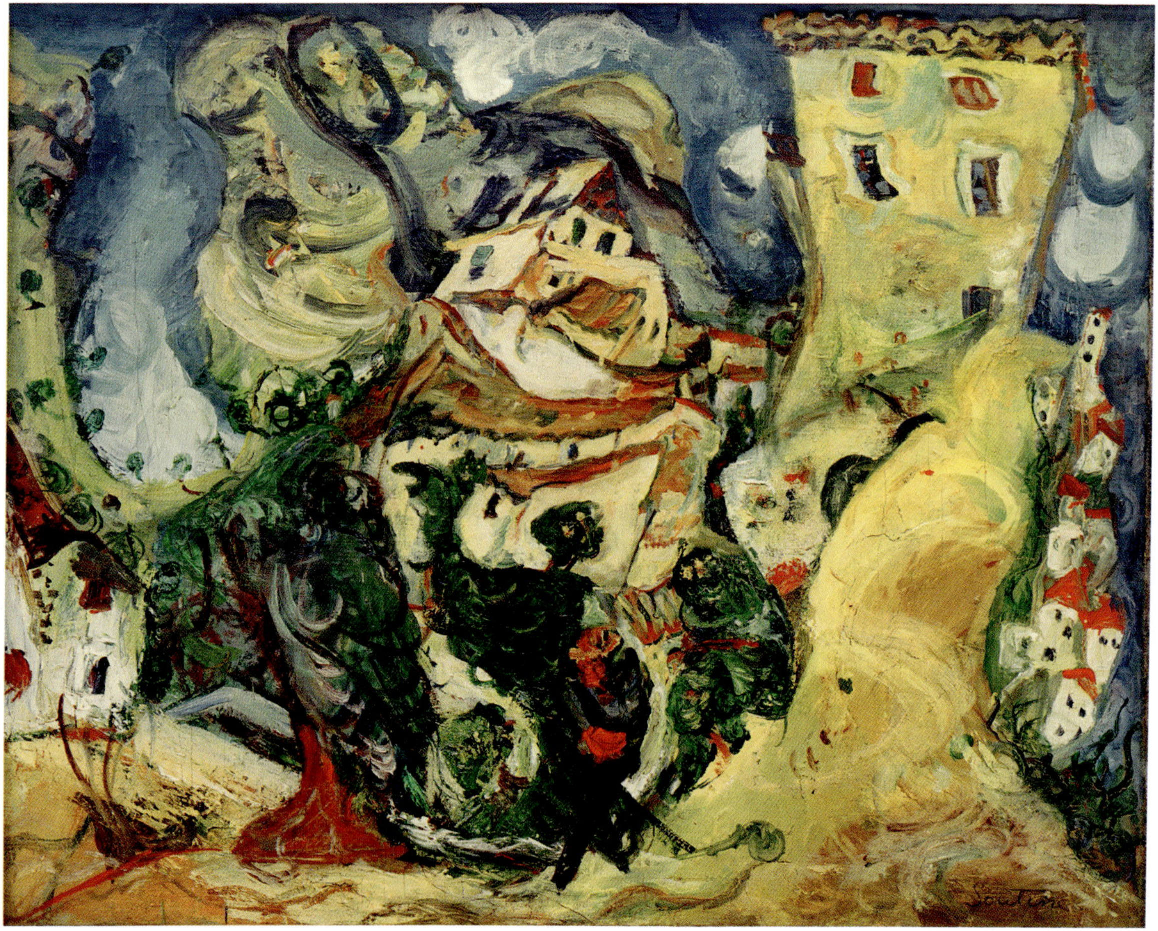

Landscape in Cagnes (La Gaude)
Paysage de Cagnes (La Gaude)
Landschaft in Cagnes (La Gaude)
Paisaje en Cagnes (La Gaude)
Paesaggio a Cagnes (La Gaude)
Landschap in Cagnes (La Gaude)

c. 1923, Oil on canvas/Huile sur toile, 81 × 100 cm, Private collection

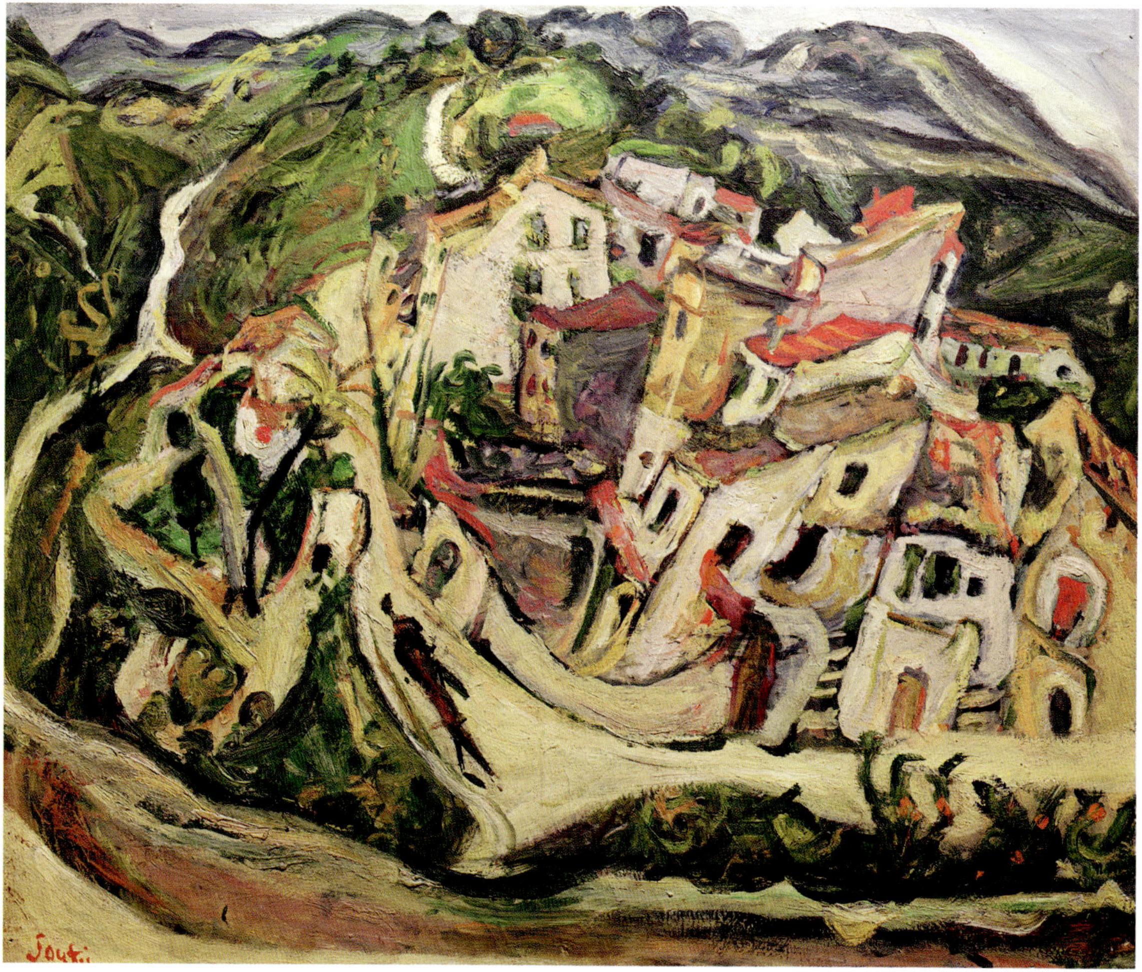

Houses in Cagnes ***Häuser in Cagnes*** ***Case a Cagnes***
Paysage de Cagnes ***Casas en Cagnes*** ***Huizen in Cagnes***

c. 1923, Oil on canvas/Huile sur toile, 60 × 73 cm, Private collection

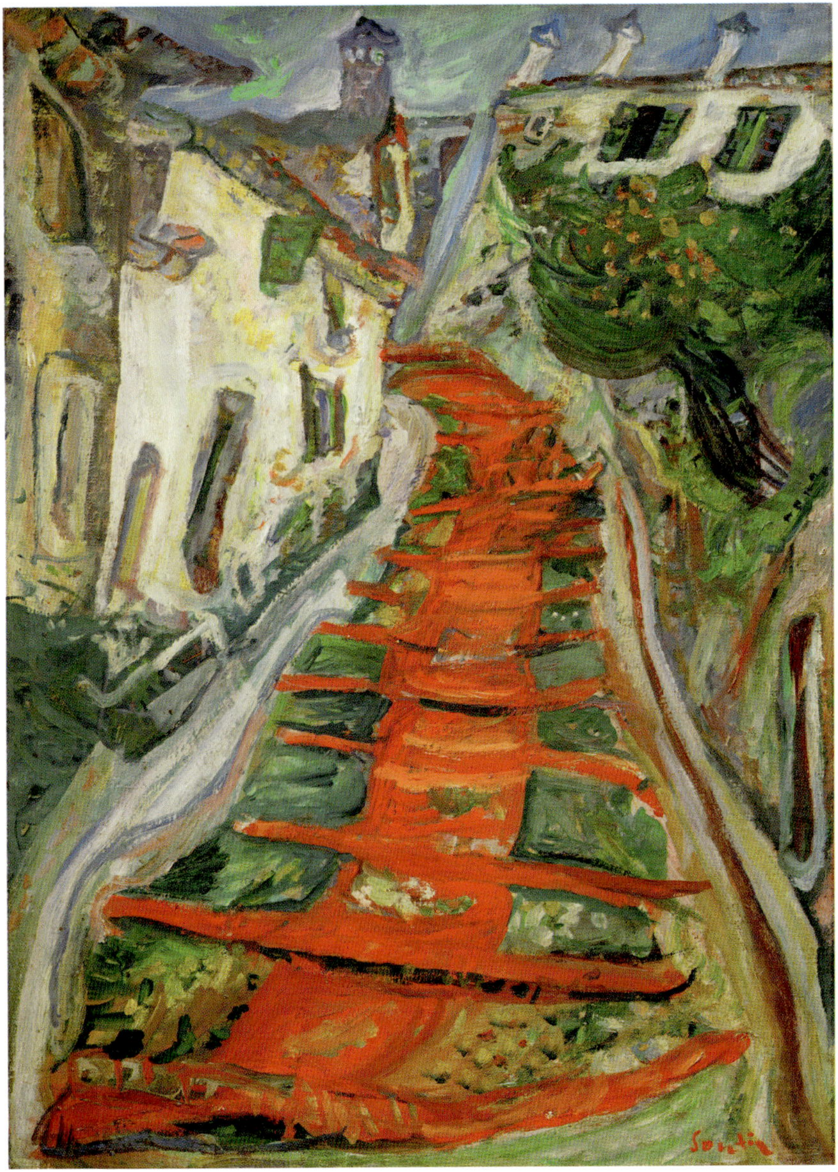

Red Staircase in Cagnes

L'Escalier rouge à Cagnes

Rote Treppe in Cagnes

Escalera roja en Cagnes

Scalinata rossa a Cagnes

Rode trap in Cagnes

c. 1923/24, Oil on canvas/Huile sur toile, 73 × 54 cm, Private collection

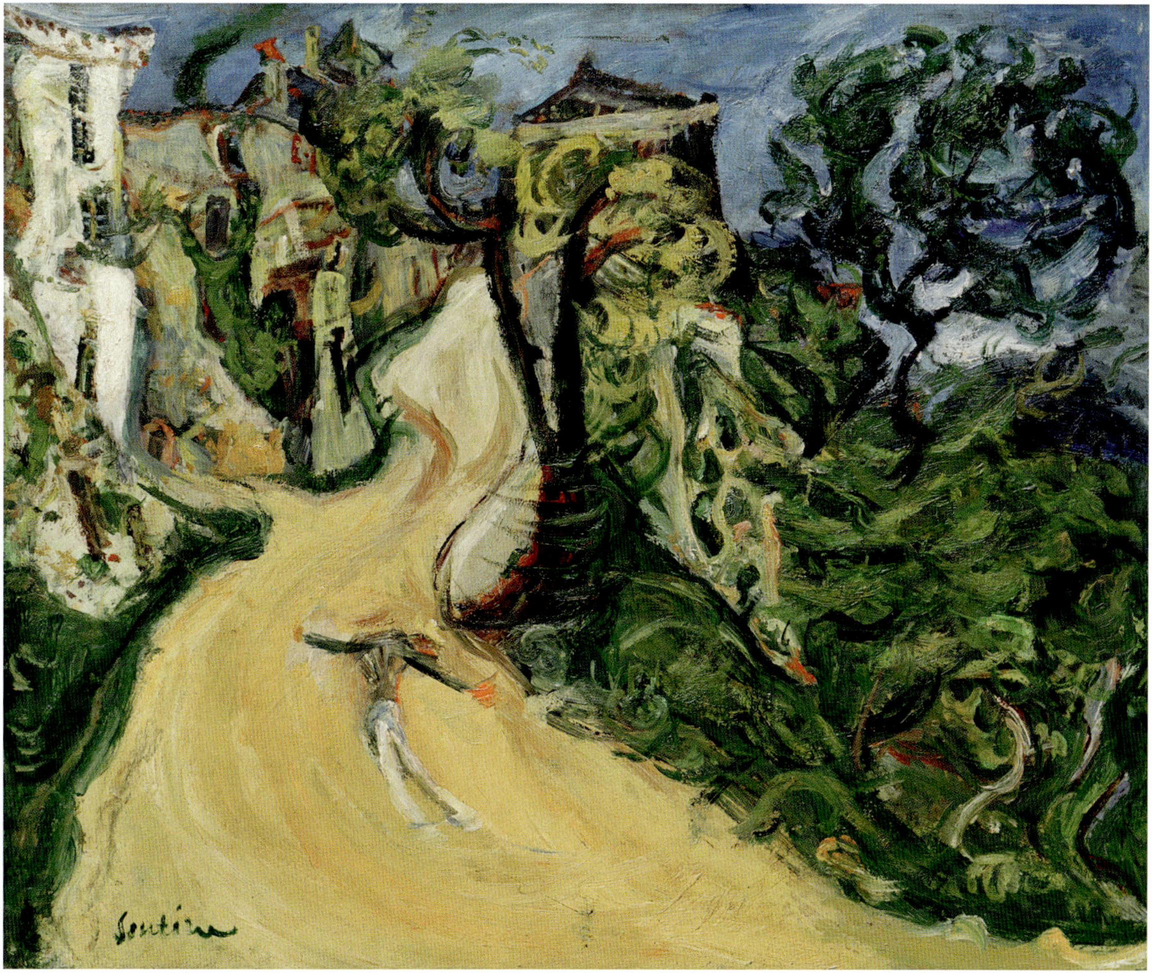

Blue Figure (Steep Street in Cagnes)
L'Homme bleu* ou *La Montée de Cagnes

Blaue Figur (Ansteigende Straße in Cagnes)
Figura azul (Cuesta en Cagnes)

Figura blu (strada in salita a Cagnes)
Blauwe figuur (Oplopende weg in Cagnes)

1923/24, Oil on canvas/Huile sur toile, 66 × 72 cm, Musée des Beaux-Arts, Bordeaux

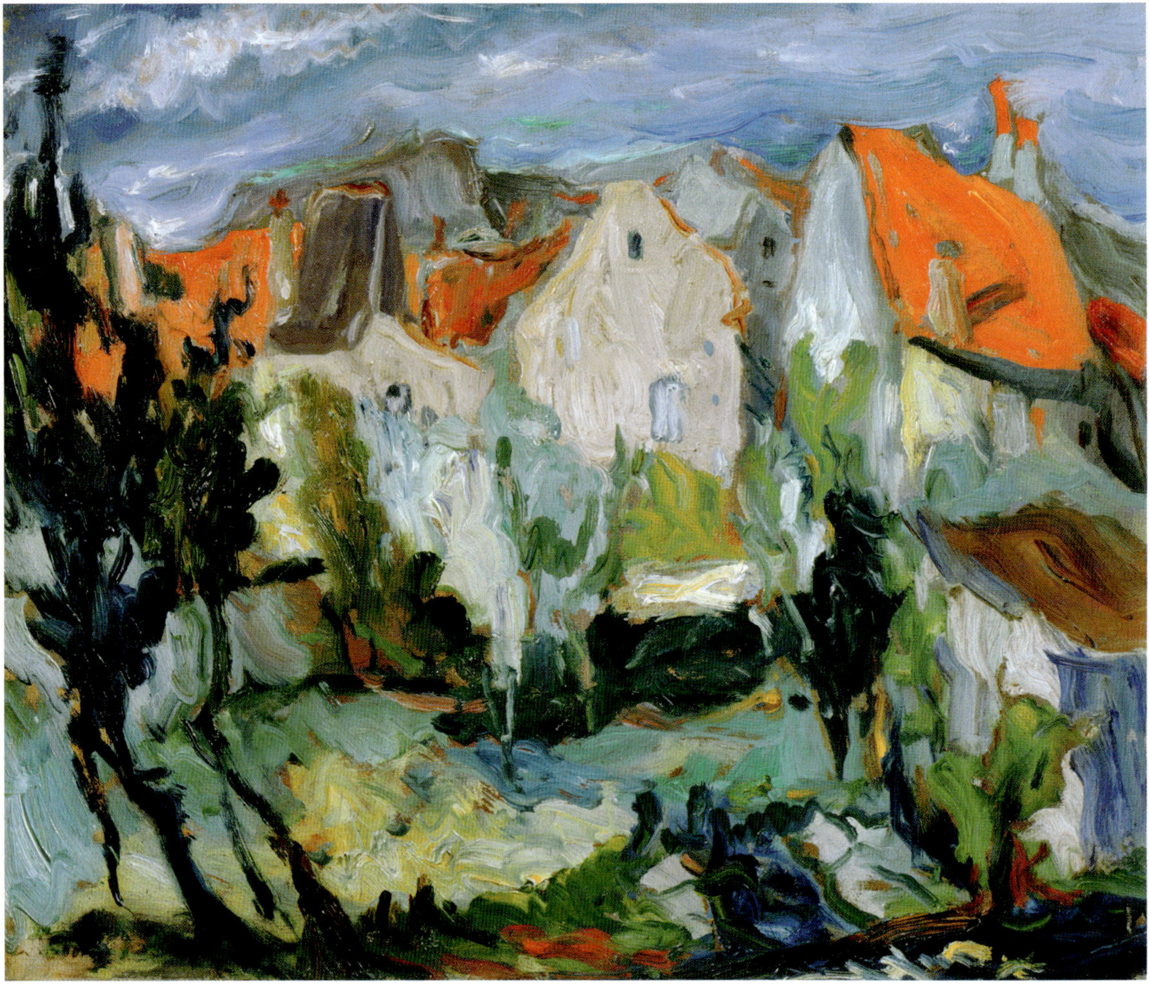

Landscape in Cagnes ***Landschaft in Cagnes*** ***Paesaggio a Cagnes***
Paysage à Cagnes ***Paisaje en Cagnes*** ***Landschap in Cagnes***

c. 1924–29, Oil on canvas/Huile sur toile, 54 × 64,5 cm, Musée d'Art Moderne de Troyes, Troyes

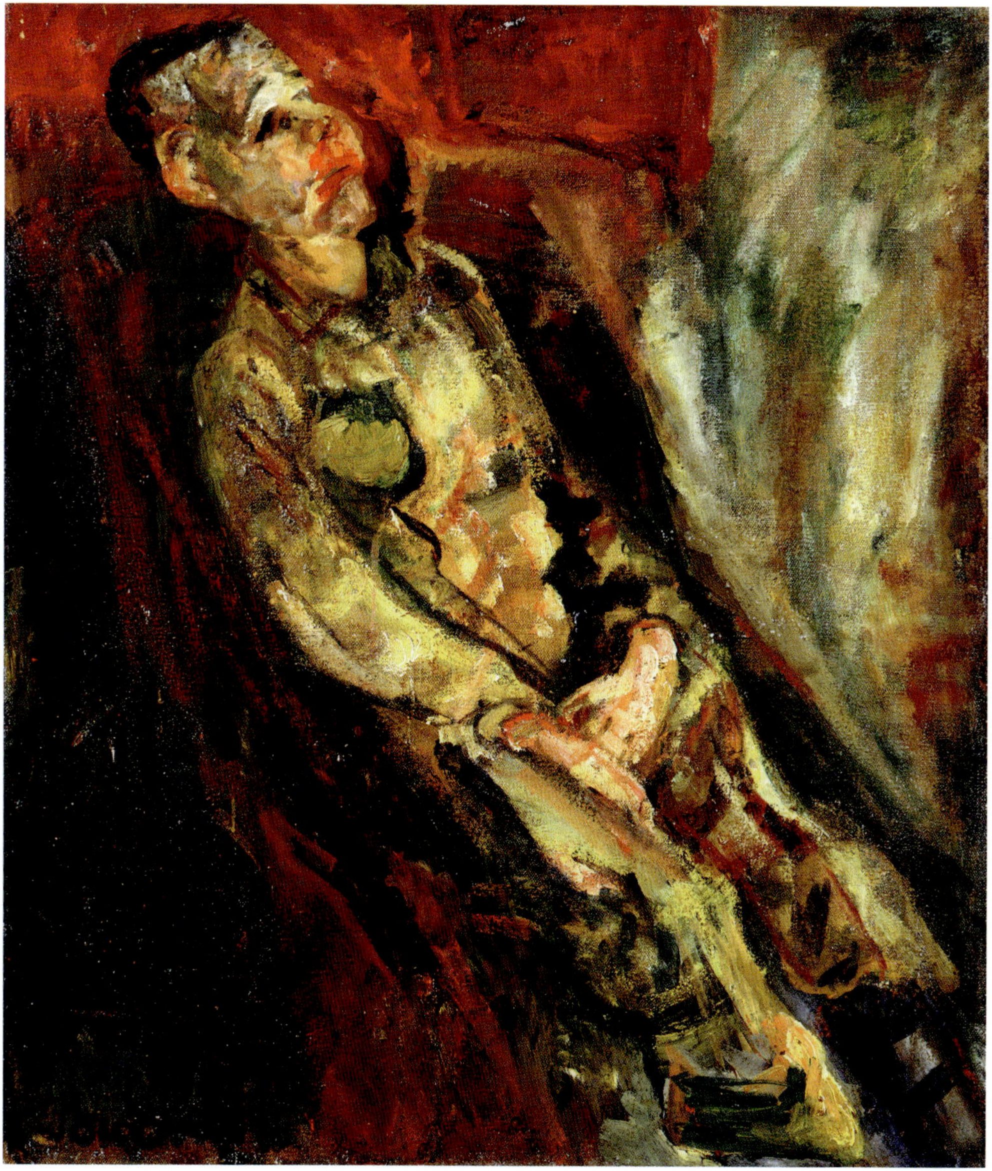

Man Seated

L'Homme assis

Sitzender Mann

Hombre sentado

Uomo seduto

Zittende man

1923, Oil on canvas/Huile sur toile, 60 × 52 cm, Private collection

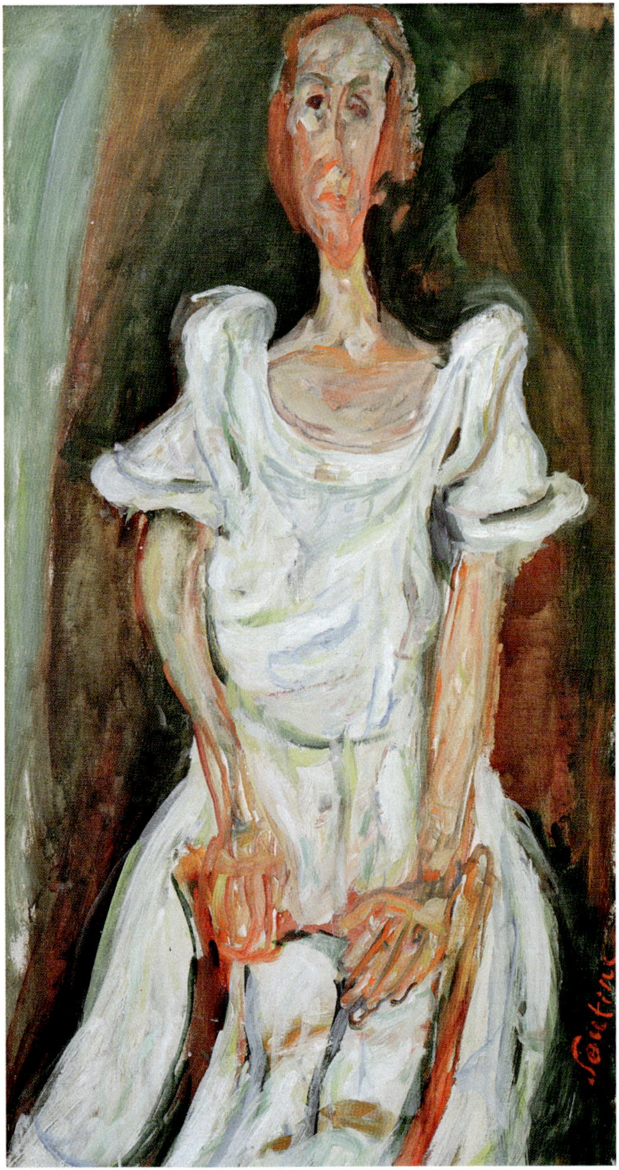

The Bride

La Fiancée

Die Braut

La novia

La sposa

De bruid

c. 1923, Oil on canvas/Huile sur toile, 81 × 46 cm, Musée de l´Orangerie, Paris

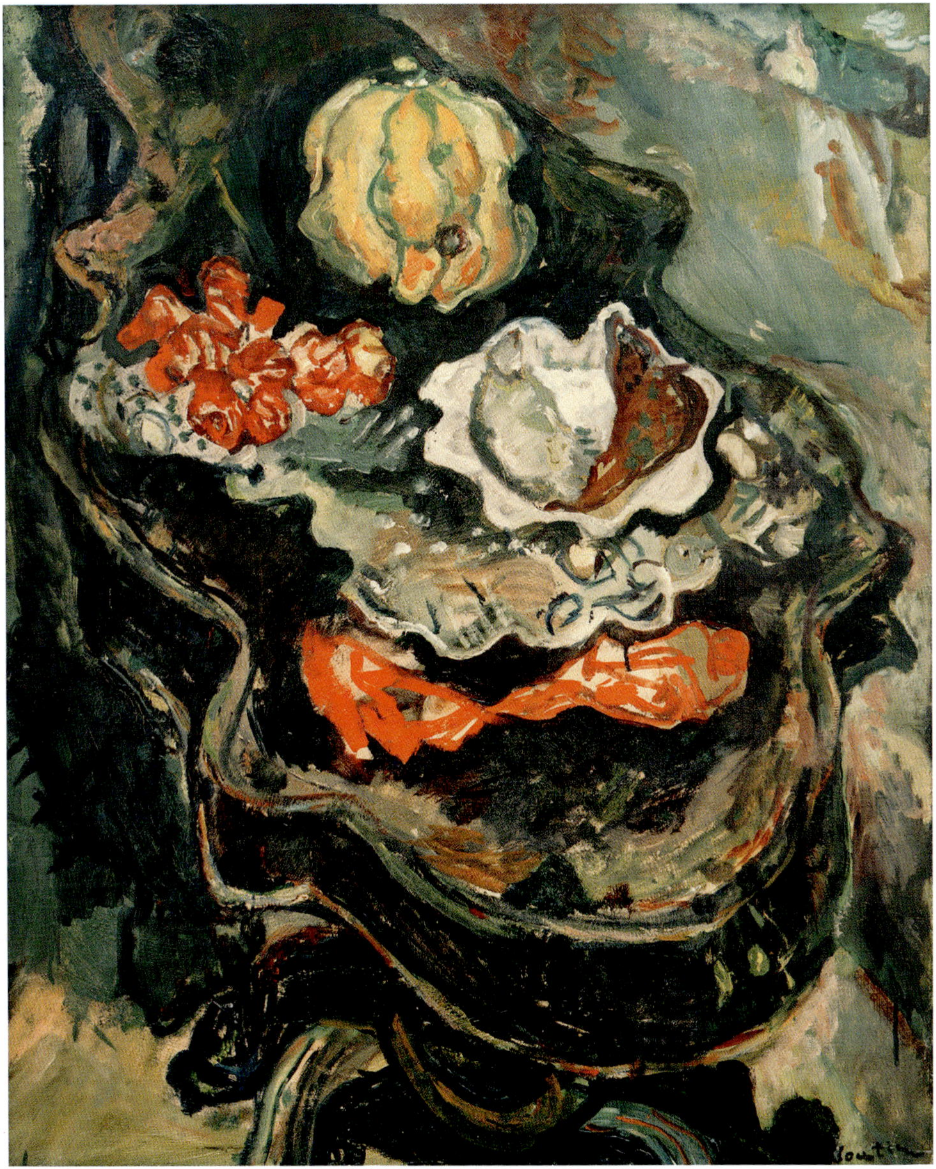

Table with Groceries

Le Guéridon aux victuailles

Tisch mit Lebensmitteln

Mesa con comida

Tavolo con cibo

Tafel met etenswaren

1923, Oil on canvas/Huile sur toile, 73 × 60 cm, Private collection

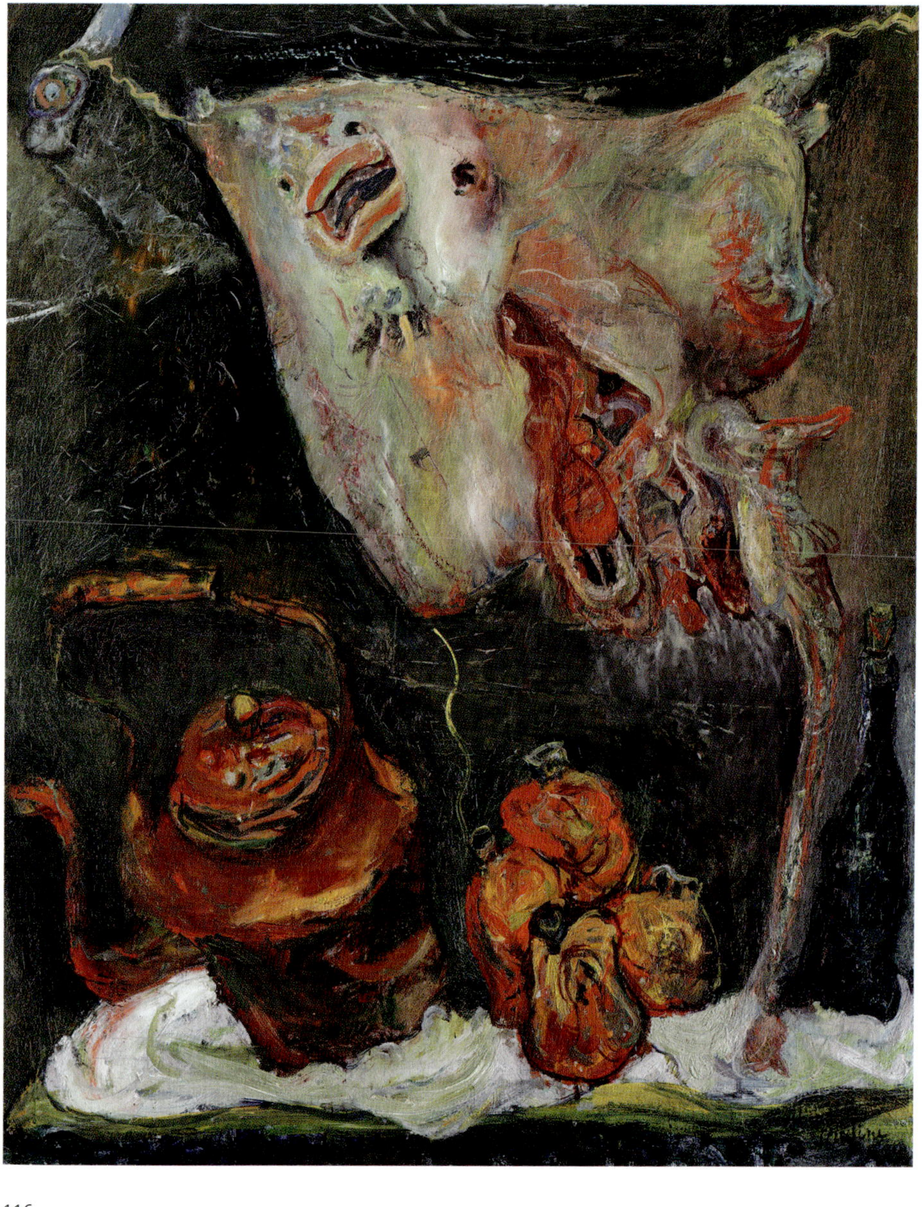

Still Life with Ray

Nature morte à la raie

Stillleben mit Rochen

Naturaleza muerta con raya

Natura morta con razza

Stilleven met rog

c. 1924, Oil on canvas/Huile sur toile, 81,3 × 65,1 cm, Cleveland Museum of Art, Cleveland

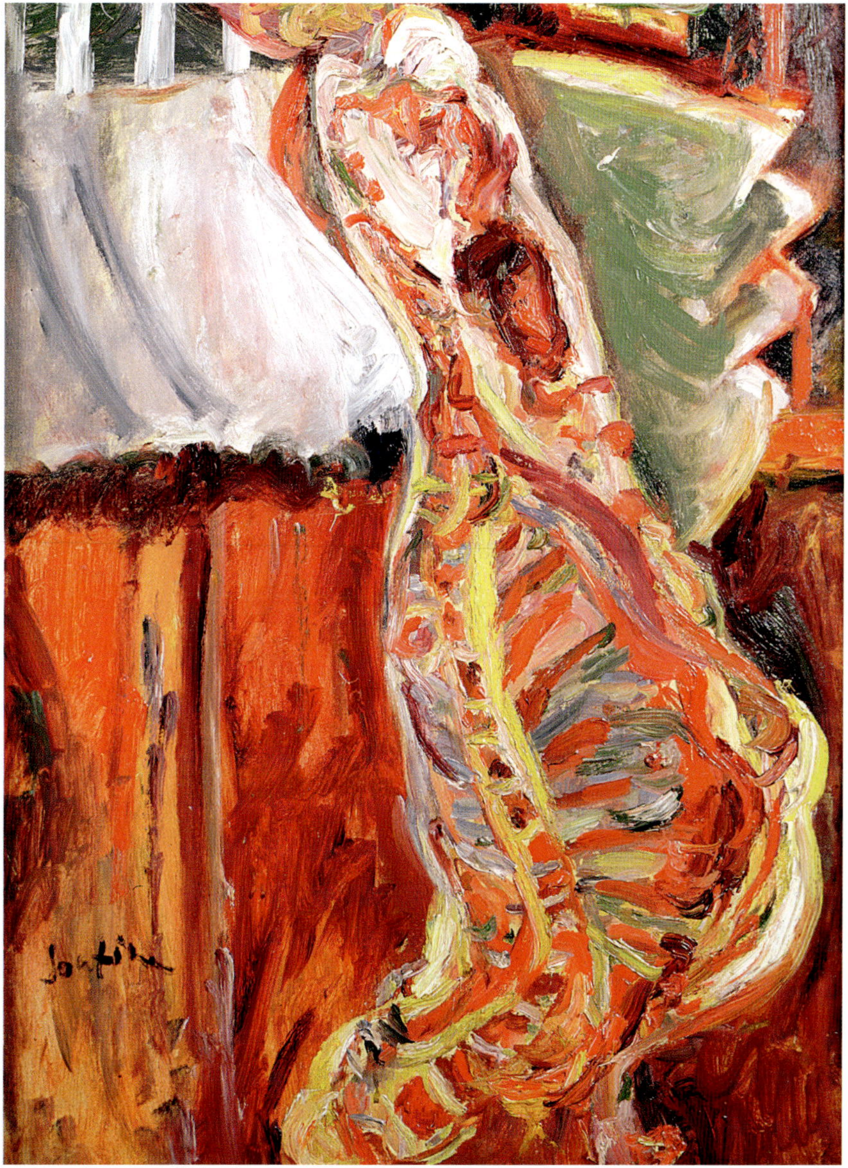

Beef Half

Pièce de bœuf

Rinderhälfte

Carcasa de ternera

Carcassa di bue

Runderzij

c. 1922/23, Oil on canvas/Huile sur toile, 83 × 65 cm, Musée National d'Art Moderne, Centre Pompidou, Paris

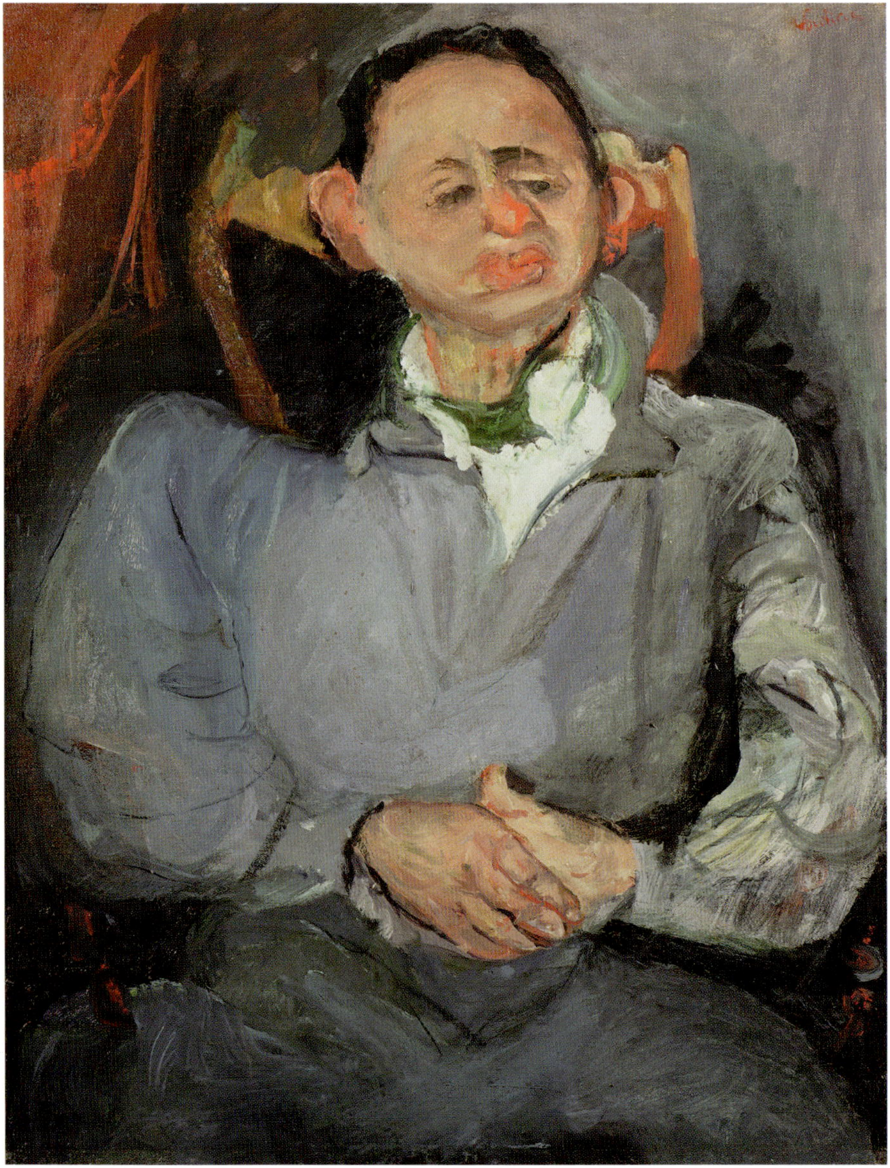

Portait of Oscar Miestchaninoff

Portrait du sculpteur Oscar Miestchaninoff

Bildnis Oscar Miestchaninoff

Retrato de Oscar Miestchaninoff

Ritratto di Oscar Miestchaninoff

Portret van Oscar Miestchaninoff

1923/24, Oil on canvas/Huile sur toile, 83 × 65 cm, Musée national d'Art Moderne, Centre Pompidou, Paris

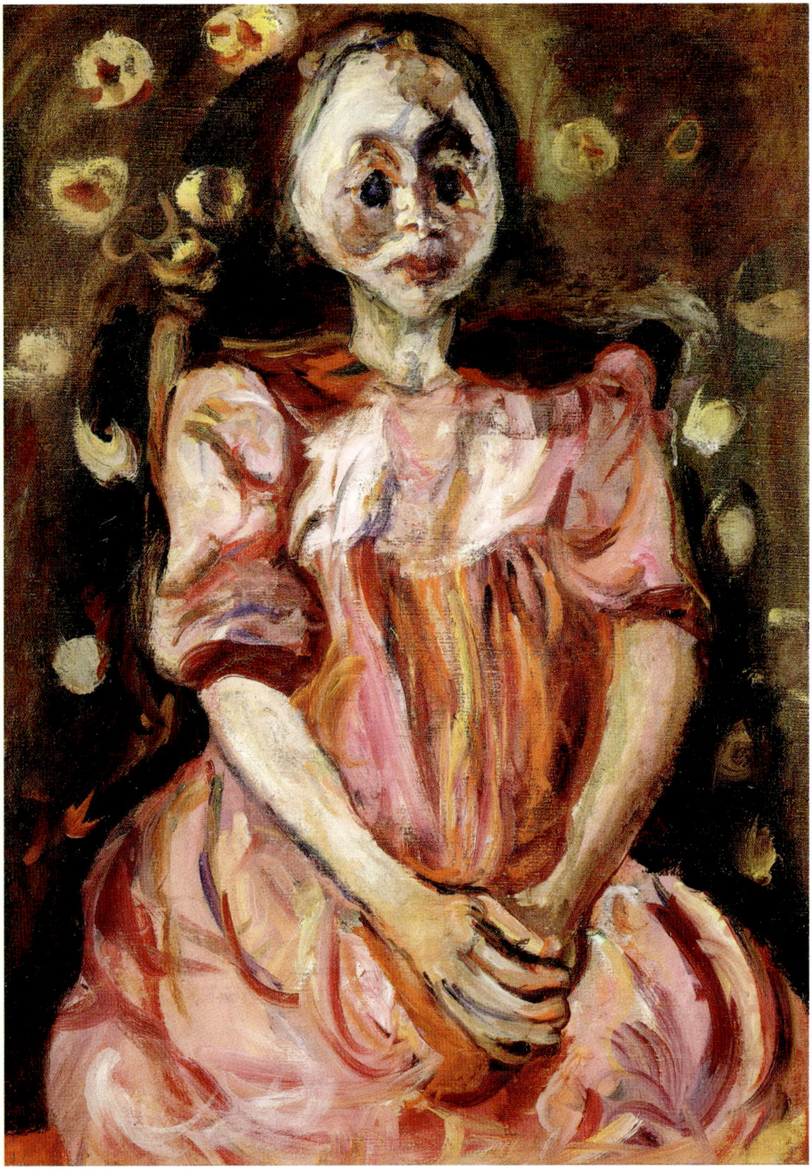

Young Girl in Pink

La Petite Fille en rose

Junges Mädchen in Rosa

Joven de rosa

Giovane donna in rosa

Meisje in het roze

c. 1924, Oil on canvas/Huile sur toile, 73 × 54,3 cm, Private collection

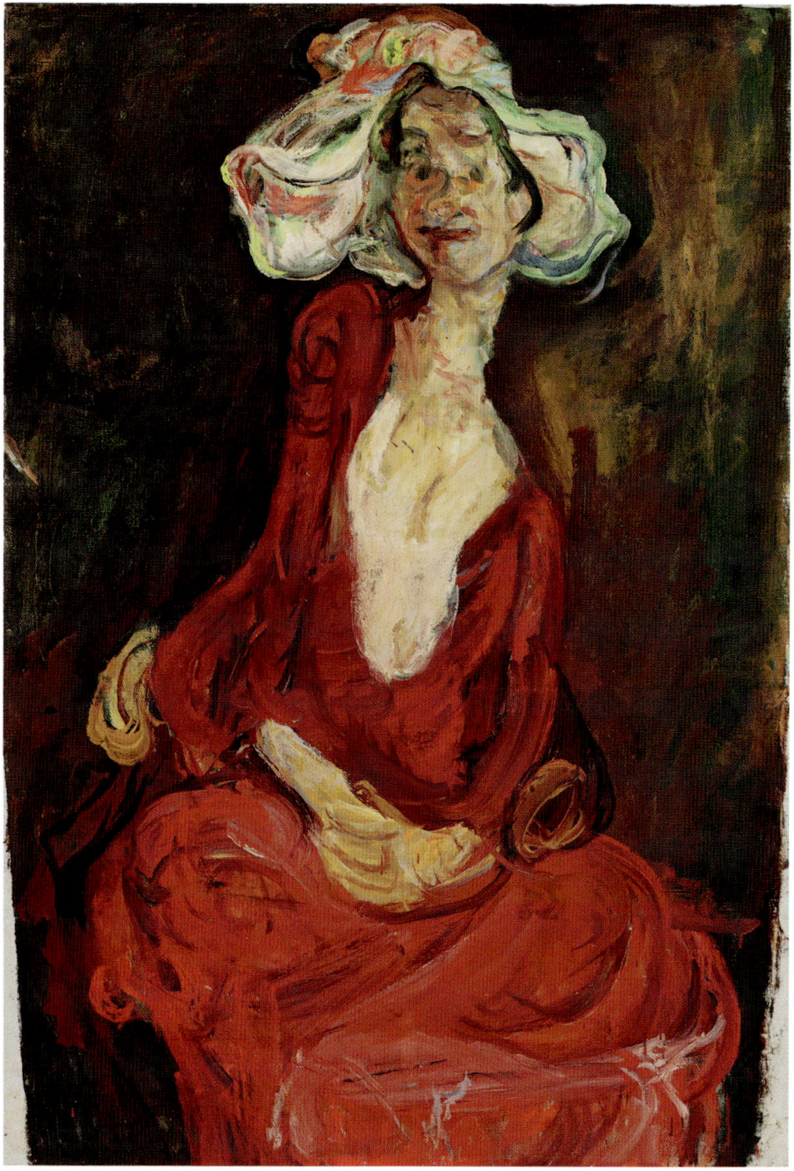

The Big Hat

Le Grand Chapeau

Der große Hut

El gran sombrero

Il grande cappello

De grote hut

c. 1923/24, Oil on canvas/Huile sur toile, 93,3 × 65,4 cm, Private collection

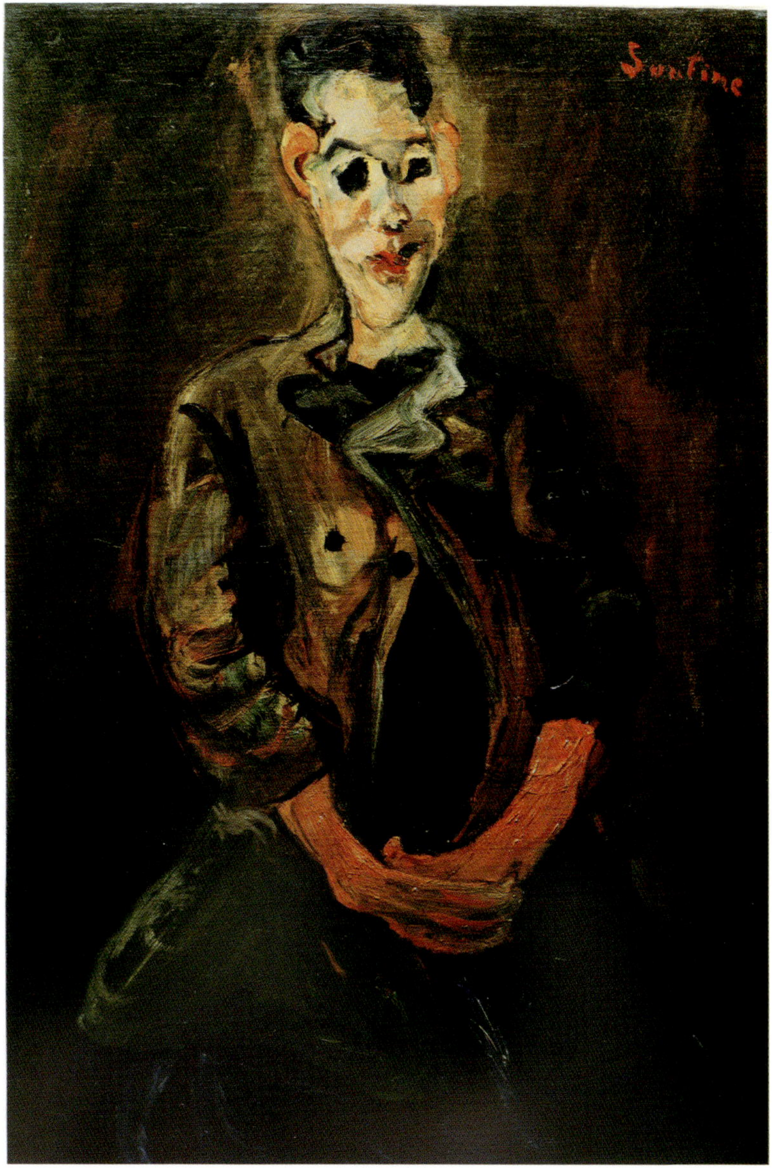

Portrait of a Young Man

Portrait d'un jeune homme

Bildnis eines jungen Mannes

Retrato de hombre joven

Ritratto di uomo giovane

Portret van een jongeman

c. 1923/24, Oil on canvas/Huile sur toile, 73,3 × 50,2 cm, Private collection

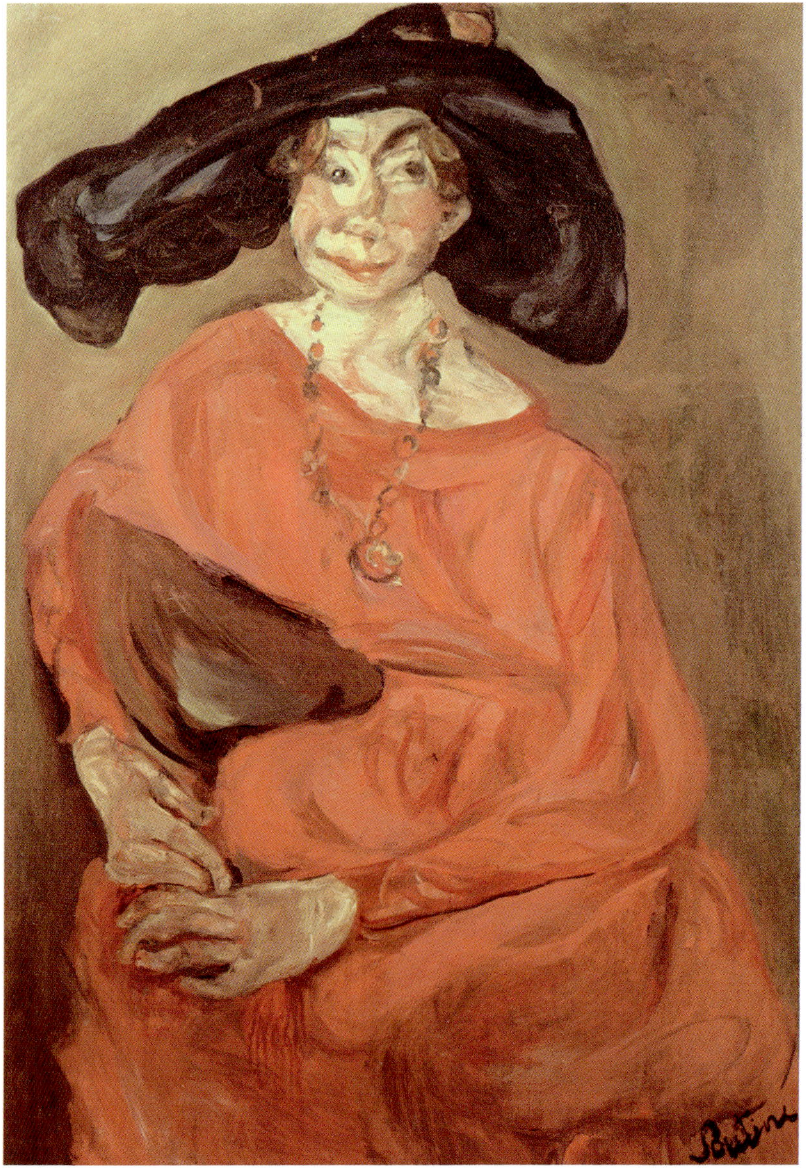

Woman in Red

La Femme en rouge

Frau in Rot

Mujer de rojo

Donna in rosso

Vrouw in het rood

c. 1923/24, Oil on canvas/Huile sur toile, 91,4 × 63,5 cm, Private collection

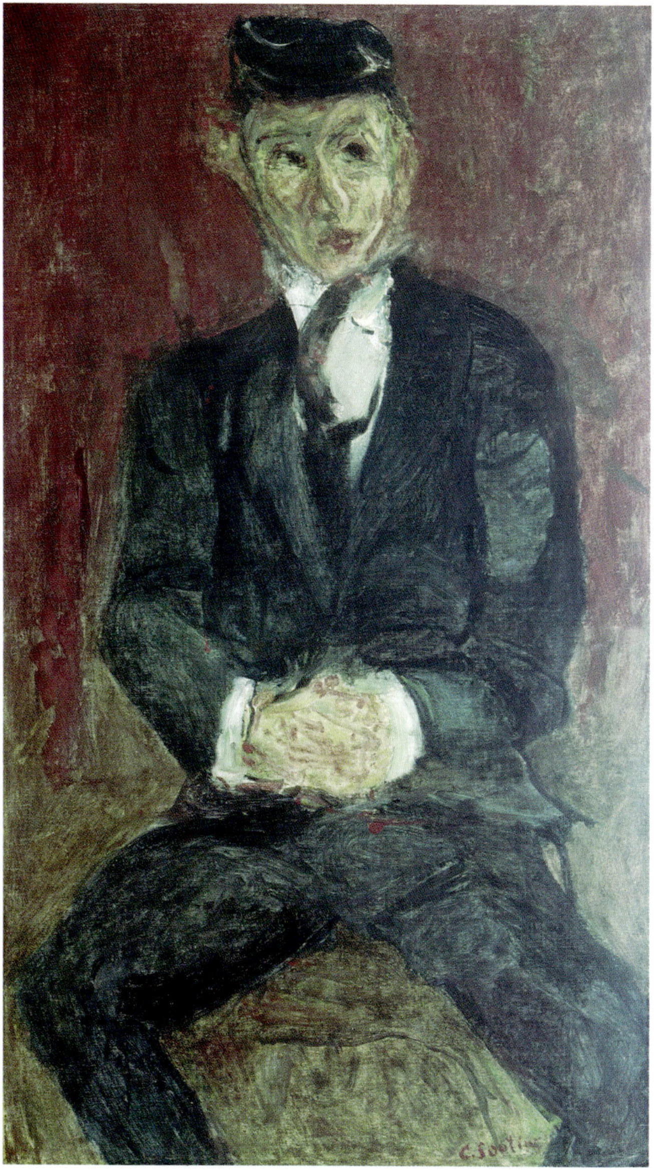

Udo Einsild

1924, Oil on canvas/Huile sur toile, 87,6 × 52,4 cm,
Private collection

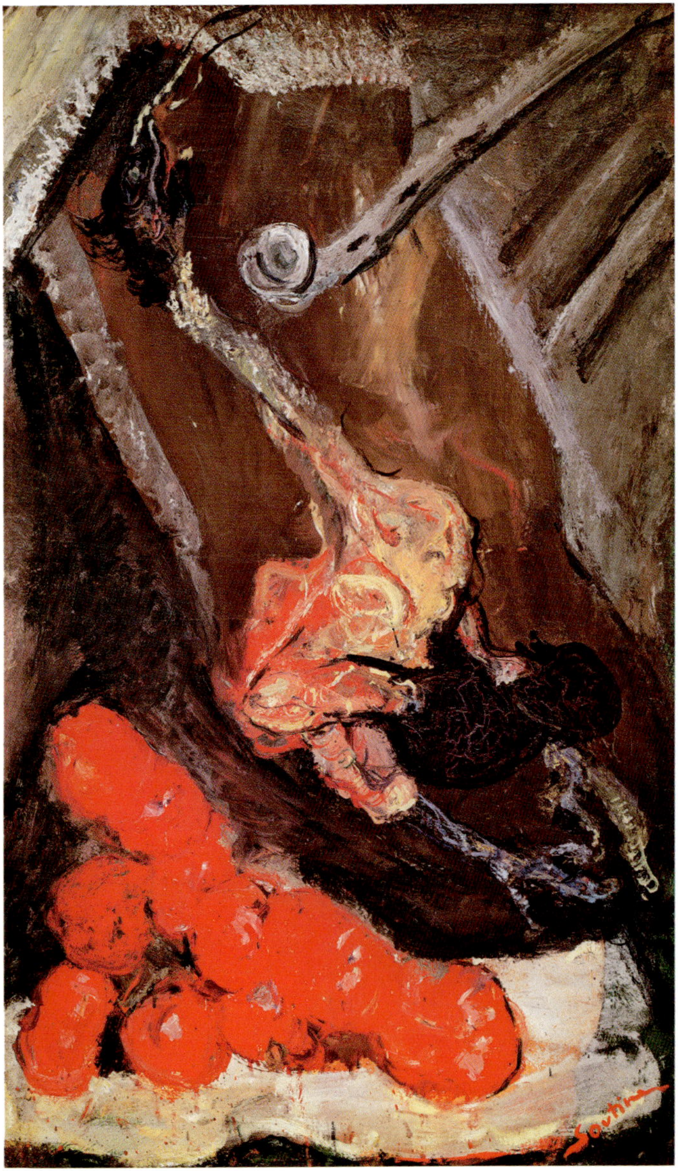

Turkey and Tomatoes

Dindon et tomates

Truthahn und Tomaten

Pavo y tomates

Tacchino e pomodori

Kalkoen en tomaten

c. 1923/24, Oil on canvas/Huile sur toile, 81 × 49 cm, Musée de l'Orangerie, Paris

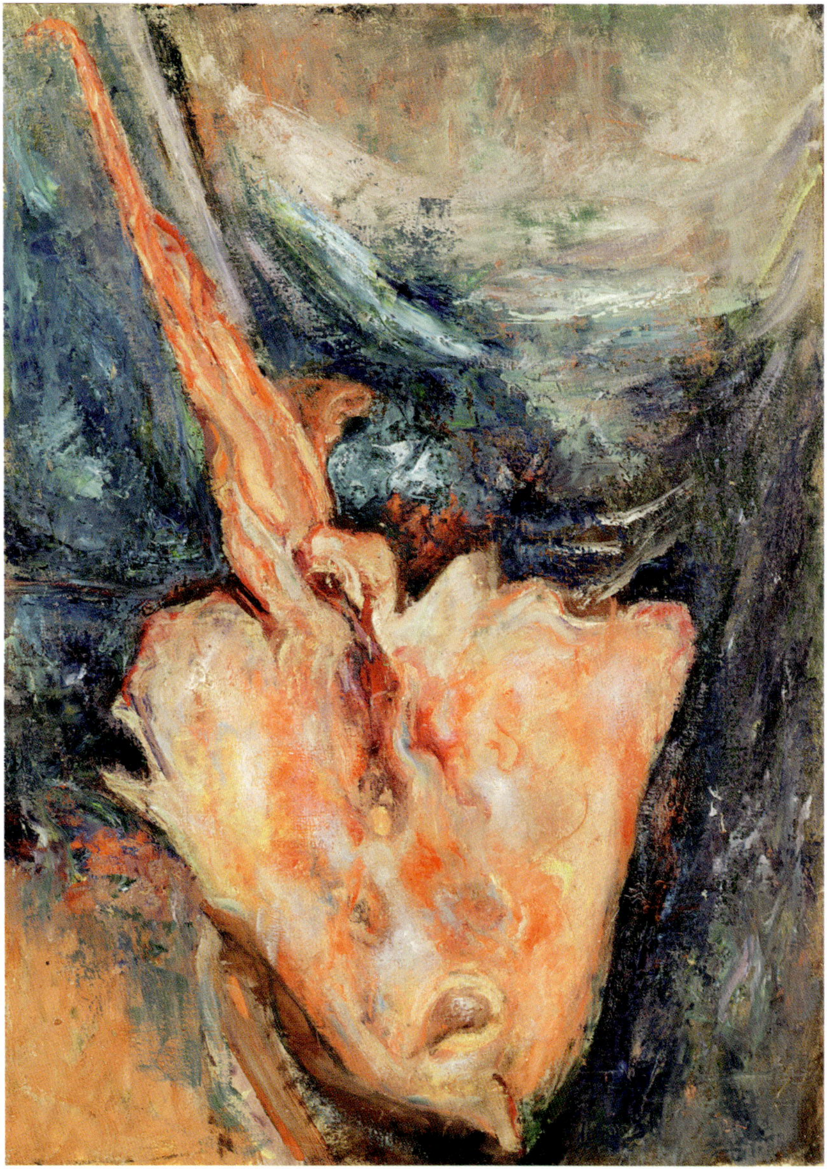

Still Life with Ray

La Raie

Stillleben mit Rochen

Naturaleza muerta con raya

Natura morta con razza

Stilleven met rog

1923, Oil on canvas/Huile sur toile, 81 × 60 cm, Musée des Beaux-Arts, Orléans

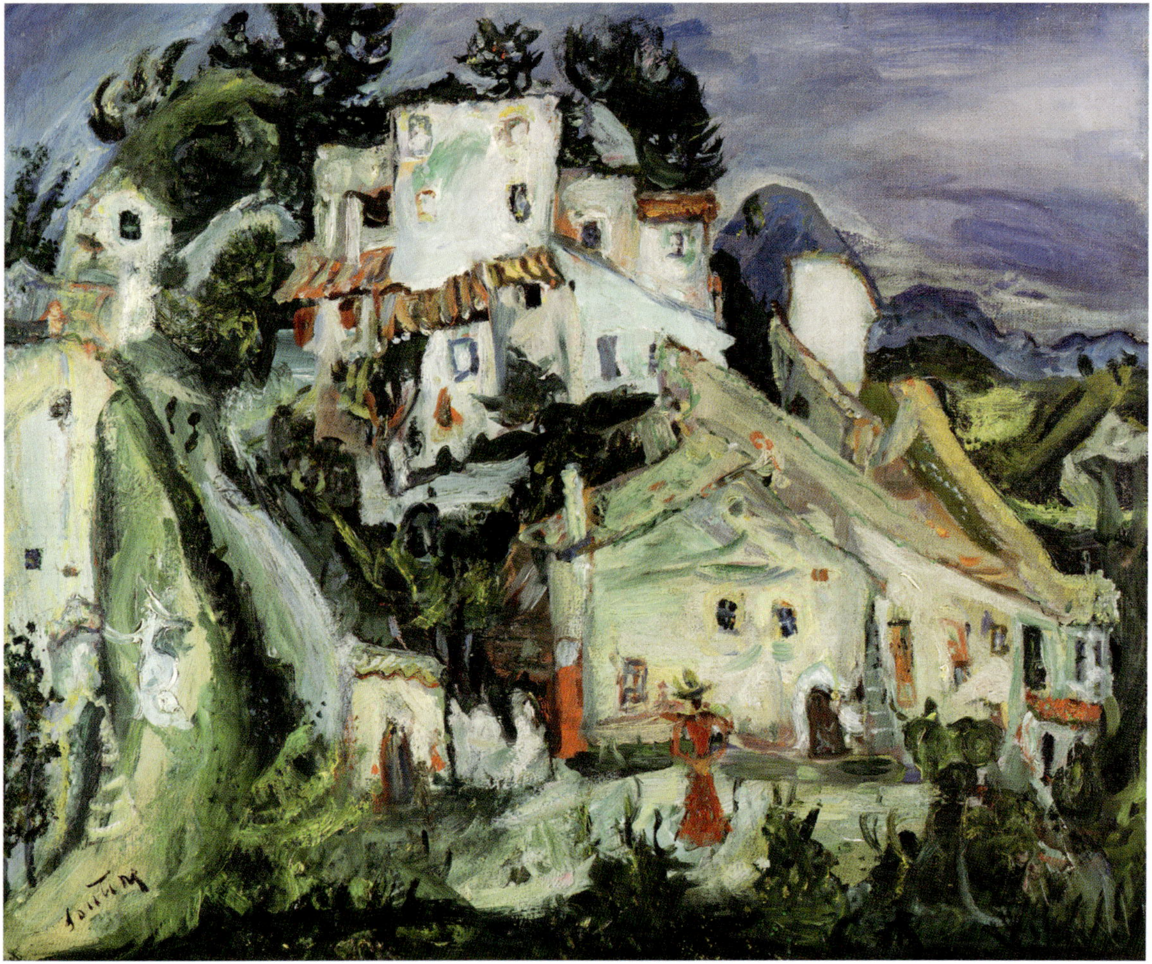

Landscape in Cagnes-sur-Mer
Le Chemin des Caucours à Cagnes
Landschaft in Cagnes-sur-Mer
Paisaje en Cagnes-sur-Mer
Paesaggio a Cagnes-sur-Mer
Landschap in Cagnes-sur-Mer

1924, Oil on canvas/Huile sur toile, 53,7 × 64,8 cm, Philadelphia Museum of Art, Philadelphia

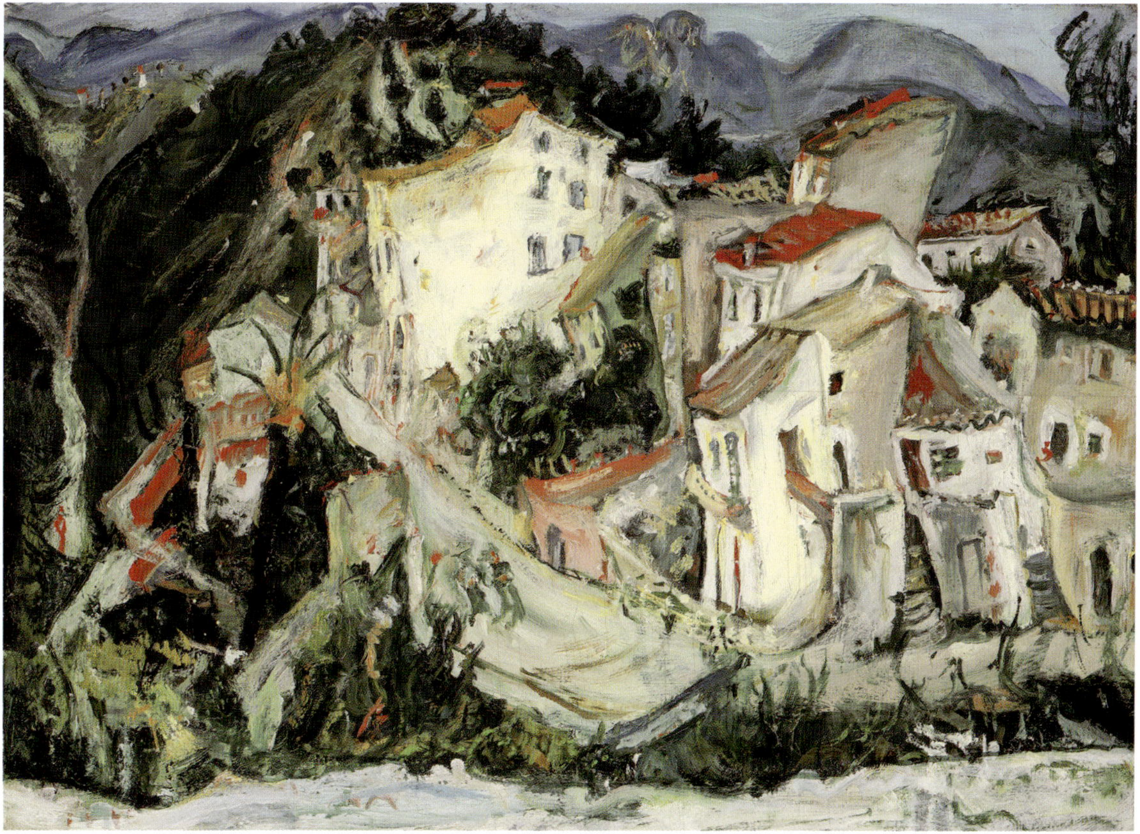

Houses in Cagnes ***Häuser in Cagnes*** ***Case a Cagnes***
Paysage de Cagnes ***Casas en Cagnes*** ***Huizen in Cagnes***

c. 1924/25, Oil on canvas/Huile sur toile, 54 × 65,1 cm, Private collection

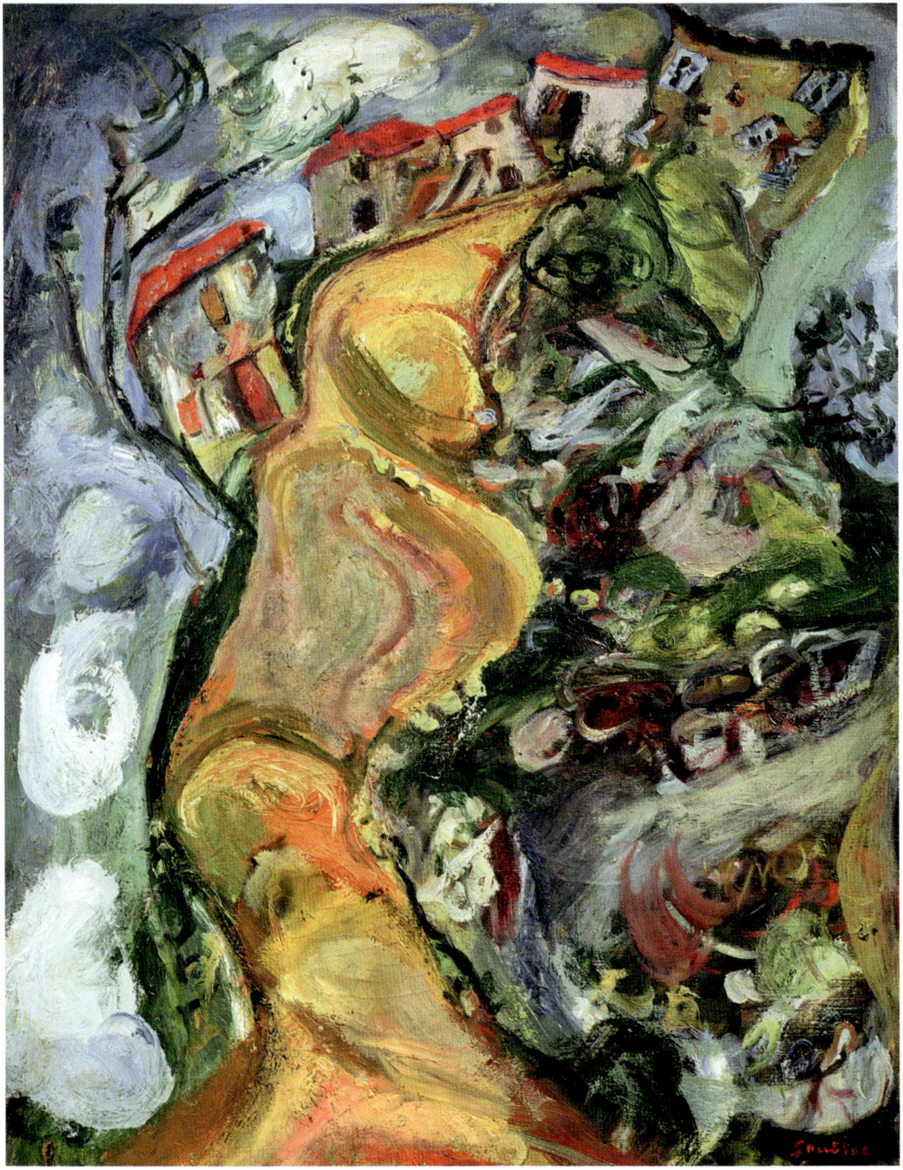

Street in Cagnes (La Gaude)

La Route folle à Cagnes (La Gaude)

Straße in Cagnes (La Gaude)

Calle en Cagnes (La Gaude)

Strada a Cagnes (La Gaude)

Straat in Cagnes (La Gaude)

c. 1923, Oil on canvas/Huile sur toile, 81 × 64 cm, Private collection

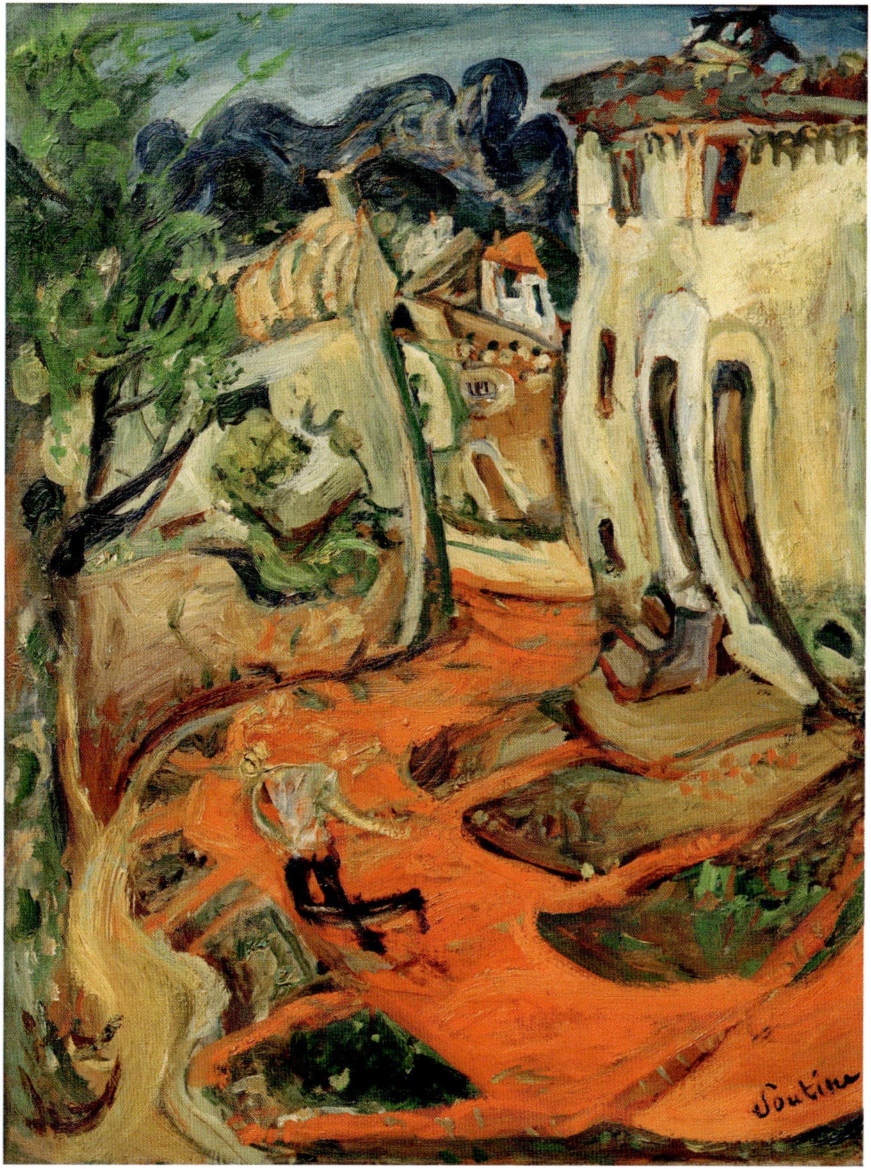

Street in Cagnes

Rue à Cagnes

Straße in Cagnes

Calle en Cagnes

Strada a Cagnes

Straat in Cagnes

1924, Oil on canvas/Huile sur toile,
63,5 × 49,5 cm, Private collection

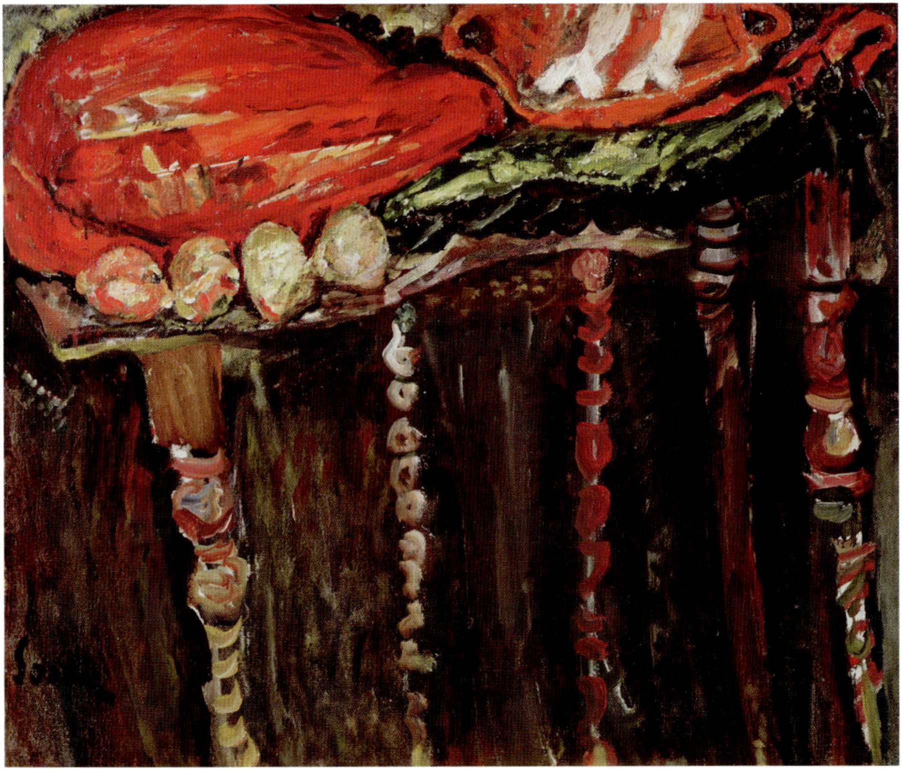

Still Life with Raw Meat

Nature morte au morceau de viande crue

Stillleben mit rohem Fleisch

Naturaleza muerta con carne cruda

Natura morta con carne cruda

Stilleven met rauw vlees

c. 1924, Oil on canvas/Huile sur toile, 54 × 65,1 cm, Musée d'Art Moderne de Troyes, Troyes

Consolidation
Soutine's artistic success consolidated. By the middle of the twenties, Soutine began his spectacular series depicting slaughtered oxen, split open with their entrails exposed close-up. This theme, especially the presentation of bloody flesh, was breaking a core taboo of the Jewish tradition. Soutine had probably heard, if not seen, a lot of animals being killed at the slaughterhouse near La Ruche, a fact that fellow *La Ruche* resident Marc Chagall recalled as follows: "Two or

Le succès
L'artiste a enfin réussi. Au milieu des années 1920, Soutine entame sa série spectaculaire des bœufs écorchés, qu'il montre au spectateur en gros plan, éviscérés et écartelés. Le choix du sujet et la représentation de la viande sanguinolente sont contraires aux préceptes de la tradition juive. À la Ruche, Soutine avait sans doute entendu les bruits qui s'échappaient des abattoirs situés à deux pas de là. Marc Chagall, qui y vivait aussi, se souvient : « Deux, trois

Konsolidierung
Der künstlerische Erfolg festigt sich. Mitte der Zwanzigerjahre beginnt Soutine die spektakuläre Serie geschlachteter Ochsen, die dem Betrachter ausgeweidet und weit gespreizt in Nahsicht gezeigt werden. Themenwahl und Präsentation des blutigen Fleisches bedeuten in Bezug auf die jüdische Tradition einen Tabubruch. In *La Ruche,* nahe der Schlachthöfe gelegen, war Soutine vermutlich Ohrenzeuge des Schlachtbetriebs. Sein Mitbewohner Marc Chagall erinnert sich: „Zwei, drei

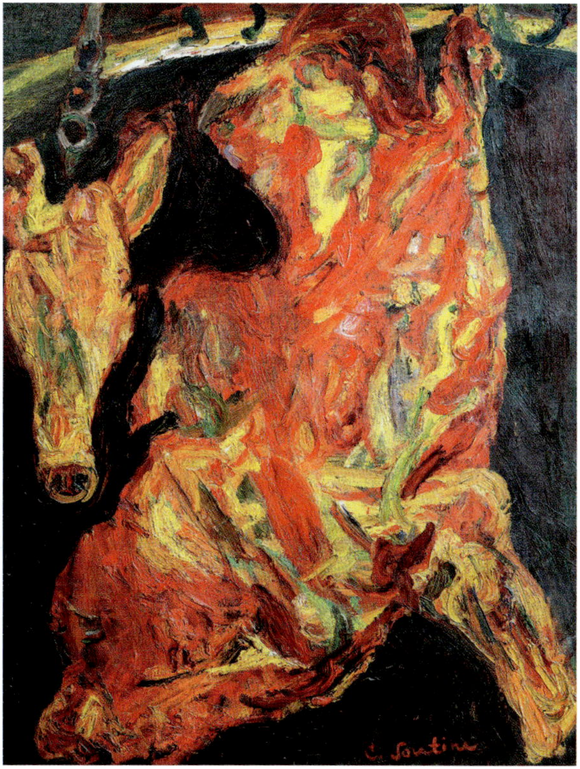

Beef Half and Calf's Head
Bœuf et tête de veau
Rinderhälfte und Kalbskopf
Cabeza y carcasa de ternera
Carcassa di bue e testa di vitello
Runderzij en kalfskop
c. 1925, Oil on canvas/Huile sur toile, 92,1 × 73 cm, Musée de l'Orangerie, Paris

Consolidación
Se consolida su éxito artístico. A mediados de los años veinte, Soutine comienza una espectacular serie de bueyes sacrificados, que se muestran destripados ante el espectador que los puede observar de cerca. La selección y presentación de carne sanguinolenta significan un tema tabú en términos de la tradición judía. Situado en *La Ruche,* cerca del matadero, Soutine podría escuchar a los trabajadores. Su compañero Marc Chagall recuerda: "Dos o tres de la mañana. El

Consolidamento
Il successo artistico restò stabile. A metà degli anni venti Soutine cominciò la serie spettacolare dei buoi macellati, che mostrano da vicino all'osservatore un animale squartato e dilatato. Rispetto alla tradizione ebraica, la scelta del tema e la presentazione della carne sanguinosa rappresentano il superamento di un tabu. A *La Ruche,* situato nei pressi del macello, probabilmente Soutine ascoltò mentre venivano macellati degli animali. Il suo coinquilino Marc Chagall ricordò:

Consolidatie
Het artistieke succes hield aan. Halverwege de jaren twintig van de vorige eeuw begon Soutine aan zijn spectaculaire serie over geslachte ossen, die wijd opengesperd aan de beschouwer werden gepresenteerd. De keuze voor een bloedige vleesmassa als onderwerp leek in het licht van de Joodse traditie taboedoorbrekend. In *La Ruche,* dat vlakbij een abattoir lag, moet Soutine de geluiden van de slachterij hebben gehoord. Zijn buurman

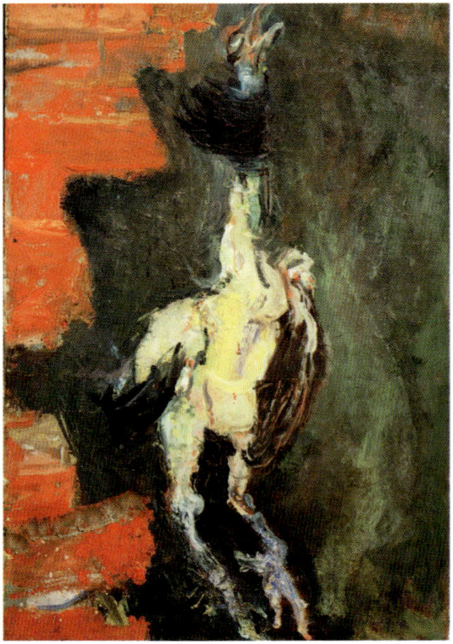

Chicken Hanging from Brick Wall

Poulet pendu à un mur de briques

Hähnchen an Ziegelmauer hängend

Pollo colgando en pared de ladrillos

Pollo appeso a una parete di mattoni

Kip, opgehangen aan betegelde muur

1924, Oil on canvas/Huile sur toile, 65,1 × 46,5 cm, Kunstmuseum, Bern

three o'clock in the morning. The sky was blue. The glow of the sun was coming over the horizon. Somewhere farther away the cattle were being slaughtered, the cows were roaring in agony, and I was painting them."

Soutine's fortunes continued to improve as the Parisian gallery Bing & Cie held his first solo show in 1927. Art critics Waldemar-George (1928) and Élie Faure (1929) published monographs about Soutine and his work. Zborowski even provided him with a chauffeur for his numerous trips to the south of France.

In the early thirties, Soutine developed a close friendship with Marcellin and Madeleine Castaing, who became his most important supporters, especially

heures du matin. Le ciel est bleu. L'aurore apparaît. Quelque part, un peu plus loin, on tuait le bétail, les vaches mugissaient et je les peignais. »

Soutine remporte de plus en plus de succès : la galerie parisienne Bing & Cie présente sa première exposition personnelle en 1927. Les critiques d'art Waldemar-George et Élie Faure publient des monographies sur Soutine et son œuvre en 1928 et 1929. Son galeriste met à sa disposition une automobile et un chauffeur pour ses voyages fréquents dans le Midi.

Au début des années 1930, une grande amitié naît entre Soutine et Marcellin et Madeleine Castaing qui, surtout après la mort de Zborowski (1932), deviennent

Uhr morgens. Der Himmel ist blau. Die Morgenröte steigt auf. Irgendwo weiter weg schlachtete man das Vieh, die Kühe brüllten und ich malte sie."

Es geht immer weiter bergauf: Die Pariser Galerie Bing & Cie zeigt 1927 die erste Einzelausstellung Soutines. Die Kunstschriftsteller Waldemar-George (1928) und Élie Faure (1929) publizieren Monographien über Soutine und sein Werk. Sein Galerist stellt ihm für seine zahlreichen Reisen nach Südfrankreich einen Wagen mit Chauffeur zur Verfügung.

Anfang der Dreißigerjahre entwickelt sich eine enge Freundschaft zu Marcellin und Madeleine Castaing, die, vor allem nach dem Tod von Zborowski (1932),

Plucked Chicken and Tomatoes

Poulet et tomates

Gerupfter Hahn und Tomaten

Gallo desplumado y tomates

Pollo spennato e pomodori

Geplukte kip en tomaten

1922, Oil on canvas/Huile sur toile, 65 × 50 cm, Private collection

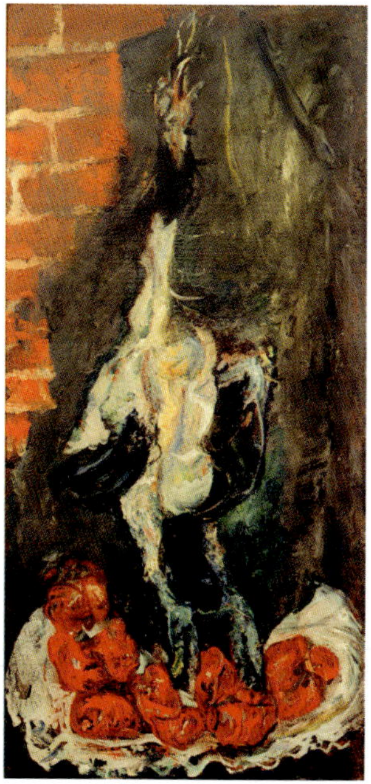

cielo está azul. Se levanta el amanecer. En algún lugar más lejos mataron el ganado, mugían las vacas y yo las pintaba".

Sigue y sigue subiendo: en 1927 la galería parisina Bing & Cie realiza la primera exposición individual de Soutine. Los críticos de arte Waldemar George (1928) y Élie Faure (1929) publican monografías sobre Soutine y su obra. Su galería le ofrece un coche con chófer a su disposición para sus numerosos viajes al sur de Francia.

A principios de los años treinta comienza una estrecha amistad con Marcellin y Madeleine Castaing sobre todo después de la muerte de Zborowski (1932), su principal promotor. Con más de 40 pinturas, promueven juntos la más

„Erano le due, le tre di notte. Il cielo era blu. L'alba stava per cominciare. Da qualche parte qualcuno macellava animali, le mucche muggivano e io le dipinsi."

La situazione andò solo a migliorare: la galleria parigina Bing &Cie ospitò nel 1927 la prima mostra singola di Soutine. I critici d'arte Waldemar-George (1928) e Élie Faure (1929) pubblicarono monografie su Soutine e la sua opera. Per i suoi numerosi viaggi nel sud della Francia, il suo gallerista gli mise a disposizione una vettura con autista.

All'inizio degli anni Trenta strinse un forte legame di amicizie con Marcellin e Madeleine Castaing, che, soprattutto dopo la morte di Zborowski (1932),

Marc Chagall herinnerde zich: "Twee, drie uur 's ochtends. De hemel is blauw. Het morgenrood gloort. Ergens verderop wordt het vee geslacht, de koeien loeien en ik schilderde ze."

Het ging steeds beter: de Parijse galerie Bing & Cie organiseerde in 1927 de eerste solo-expositie met Soutines werken. De kunstcritici Waldemar-George (1928) en Élie Faure (1929) publiceerden monografieën over zijn werk. Zijn galeriehouder stelde hem op zijn talloze uitstapjes naar Zuid-Frankrijk een auto met chauffeur ter beschikking.

Begin jaren dertig ontstond er een innige vriendschap met Marcellin en Madeleine Castaing, die vooral na de dood van Zborowski (1932) zijn

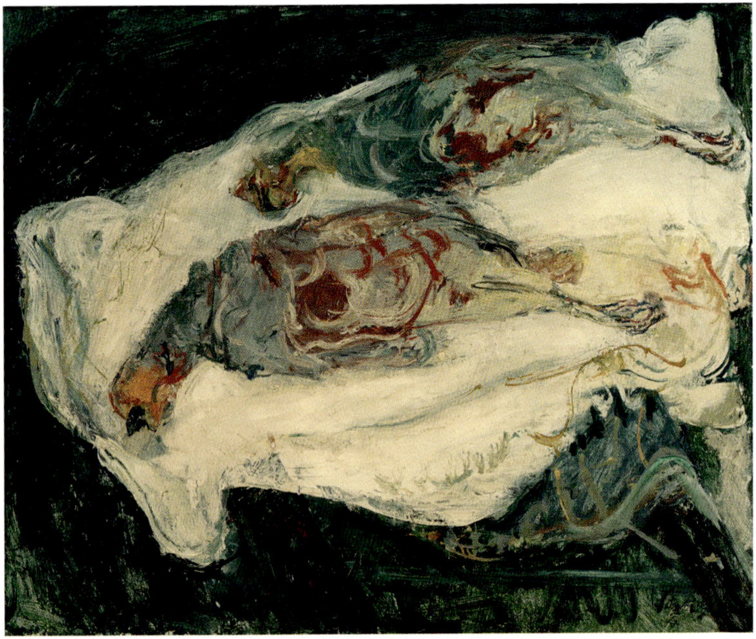

Two Pheasants

Les Deux Faisans

Zwei Fasane

Dos faisanes

Due fagiani

Twee fazanten

c. 1924/25, Oil on canvas/Huile sur toile,
50,5 × 61 cm, Stiftung Sammlung E.G. Bührle, Zürich

after Zborowski's death in 1932. Eventually buying more than forty of his paintings, they eventually developed the most important collection of Soutine's work. In 1935, the couple organized Soutine's first show in the United States at the Arts Club of Chicago. They also often invited the artist to their home in Lèves near Chartres. Soutine, although a difficult, often morose guest, spent every summer there in the years that followed. The Castaings' friends included composer Erik Satie (1866–1925), writer and director Jean Cocteau (1889–1963), author Maurice Sachs (1906–1945), and Pablo Picasso (1881–1973).

Despite his artistic success and his increasing financial security, Soutine's

ses principaux mécènes. Ils vont réunir la plus importante collection d'œuvres de Soutine, soit plus de quarante tableaux. En 1935, le couple s'entremet pour organiser la première exposition de Soutine aux États-Unis, à l'Arts Club of Chicago. Marcellin, qui est architecte, et Madeleine, qui est décoratrice, invitent souvent le peintre dans leur maison de Lèves, près de Chartres. Soutine, hôte difficile et parfois morose, va dorénavant passer ses étés chez eux. Les Castaing comptent parmi leurs amis entre autres le compositeur Erik Satie (1866–1925), le poète et metteur en scène Jean Cocteau (1889–1963), l'écrivain Maurice Sachs (1906–1945) et Pablo Picasso (1881–1973).

seine wichtigsten Förderer werden. Mit über 40 Gemälden tragen sie die bedeutendste Sammlung von Soutines Werken zusammen. 1935 vermittelt das Ehepaar die erste Soutine Ausstellung in die USA, in den Arts Club of Chicago. Der Kunstkritiker und die Innenarchitektin laden den Künstler häufig in ihr Haus in Lèves nahe Chartres ein. Soutine, ein schwieriger oft mürrischer Gast, verbringt hier in den kommenden Jahren jeden Sommer. Zum Freundeskreis der Castaings gehören unter anderen der Komponist Erik Satie (1866–1925), der Schriftsteller und Regisseur Jean Cocteau (1889–1963), der Autor Maurice Sachs (1906–1945) und Pablo Picasso (1881–1973).

Two Chickens on a White Cloth
Les Poulets à la nappe blanche
Zwei Hähnchen auf weißem Tuch
Dos pollos en paño blanco
Due polli su un panno bianco
Twee kippen op een witte doek
c. 1924/25, Oil on canvas/Huile sur toile, 51,8 × 62,9 cm, Private collection

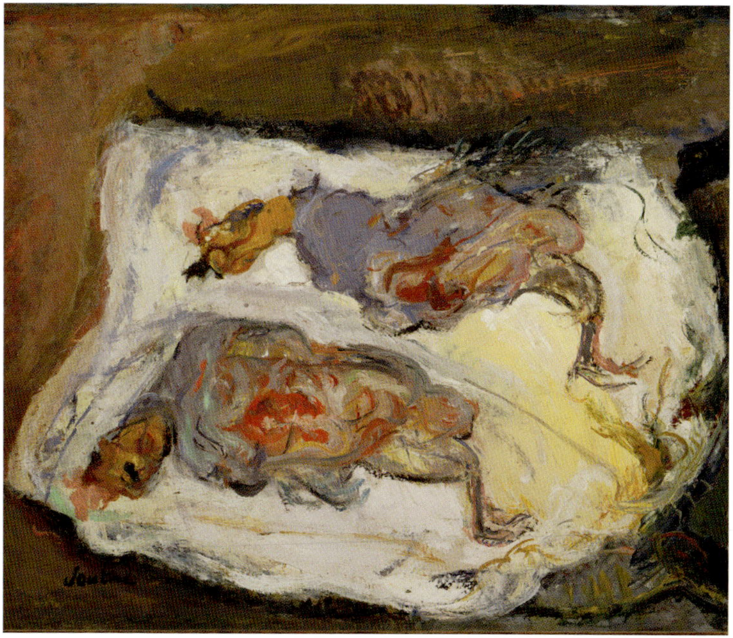

importante colección de obras de Soutine. En 1935 la pareja gestiona la primera exposición de Soutine en los EE.UU., en el Arts Club de Chicago. El crítico de arte y diseñador de interiores invita al artista a menudo a su casa en Lèves, cerca de Chartres. Soutine, un difícil invitado a menudo de mal humor, pasa aquí cada verano de los siguientes años. Entre los amigos de Castaings se incluyen, entre otros, el compositor Erik Satie (1866–1925), el escritor y director Jean Cocteau (1889–1963), el autor Maurice Sachs (1906–1945) y Pablo Picasso (1881–1973).

A pesar del éxito artístico y la consiguiente sensación de seguridad, las relaciones de Soutine con las personas seguían siendo muy problemáticas. En

divennero i suoi principali promotori. Con più di 40 dipinti, raccoglievano la collezione più importante di Soutine. Nel 1935 la coppia mediò la prima mostra di Soutine negli USA, nell'Arts Club of Chicago. Il critico d'arte e l'architetto di interni invitarono spesso l'artista nella loro casa a Lèves vicino Chartres. Soutine, ospite taciturno e spesso brontolone, trascorse qui negli anni successivi ogni estate. Della cerchia di amici dei Castaing facevano parte tra gli altri il compositore Erik Satie (1866–1925), lo scrittore e regista Jean Cocteau (1889–1963), l'autore Maurice Sachs (1906–1945) e Pablo Picasso (1881–1973).

Nonostante il successo artistico e la relativa sensazione di sicurezza, i

belangrijkste mecenassen werden. Met ruim veertig schilderijen bouwden zij de grootste Soutine-verzameling op. In 1935 organiseerde het echtpaar de eerste Soutine-expositie in de VS, in de Arts Club of Chicago. De kunstcriticus en de binnenhuisarchitecte nodigden de kunstenaar vaak uit in hun huis in Lèves bij Chartres. Soutine was een lastige en vaak norse gast, maar bracht hier de komende jaren elke zomer door. Tot de vriendenkring van de Castaings behoorden ook de componist Erik Satie (1866–1925), schrijver en regisseur Jean Cocteau (1889–1963), auteur Maurice Sachs (1906–1945) en Pablo Picasso (1881–1973).

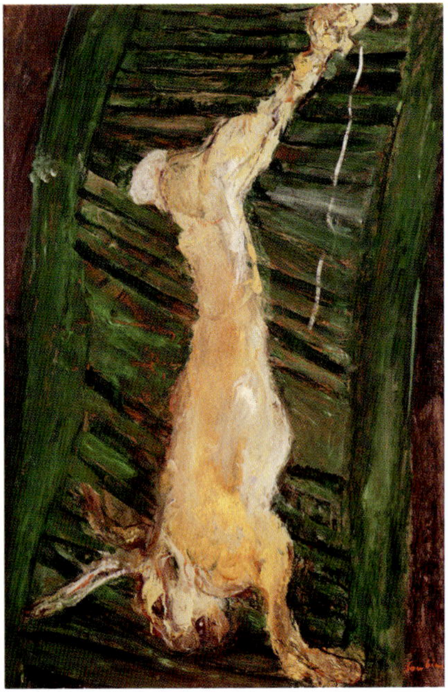

Hare Hanging on a Green Shutter

Le Lièvres au volet vert

Hase vor grünem Fensterladen

Conejo en contraventana verde

Lepre davanti ad una finestra verde

Haas op een groen vensterluik

c. 1925/26, Oil on canvas/Huile sur toile, 81 × 54 cm, Musée d'Art Moderne de Troyes, Troyes

relationships with people remained very problematic. In 1937, as numerous refugees from Nazi Germany arrived in Paris, he met Gerda Groth, a young Jewish migrant. They became constant companions in the years that followed. Groth, whom Soutine called "Mademoiselle Garde", took care of the increasingly sickly artist. She would take him to doctors and ensure his compliance with diet plans. She was, however, never allowed to look at his work. Soutine kept them in a locked room and only allowed selected people to see them, but not his partner! Groth soon moved in with Soutine who had been living in Villa Seurat in the 14th arrondissement near Parc Montsouris

Malgré ses succès d'artiste, et même si ceux-ci le rassurent, les rapports humains restent très problématiques pour Soutine. En 1937, alors que de nombreux réfugiés qui fuient l'Allemagne nazie arrivent à Paris, il rencontre Gerda Groth, une jeune émigrée juive. Leur liaison va durer plusieurs années. Gerda Groth, que Soutine appelle « Mademoiselle Garde », soigne et dorlote l'artiste dont la santé se détériore. Elle lui fait consulter des médecins et veille à ce qu'il suive ses régimes. Cela dit, elle n'a pas le droit de regarder ses tableaux. Soutine les conserve dans une pièce fermée à double tour et seuls quelques élus ont le droit d'y jeter un coup d'œil. Mais sa compagne n'est pas de leur nombre ! Groth ne tarde

Trotz des künstlerischen Erfolges und dem damit einhergehenden Gefühls der Sicherheit, bleiben Soutines Beziehungen zu Menschen hochproblematisch. Im Jahr 1937, als zahlreiche Flüchtlinge aus Nazi-Deutschland nach Paris kommen, trifft er Gerda Groth, eine junge jüdische Migrantin. In den folgenden Jahren bleiben sie zusammen. Gerda Groth, die Soutine „Mademoiselle Garde" nennt, pflegt und umsorgt den zunehmend kränkelnden Künstler. Seine Freundin bringt ihn zu Ärzten und kümmert sich um die Einhaltung von Diätplänen. Seine Gemälde soll und darf sie allerdings nicht anschauen. Soutine bewahrt sie in einem verschlossenen Raum und lässt nur ausgewählte Menschen einen

Young Man in the Dark

Le Garçon en noir

Junger Mann in der Dunkelheit

Hombre joven en la oscuridad

Giovane uomo al buio

Jongeman in het donker

1924, Oil on canvas/Huile sur toile, 46,4 × 30,8 cm, Private collection

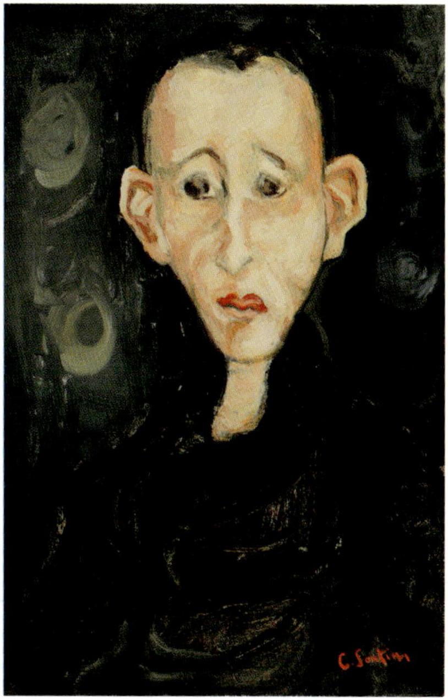

1937, al llegar tantos refugiados de la Alemania nazi a París, conoció a Gerda Groth, una joven judía inmigrante. En los años siguientes permanecen juntos. Gerda Groth, a la que Soutine llama "Mademoiselle Garde", cuida y se preocupa por el artista cada vez más enfermo. Su novia le lleva a los médicos y se preocupa del cumplimiento de los planes de dieta. Sin embargo, no debe ni le está permitido mirar sus cuadros. Soutine los mantiene en una habitación cerrada con llave y deja solo a gente seleccionada que les eche un vistazo. ¡Su compañera no se encuentra entre ellos! Groth pronto se muda con Soutine, que vive desde 1937 en la Villa Seurat en el distrito 14, cerca del Parc Montsouris,

rapporti di Soutine con le altre persone restarono molto problematici. Nel 1937, quando numerosi esuli dalla Germania nazista arrivarono a Parigi, incontrò Gerda Groth, una giovane migrante ebrea. Restarono insieme negli anni successivi. Gerda Groth, che Soutine chiamava "Mademoiselle Garde", si prese cura dell'artista sempre più malato. La sua compagna lo portava dai medici e si preoccupava della dieta. Lei però non poteva assolutamente vedere i suoi dipinti. Soutine li conservava in una stanza chiusa e li faceva vedere soltanto ad un gruppo ristretto di persone. La sua compagna non era una di queste! Presto la Groth si trasferì da Soutine, che dal 1937 viveva a Villa Seurat,

Ondanks het artistieke succes en het daarmee gepaard gaande gevoel van zekerheid bleven Soutines relaties met anderen zeer problematisch. In 1937, toen talrijke vluchtelingen uit nazi-Duitsland naar Parijs kwamen, ontmoette hij Gerda Groth, een jonge Joodse emigrée, die in de jaren daarna zijn vriendin was. Gerda Groth, die door Soutine 'mademoiselle Garde' werd genoemd, verzorgde de steeds ziekelijker wordende kunstenaar. Soutines vriendin bracht hem naar de dokter en zorgde ervoor dat hij zijn dieet volgde. Zijn schilderijen mocht ze evenwel niet bekijken. Soutine bewaarde ze in een afgesloten kamer en liet ze alleen aan uitverkorenen zien, en daar behoorde

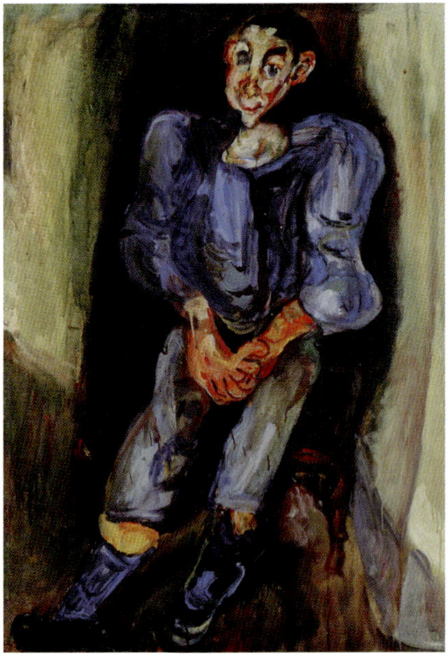

Boy in Blue

Le Garçon en bleu

Junge in Blau

Joven de azul

Giovane in blu

Jongen in het blauw

1924, Oil on canvas/Huile sur toile, 93,3 × 65,5 cm, The Israel Museum, Jerusalem

with its idyllic lakes since 1937. American writer Henry Miller (1891–1980) was an upstairs neighbor, who later recalled: "By that time his Bohemian days were finished. He was suffering from stomach and liver troubles and whatnot and lived like a hermit. [...] Once in a while he came upstairs to my place when we had a party. He had an obsession about Rembrandt, whom he idolized." (*H.M., My Life and Times,* London, 1972, p. 165)

pas à aller s'installer chez Soutine, qui vit depuis 1937 à la Villa Seurat dans le XIVe arrondissement, près du parc Montsouris et de ses lacs charmants. Henry Miller (1891–1980), l'écrivain américain, vit à l'étage au-dessus. Plus tard, il devait écrire sur ses voisins : « À cette époque, il en avait fini avec sa période bohème. Il souffrait de maladies de l'estomac et du foie et de toutes autres sortes et vivait comme un ermite. [...] Il lui arrivait de monter chez moi quand nous donnions une fête. Il était passionné par Rembrandt, qu'il adulait. » (*My Life and Times,* Londres, 1972, p. 165)

Blick darauf werfen. Seine Partnerin gehört nicht dazu! Bald zieht Groth zu Soutine, der seit 1937 in der Villa Seurat im 14. Arrondissement, nahe des Parc Montsouris mit seinen idyllischen Seen, wohnt. In der oberen Etage lebt der amerikanische Schriftsteller Henry Miller (1891–1980), der sich später an seinen Nachbarn erinnerte: „Zu dieser Zeit waren seine Tage als Bohemien zu Ende. Er litt unter Magen- und Leberbeschwerden und allem Möglichen und lebte wie ein Einsiedler. [...] Gelegentlich kam er hinauf in meine Wohnung, wenn wir eine Party hatten. Er war besessen von Rembrandt, den er vergötterte." (englisch: *H.M., My Life and Times,* London 1972, S. 165)

The Cook of Cagnes
Le Cuisinier de Cagnes
Der Koch von Cagnes
El cocinero de Cagnes
Il cuoco di Cagnes
De kok van Cagnes
1924, Oil on canvas/Huile sur toile, 61 × 51 cm, Kunstmuseum, Bern

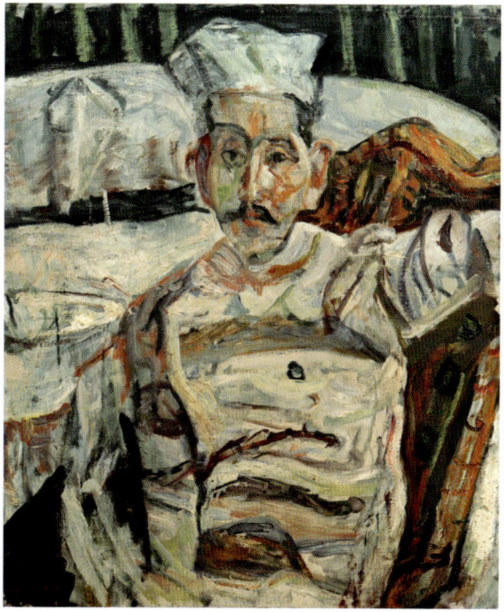

con sus idílicos lagos. En la planta superior vive el escritor estadounidense Henry Miller (1891–1980), que más tarde recordaba de su vecino: "En ese momento, sus días de bohemio llegaban a su fin. Sufría de estómago y problemas del hígado y dentro de lo posible vivía como un ermitaño. [...] De vez en cuando, venía a mi apartamento cuando celebrábamos una fiesta. Estaba obsesionado por Rembrandt, al que adoraba". (inglés: *H.M., My Life and Times,* Londres 1972, p. 165)

nel 14. arrondissement, vicino il Parc Montsouris con la sua vista idilliaca. Al piano di sopra viveva lo scrittore americano Henry Miller (1891–1980), che successivamente ricordò il suo vicino dicendo: „In quest'epoca erano finiti i suoi giorni da bohemien. Soffriva di problemi allo stomaco, al fegato e di altri mali e visse come un eremita. [...] Ogni tanto veniva nel mio appartamento, quando davamo delle feste. Era ossessionato da Rembrandt, che venerava." (inglese: *H.M., My Life and Times,* London 1972, S. 165)

zijn partner niet toe! Al snel trok Groth in bij Soutine, die sinds 1937 in de Villa Seurat in het 14e Arrondissement in de buurt van het Parc Montsouris (met zijn idyllische meren) woonde. Op de bovenste etage woonde de Amerikaanse schrijver Henry Miller (1891–1980), die zich later zijn buren herinnerde: "Rond deze tijd waren zijn dagen als bohémien ten einde. Hij leed aan maag- en leverkwalen en ik weet niet aan wat nog meer, en hij leefde als een kluizenaar (...). Af en toe kwam hij naar boven in mijn woning, als we een feestje gaven. Hij was bezeten van Rembrandt, die hij verafgoodde." (engels: *H.M., My Life and Times,* Londen 1972, pag. 165)

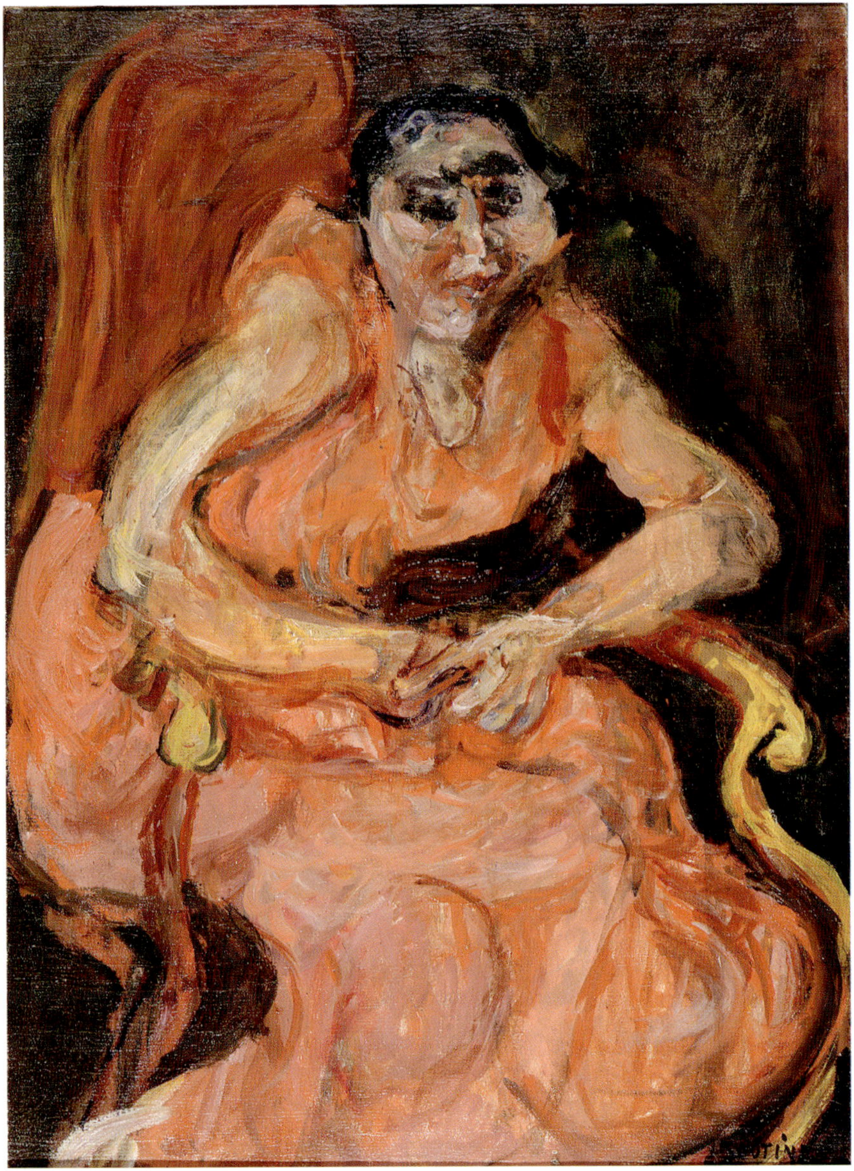

Woman in Pink

La Femme en rose

Frau in Rosa

Mujer de rosa

Donna in rosa

Vrouw in het roze

c. 1924, Oil on canvas/Huile sur toile, 73 × 54,3 cm, Saint Louis Art Museum, Saint Louis

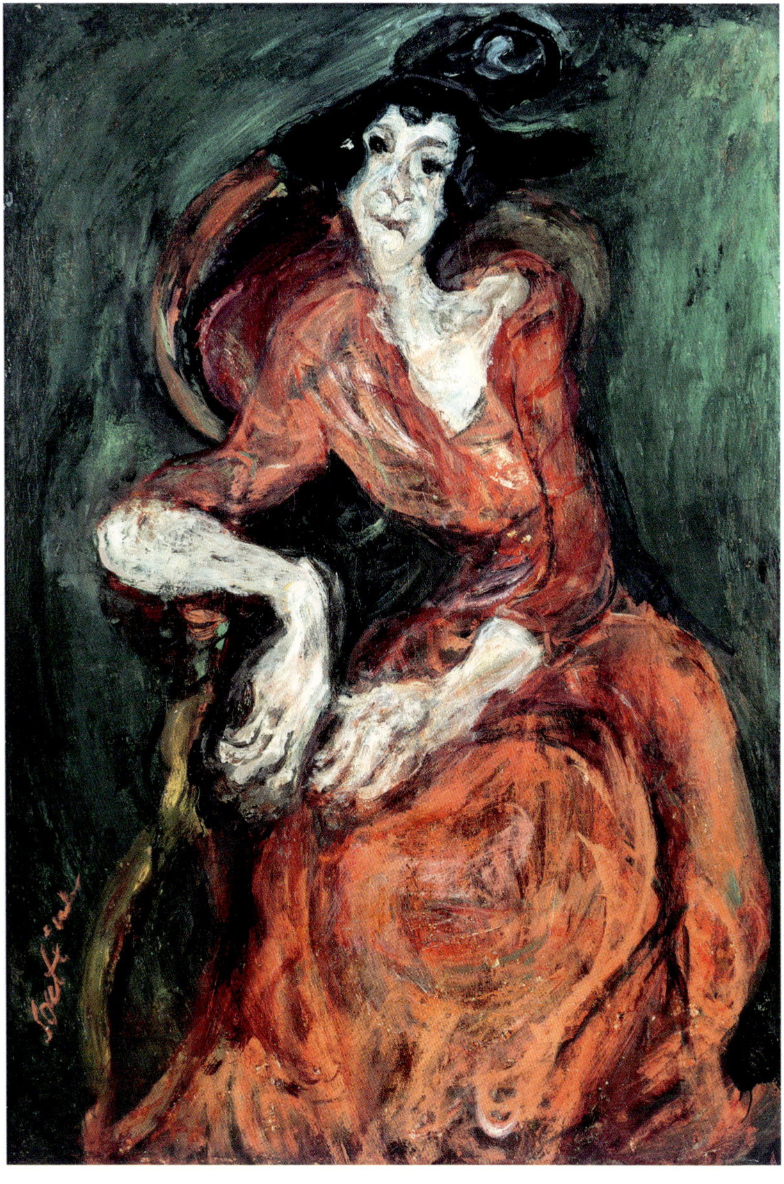

Woman in Red

La Femme en rouge

Frau in Rot

Mujer de rojo

Donna in rosso

Vrouw in het rood

c. 1923/24, Oil on canvas/Huile sur toile, 92 × 65 cm, Musée d'Art Moderne de la Ville de Paris, Paris

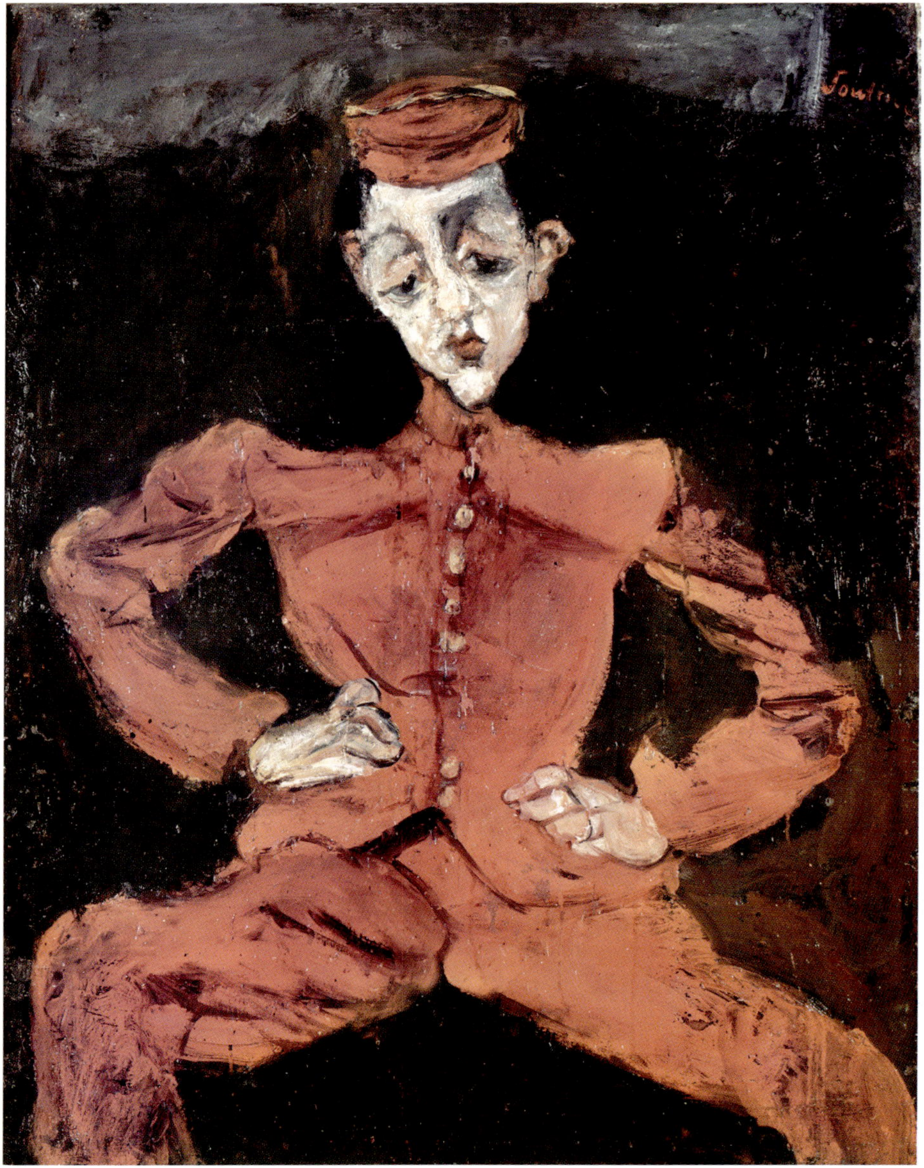

Bellhop

Le Groom

Page

El botones

Il valletto

Liftboy

1925, Oil on canvas/Huile sur toile, 98 × 80,5 cm, Musée National d'Art Moderne, Centre Pompidou, Paris

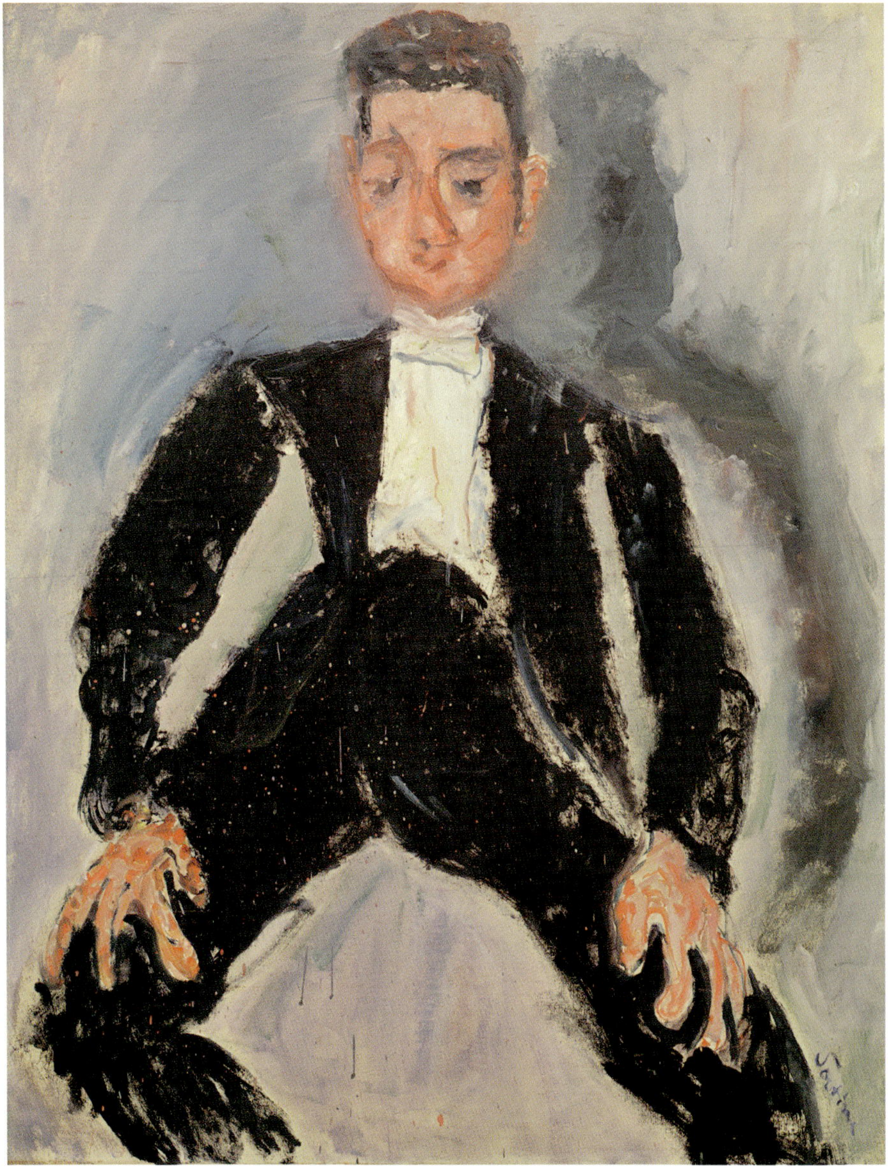

The Best Man

Garçon d'honneur

Der Trauzeuge

El padrino de boda

Il testimone di nozze

De trouwgetuige

1924/25, Oil on canvas/Huile sur toile, 100 × 81 cm, Musée de l'Orangerie, Paris

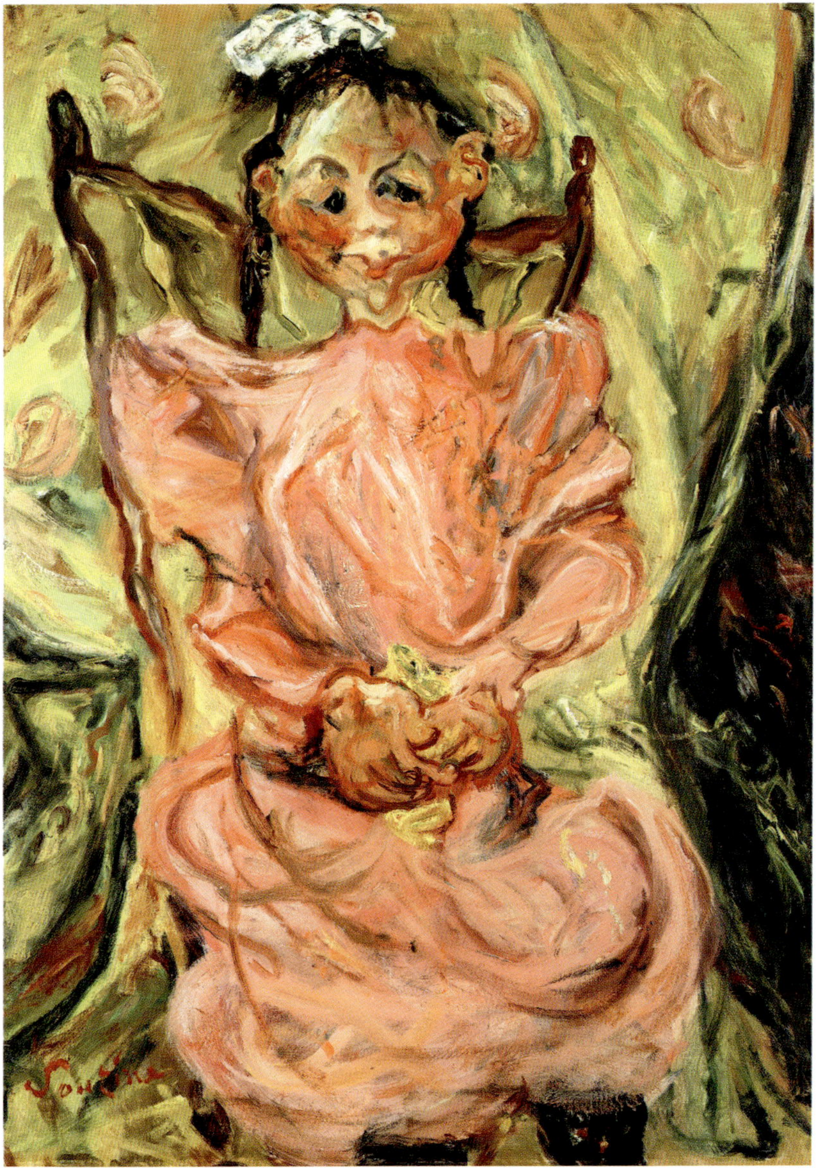

Girl in Pink

La Fille en rose

Mädchen in Rosa

Niña de rosa

Ragazza in rosa

Meisje in het roze

c. 1922/23, Oil on canvas/Huile sur toile, 87,6 × 63,5 cm, Private collection

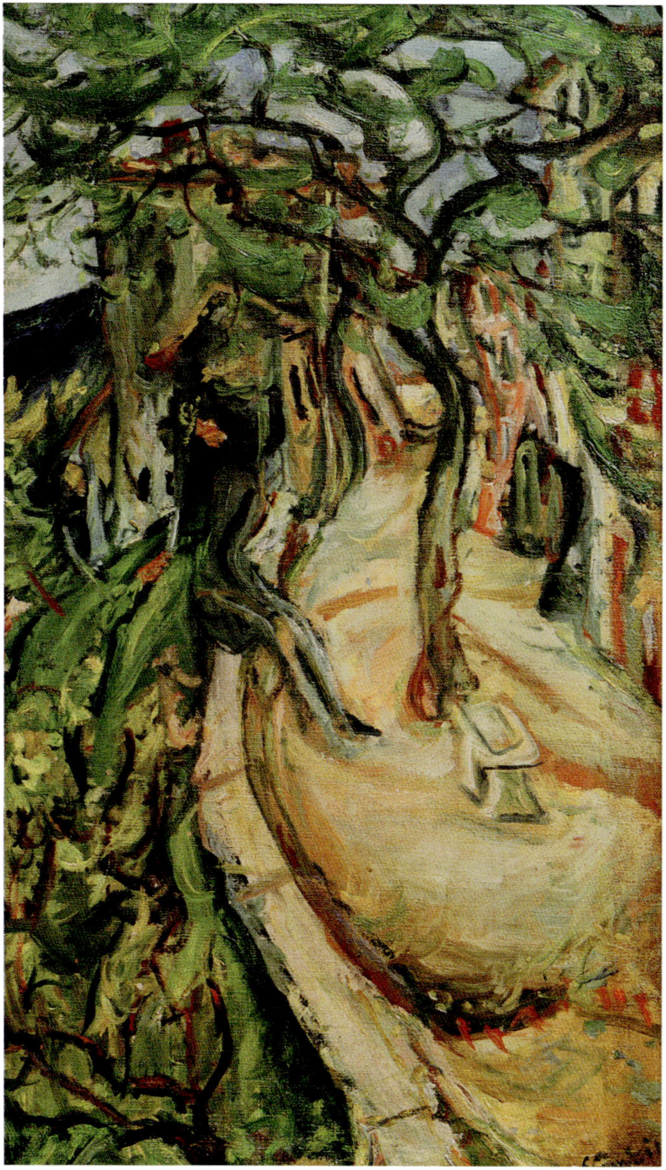

The Terrace in Vence

Paysage avec personnages* ou *La Terrasse de Vence

Die Terrasse in Vence

La terraza en Vence

La terrazza a Vence

Het terras in Vence

c. 1922, Oil on canvas/Huile sur toile, 64,1 × 38,1 cm,
Private collection

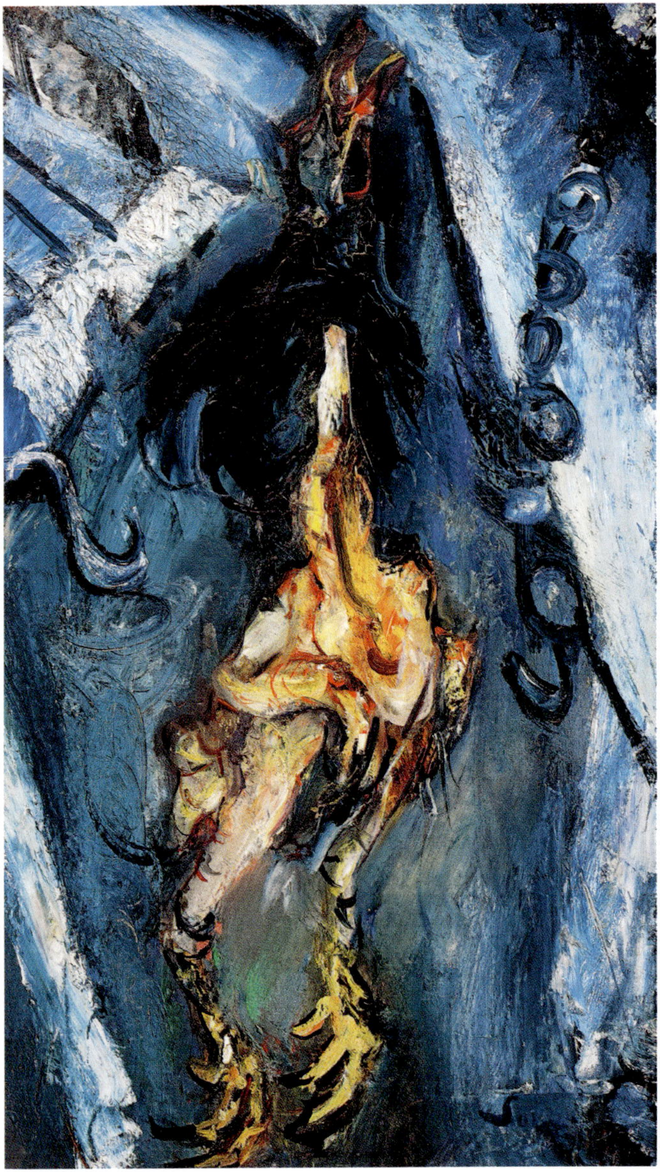

Plucked Chicken

Le Poulet plumé

Gerupftes Huhn

Pollo desplumado

Pollo spennato

Geplukte kip

c. 1925, Oil on canvas/Huile sur toile, 67 × 40 cm,
Musée de l'Orangerie, Paris

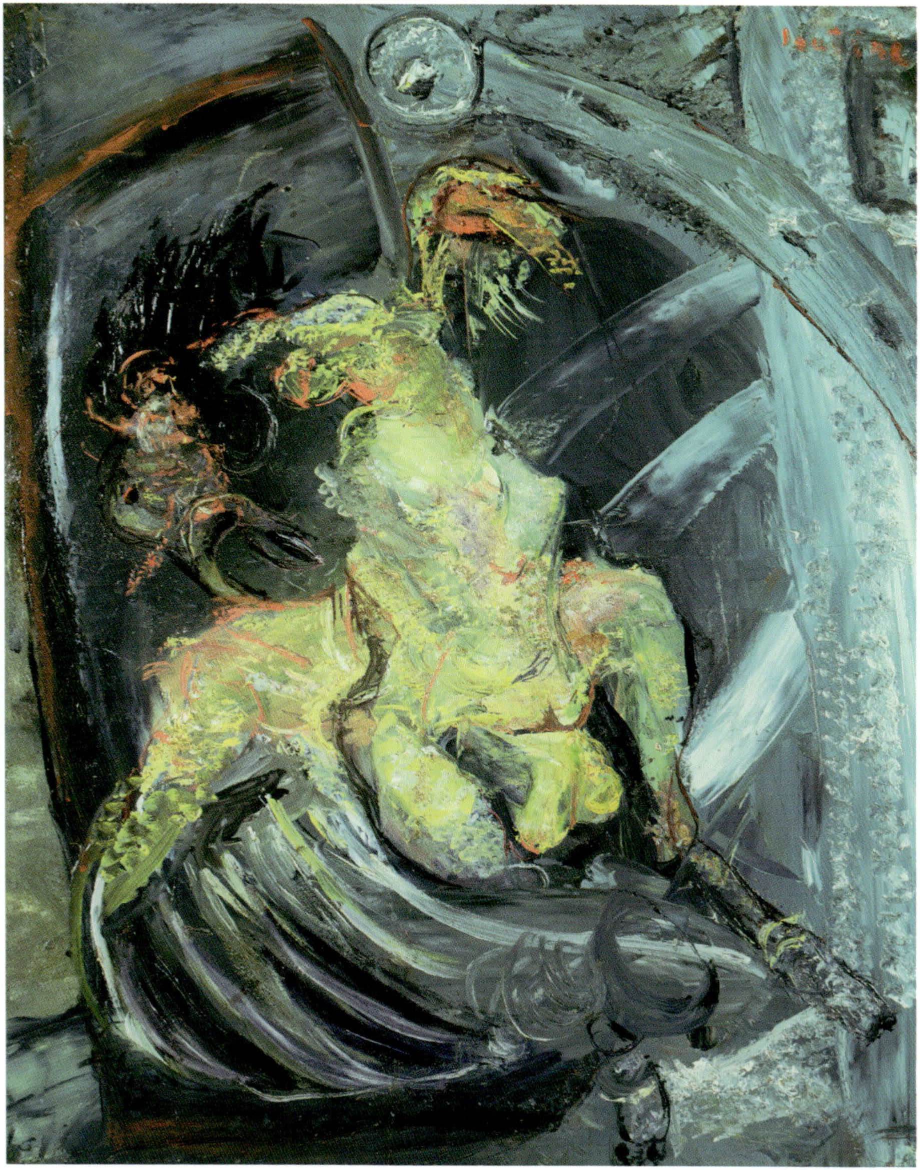

Turkey Hanged

La Dinde pendue

Hängender Truthahn

Pavo colgando

Tacchino appeso

Opgehangen kalkoen

1925, Oil on canvas/Huile sur toile, 73 × 60 cm, Private collection

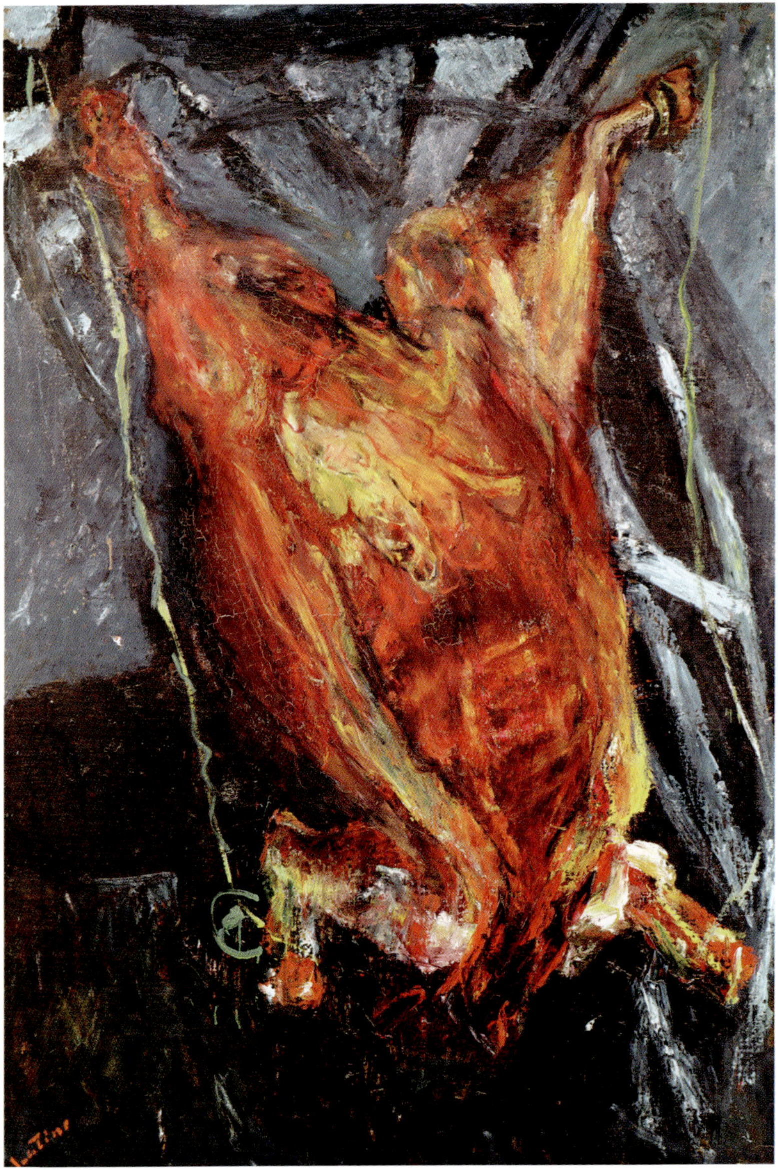

The Slaughtered Ox

Le Bœuf

Rinderkadver

Carcasa de ternera

Cadavere di bovino

Runderkarkas

c. 1925, Oil on canvas/Huile sur toile,
166 × 115 cm, Stedelijk Museum, Amsterdam

When Soutine's finances allowed it, he finally traveled to Amsterdam to view Rembrandt's *Jewish Bride* (1666) at the Rijksmuseum. His series of slaughtered oxen, meanwhile, made direct reference to a painting by the revered artist that hung in the Louvre. With coloristic virtuosity and a merciless eye, Soutine placed the body of the animal, splayed-open, in the center of the image. Death and transience are immediately present.

Quand Soutine peut se le permettre, il se rend plusieurs fois à Amsterdam, afin de voir *La Fiancée juive* (vers 1665-69) de Rembrandt au Rijksmuseum. Sa série des bœufs écorchés est un emprunt direct à une toile du peintre admiré, qui est accrochée au Louvre. En coloriste virtuose et avec un regard sans concession, Soutine place le corps ouvert de l'animal au centre du tableau. Il montre sans détour la mort et la fugacité de la vie.

Als es Soutine finanziell möglich war, reiste er mehrfach nach Amsterdam, um Rembrandts *Judenbraut* (1666) im Rijksmuseum zu sehen. Seine Serie der geschlachteten Ochsen bezieht sich direkt auf ein Gemälde des von ihm verehrten Künstlers aus dem Louvre. Mit koloristischer Virtuosität und gnadenlosem Blick stellt Soutine den geöffneten Leib des Tieres in das Zentrum des Bildes. Tod und Vergänglichkeit sind unmittelbar gegenwärtig.

Rembrandt van Rijn (1606–1669)

Ox, Slaughtered

Le Bœuf écorché

Geschlachteter Ochse

El buey desollado

Bue squartato

Geslachte os

1655, Oil on wood/Huile sur bois, 94 × 69 cm, Musée du Louvre, Paris

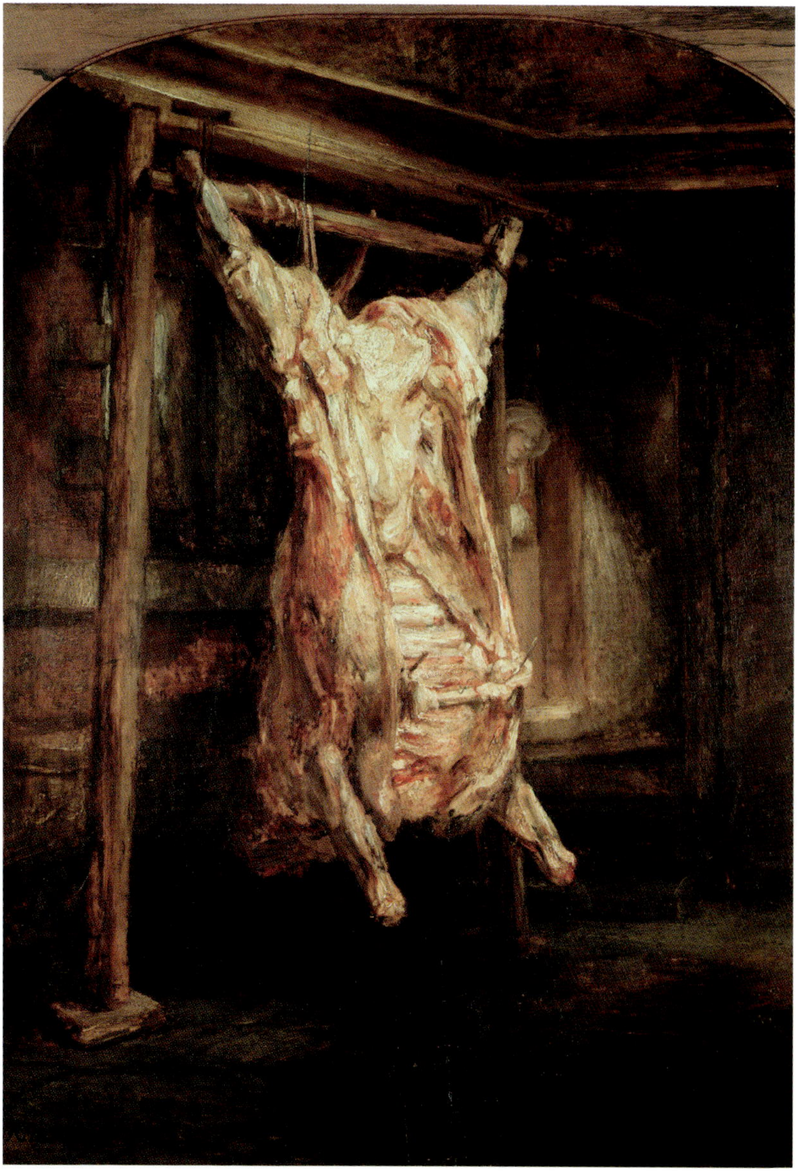

Cuando a Soutine le fue financieramente posible, viajó varias veces a Ámsterdam para ver *La novia judía* de Rembrandt (1666) en el Rijksmuseum. Su serie de bueyes sacrificados está directamente relacionada con una pintura del artista, reverenciado por él desde el Louvre. Con virtuosismo colorista y vista implacable, Soutine coloca el cuerpo abierto del animal en el centro de la imagen. Se presencian la muerte y el carácter transitorio de manera inminente.

Quando la situazione finanziaria glielo permise, Soutine si recò più volte ad Amsterdam, per vedere *la Sposa ebrea* (1666) di Rembrandts al Rijksmuseum. La sua serie di buoi macellati è un riferimento diretto all'artista del Louvre, da lui tanto amato. Con colori virtuosi e uno sguardo spietato, Soutine pone al centro del dipinto il corpo squartato dell'animale. Morte e caducità sono più attuali che mai.

Zodra Soutine het zich kon veroorloven, reisde hij meermalen naar Amsterdam om Rembrandts *Joodse bruidje* (1666) in het Rijksmuseum te bewonderen. Zijn serie van geslachte ossen verwijzen direct naar een werk van de door hem vereerde Nederlander in het Louvre. Met een virtuoos coloriet en een genadeloze observatie plaatst Soutine het opengesperde kadaver in het centrum van het beeldvlak. Dood en vergankelijkheid zijn bijna voelbaar.

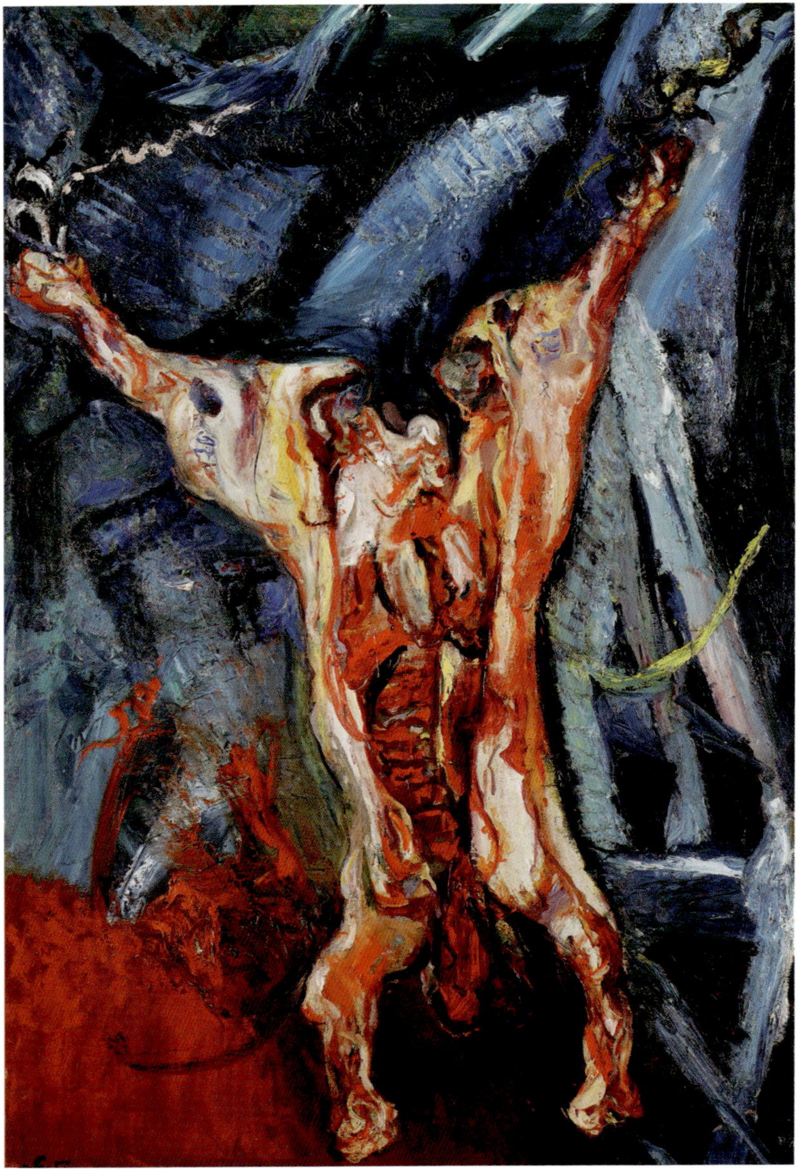

Ox, Slaughtered

Le Bœuf écorché

Geschlachteter Ochse

El buey desollado

Bue squartato

Geslachte os

*1925, Oil on canvas/Huile sur toile,
116,2 × 80,6 cm, Minneapolis Institute of Arts,
Minneapolis*

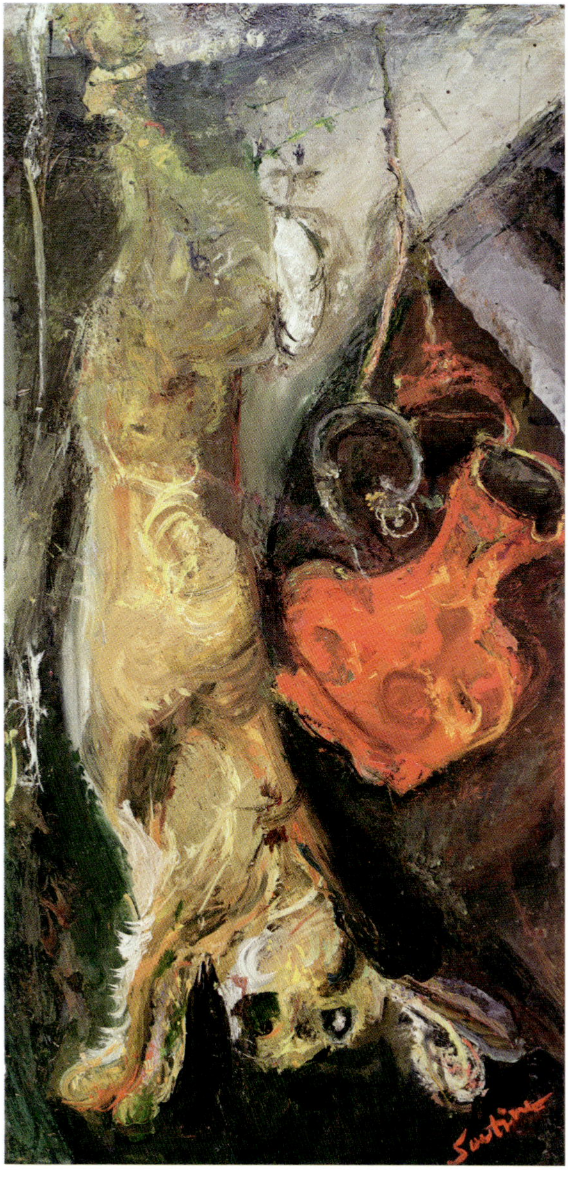

Rabbit with Iron Pot

Le Lapin

Kaninchen mit eisernem Topf

Conejo con olla de hierro

Coniglio a testa in giù

Konijn met ijzeren pan

c. 1924/25, Oil on canvas/Huile sur toile, 73 × 35,9 cm, Musée de l'Orangerie, Paris

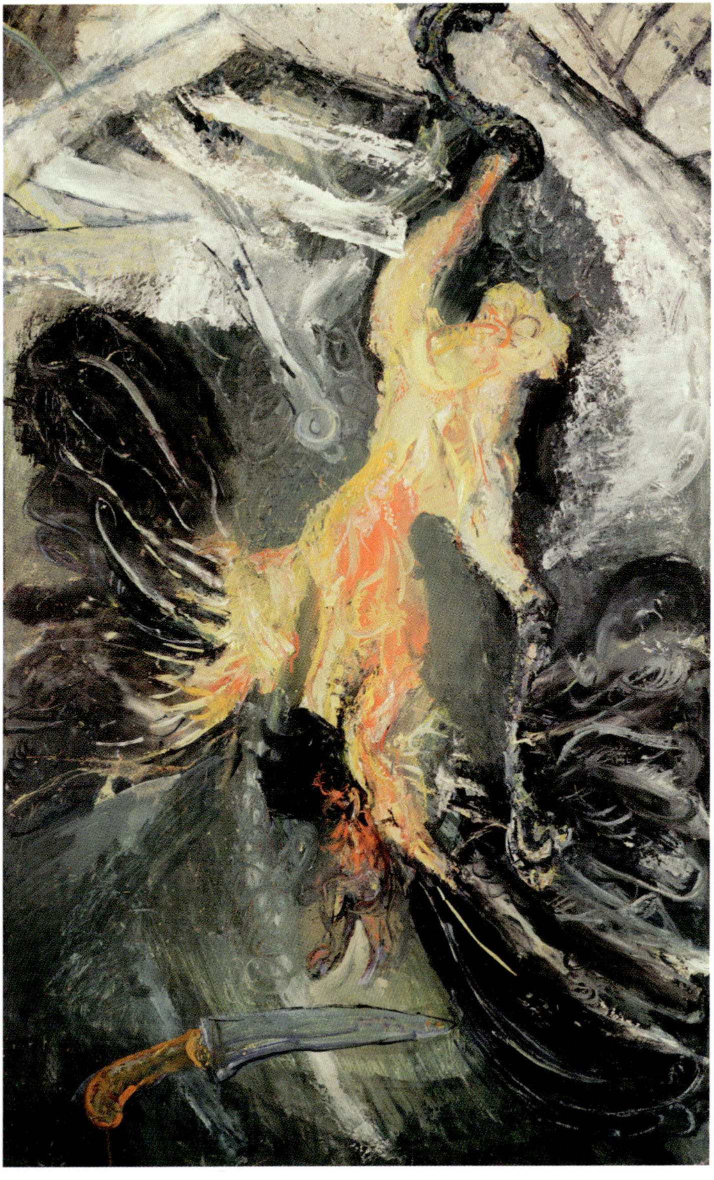

Hanging Fowl

La Volaille pendue

Hängendes Geflügel

Aves de corral colgando

Volatili appesi

Opgehangen gevogelte

1925, Oil on wood/Huile sur bois, 125 × 80 cm, Musée National d'Art Moderne, Centre Pompidou, Paris

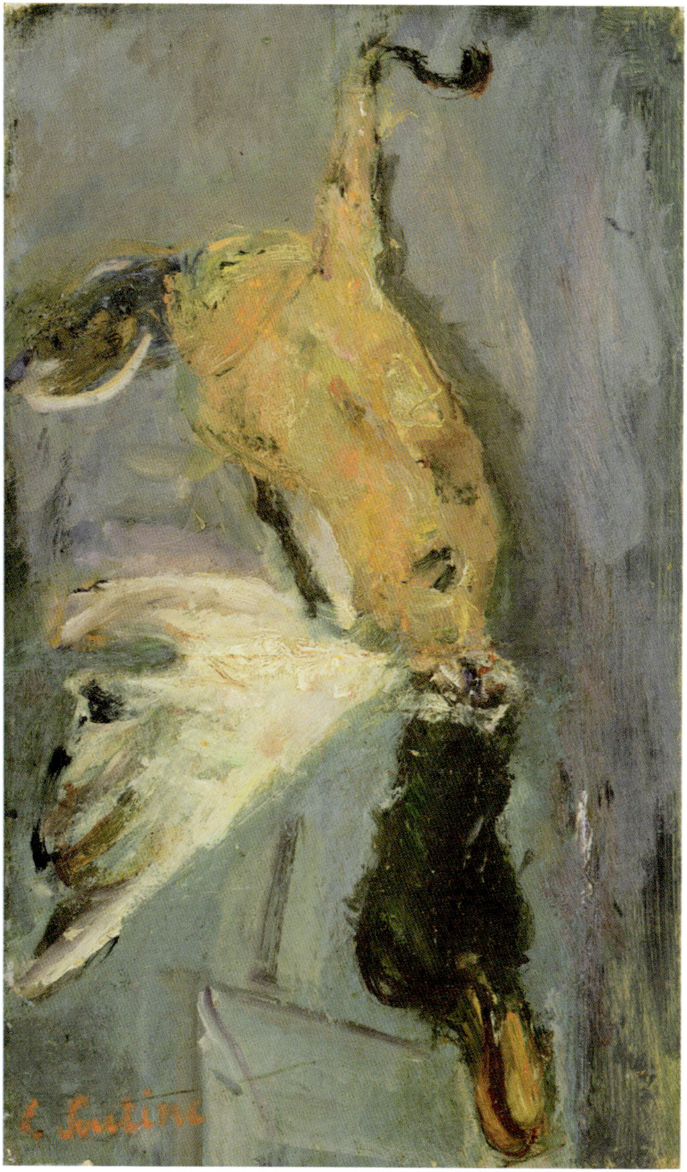

Hanging Duck

Canard pendu

Hängende Ente

Pato colgando

Anatra appesa

Opgehangen eend

1925, Oil on wood/Huile sur bois, 47 × 28 cm, Private collection

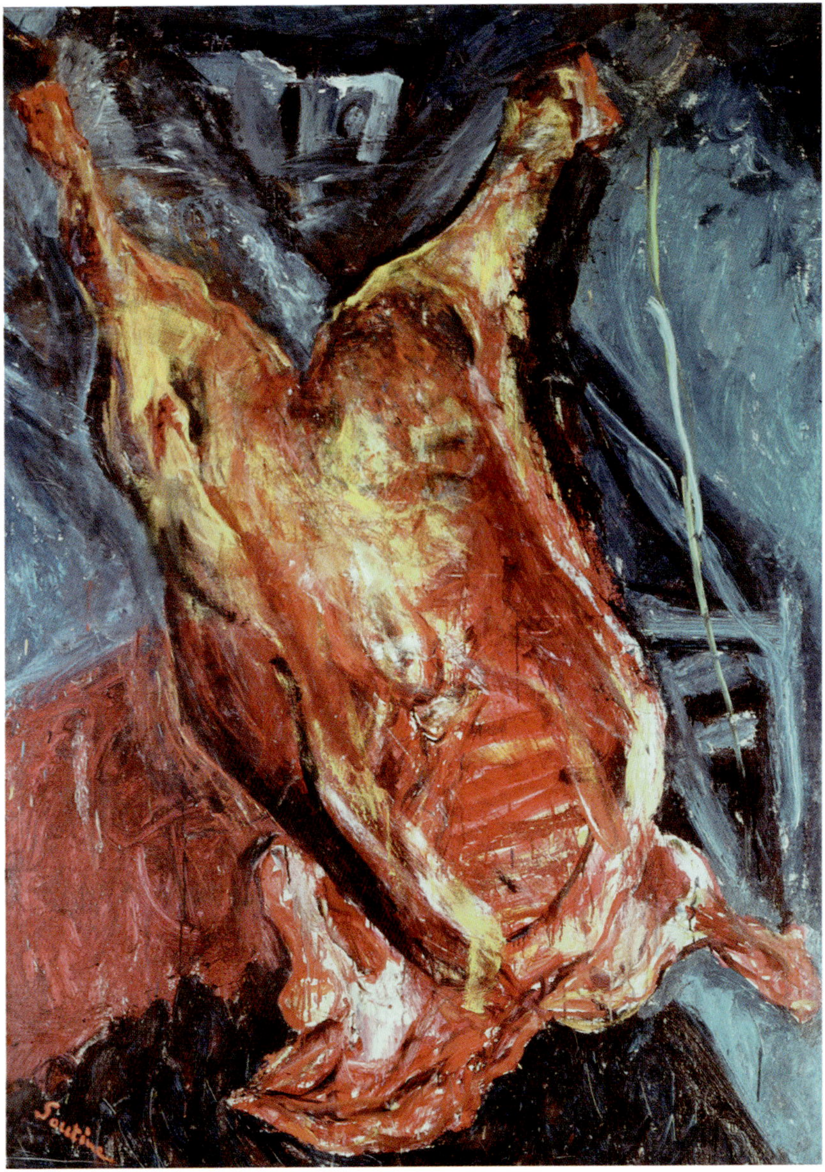

Beef Carcas

Le Bœuf écorché

Rindkadaver

Carcasa de ternera

Cadavere di bovino

Runderkarkas

1925, Oil on canvas/Huile sur toile, 140,3 × 107,6 cm, Private collection

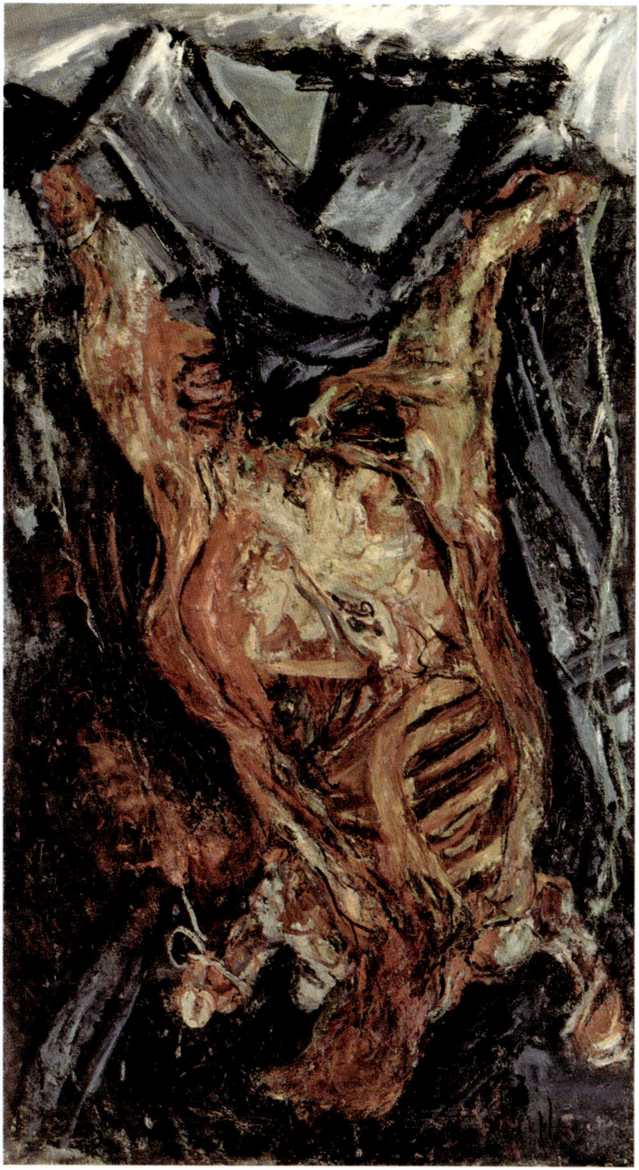

Flayed Beef

Le Bœuf écorché

Gehäutetes Rind

Parte de ternera

Bue squartato

Gevild rund

1925, Oil on canvas/Huile sur toile, 201,9 × 114 cm,
Musée de Grenoble, Grenoble

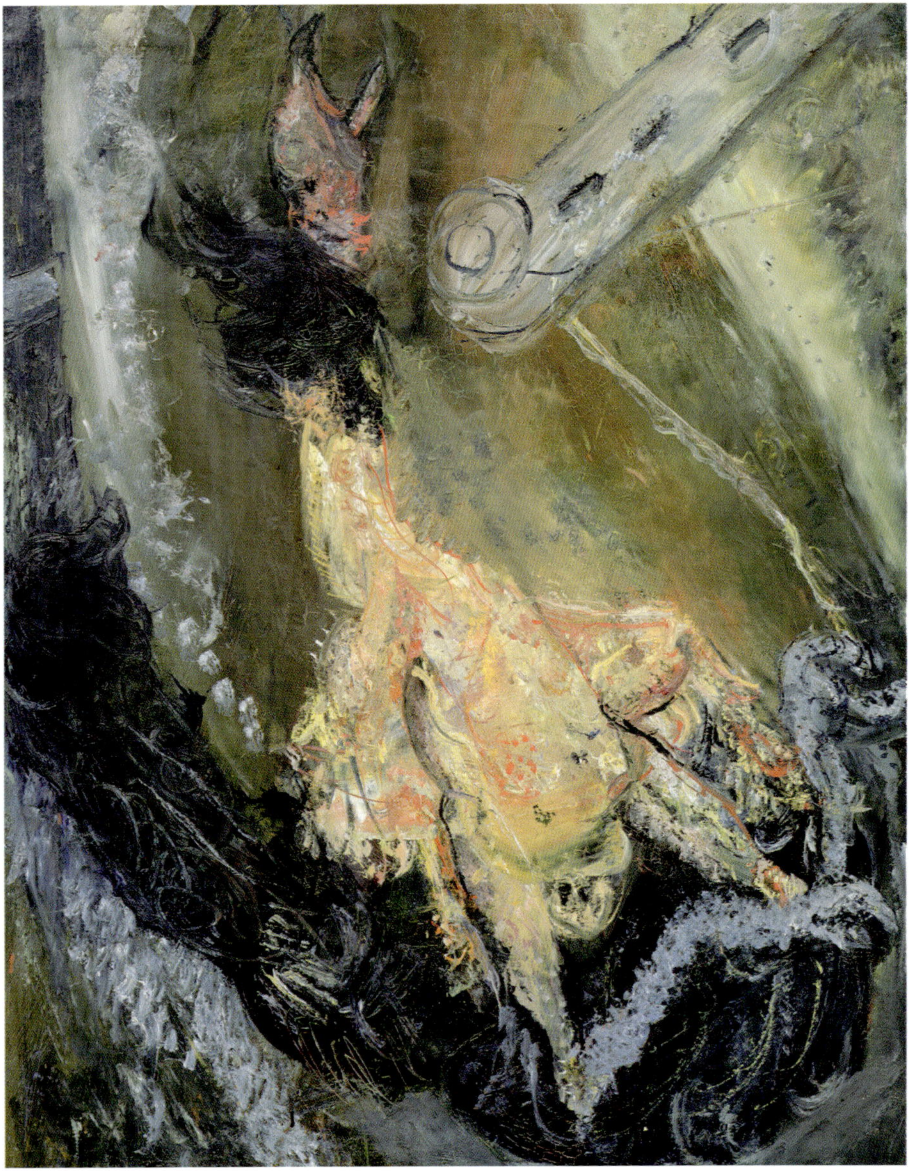

Turkey

Le Dindon

Truthahn

Pavo

Tacchino

Kalkoen

c. 1925, Oil on canvas/Huile sur toile, 80 × 65,1 cm, Musée de l'Orangerie, Paris

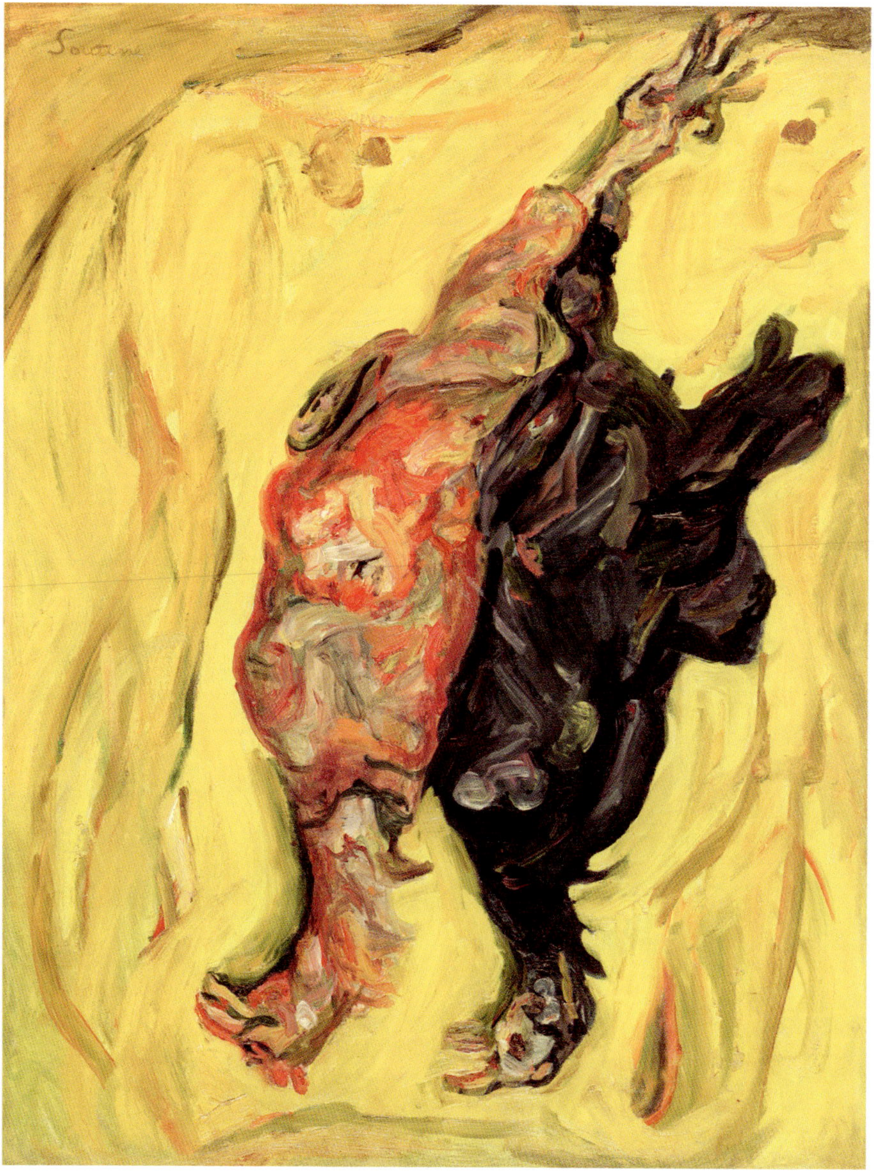

Pheasant

Les Faisans

Fasane

Faisán

Fagiano

Fazanten

1926, Oil on canvas/Huile sur toile, 65,7 × 50,2 cm, Private collection

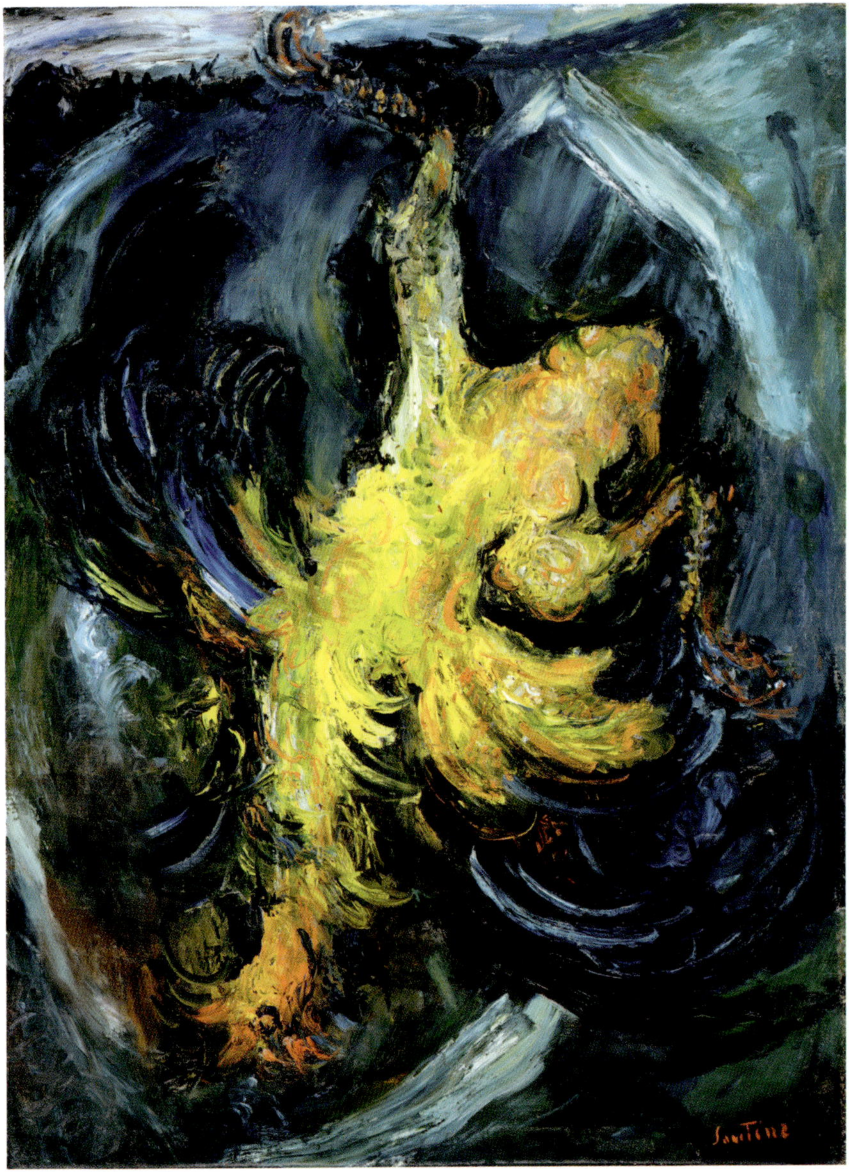

Chicken

Le Poulet

Hähnchen

Pollo

Pollo

Kip

c. 1926, Oil on canvas/Huile sur toile, 102,2 × 76,1 cm, Museum of Fine Arts, Houston

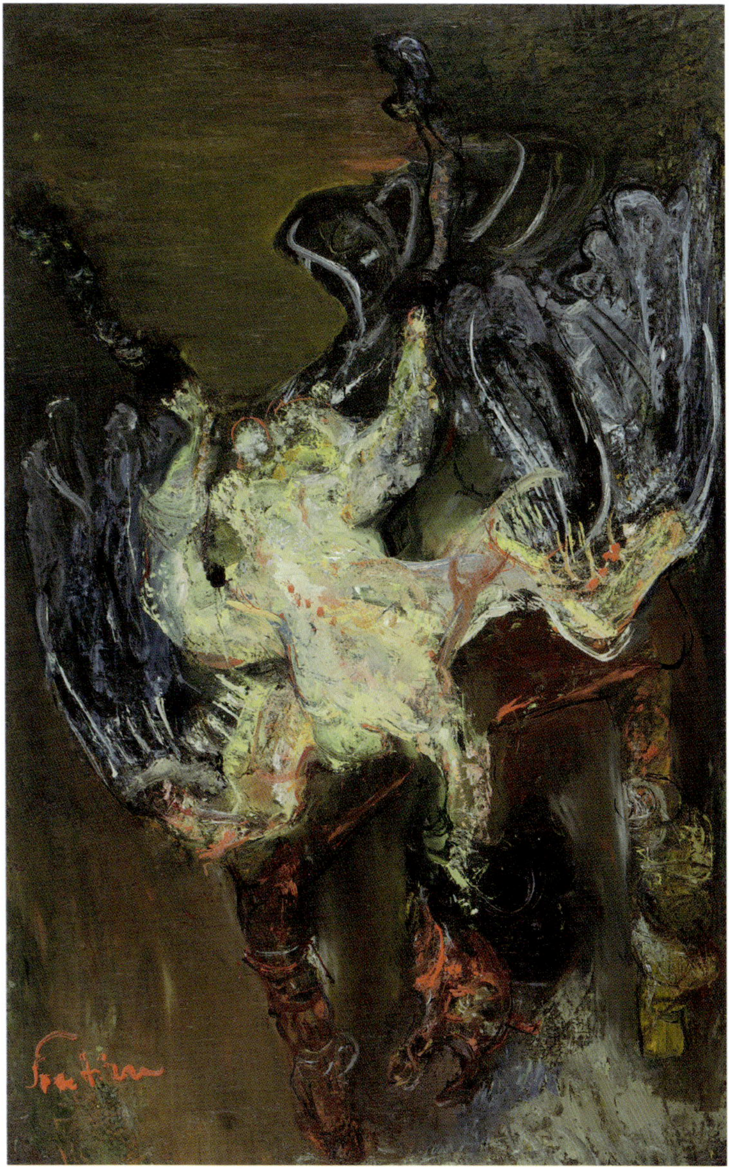

Dead Fowl

La Volaille morte

Totes Geflügel

Aves de corral muertas

Pollame morto

Dood gevogelte

1926, Oil on canvas/Huile sur toile, 97,5 × 63,3 cm, The Art Institute of Chicago, Chicago

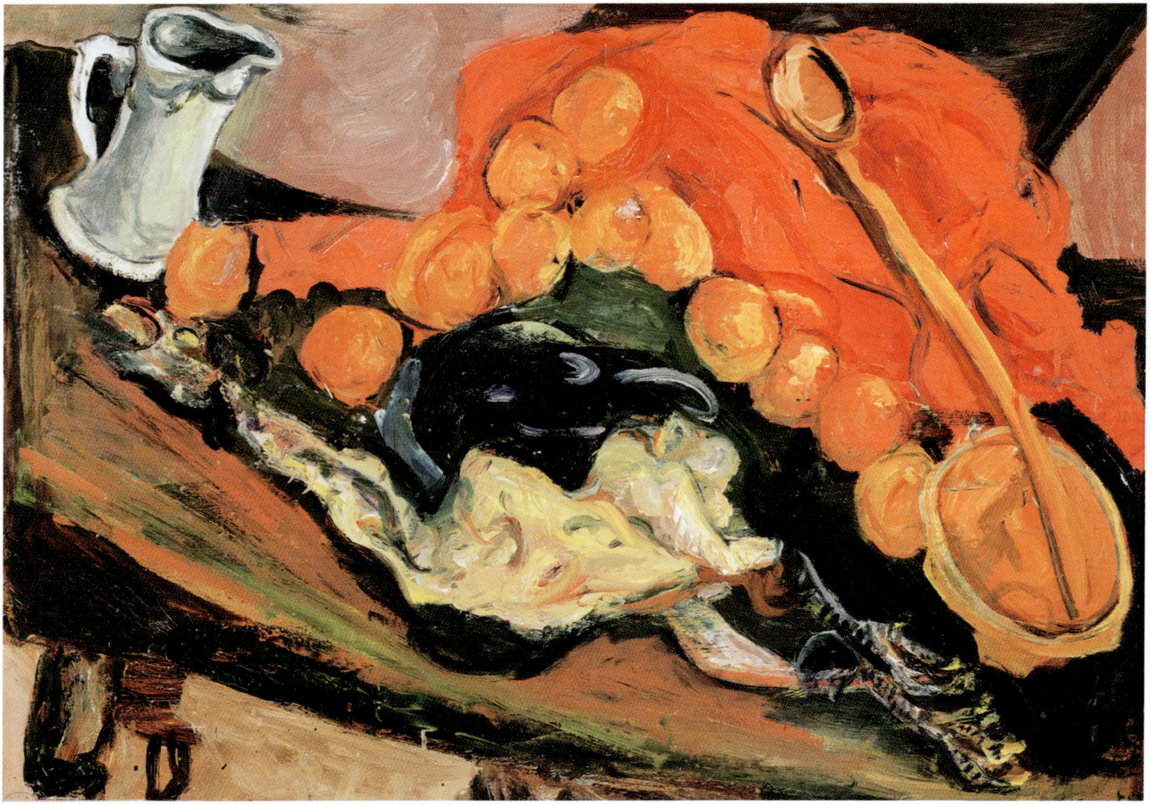

Still Life with Turkey

Nature morte à la dinde

Stillleben mit einem Truthahn

Naturaleza muerta con pavo

Natura morta con tacchino

Stilleven met een kalkoen

1926, Oil on canvas/Huile sur toile, 54 × 81 cm, Musée d'Art Moderne de Troyes, Troyes

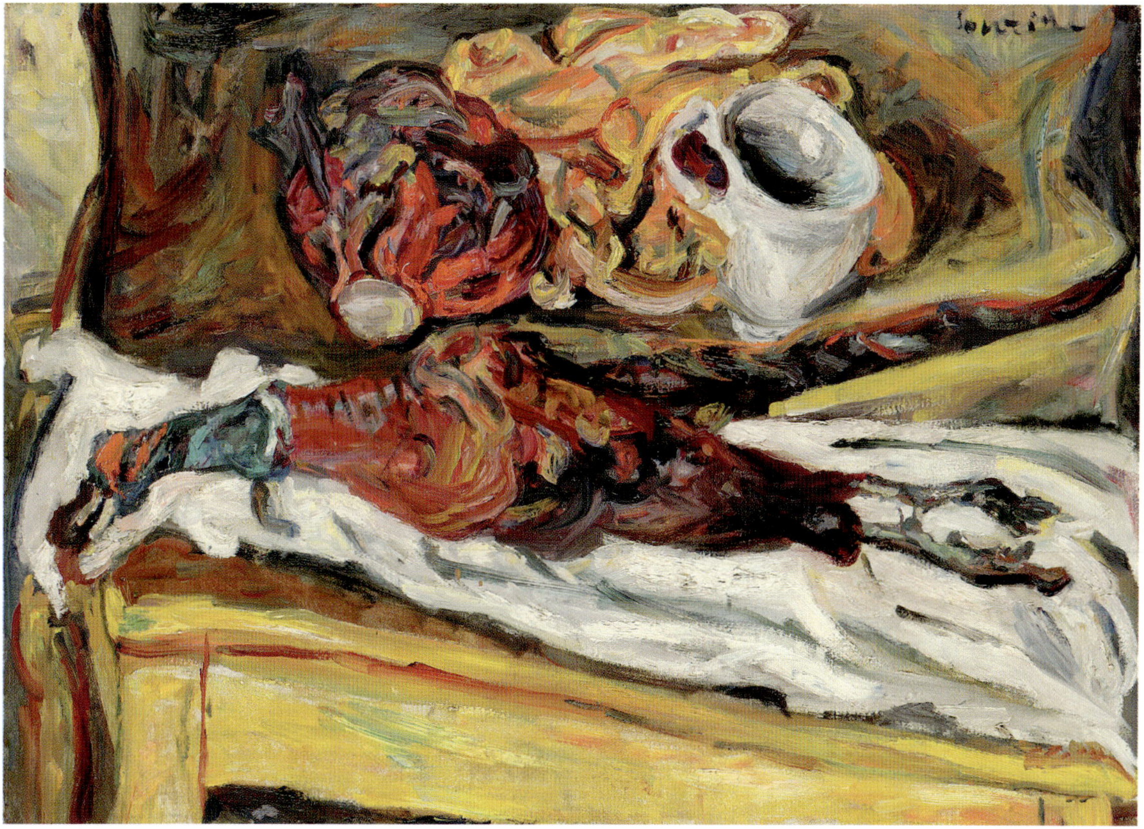

Pheasant with Cabbage

Le Faisan au chou

Fasan mit Kohl

Faisán con col

Fagiano con cavolo

Fazant met kool

c. 1926/27, Oil on canvas/Huile sur toile, 56 × 79,7 cm, Private collection

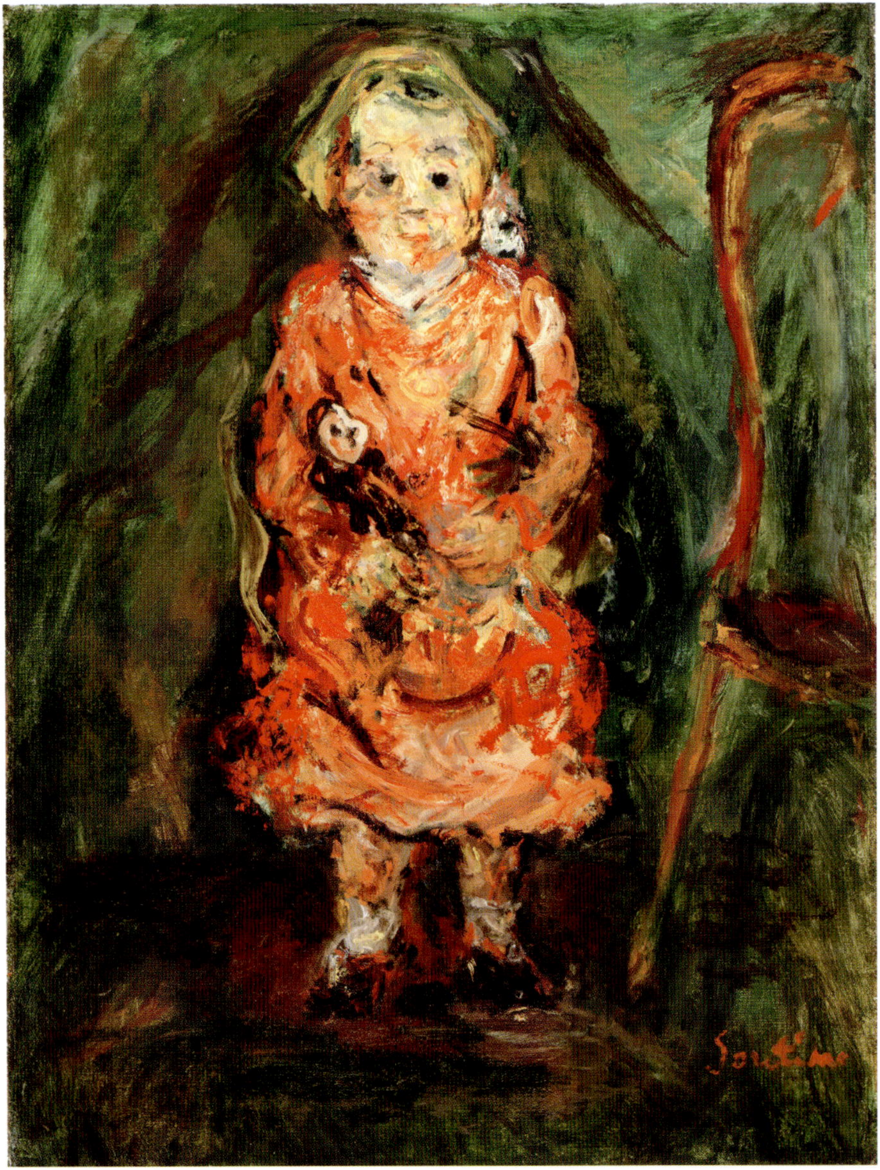

Small Girl with Doll

La Petite Fille à la poupée

Kleines Mädchen mit Puppe

Niña con muñeca

Piccola ragazza con bambina

Meisje met pop

1926/27, Oil on canvas/Huile sur toile, 64,8 × 49,8 cm, Museum of Fine Arts, Houston

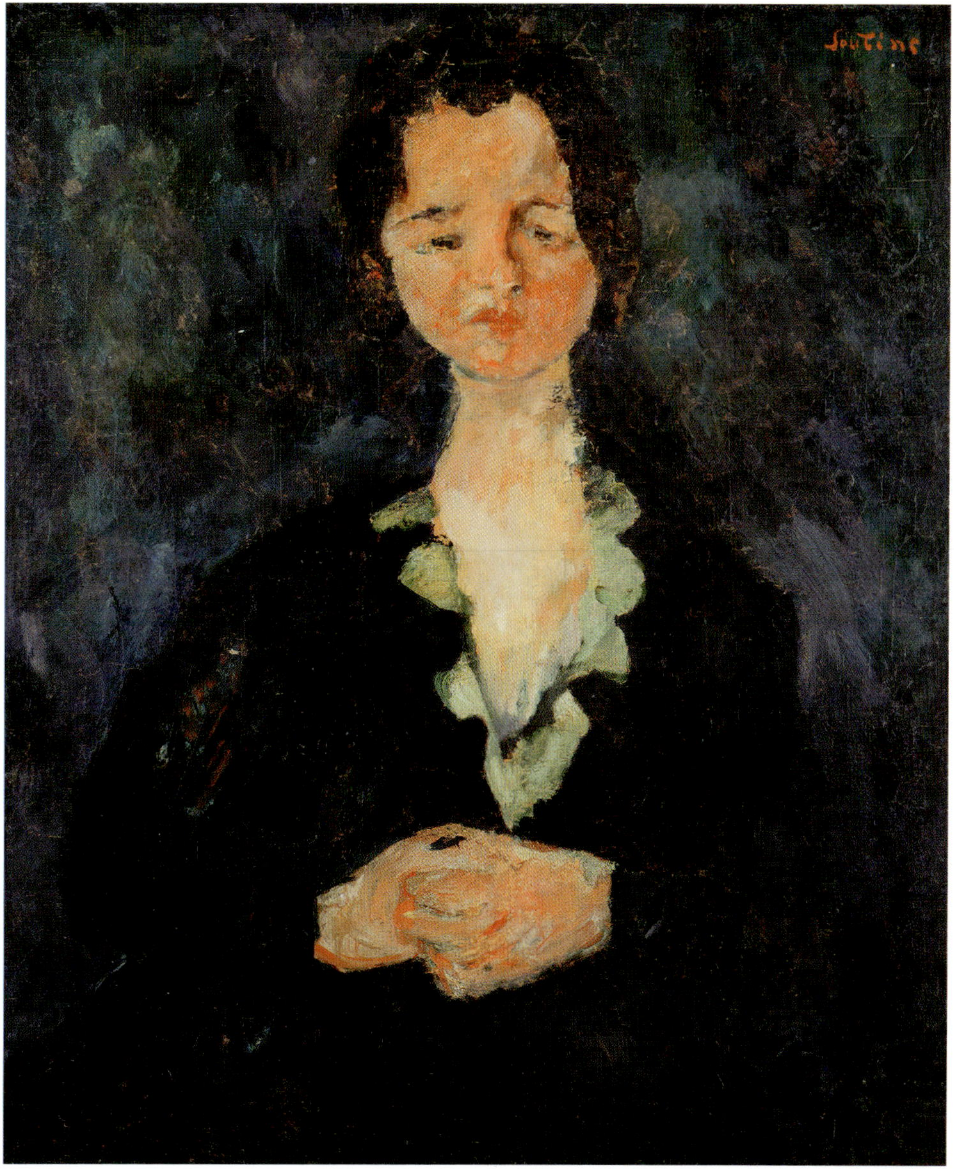

Portrait of a Woman against a Blue Background

Portrait de femme sur fond bleu

Bildnis einer Frau vor blauem Hintergrund

Retrato de una mujer sobre fondo azul

Ritratto di una donna su uno sfondo blu

Vrouwenportret tegen blauwe achtergrond

c. 1928, Oil on canvas/ Huile sur toile, 65,1 × 54,9 cm, Private collection

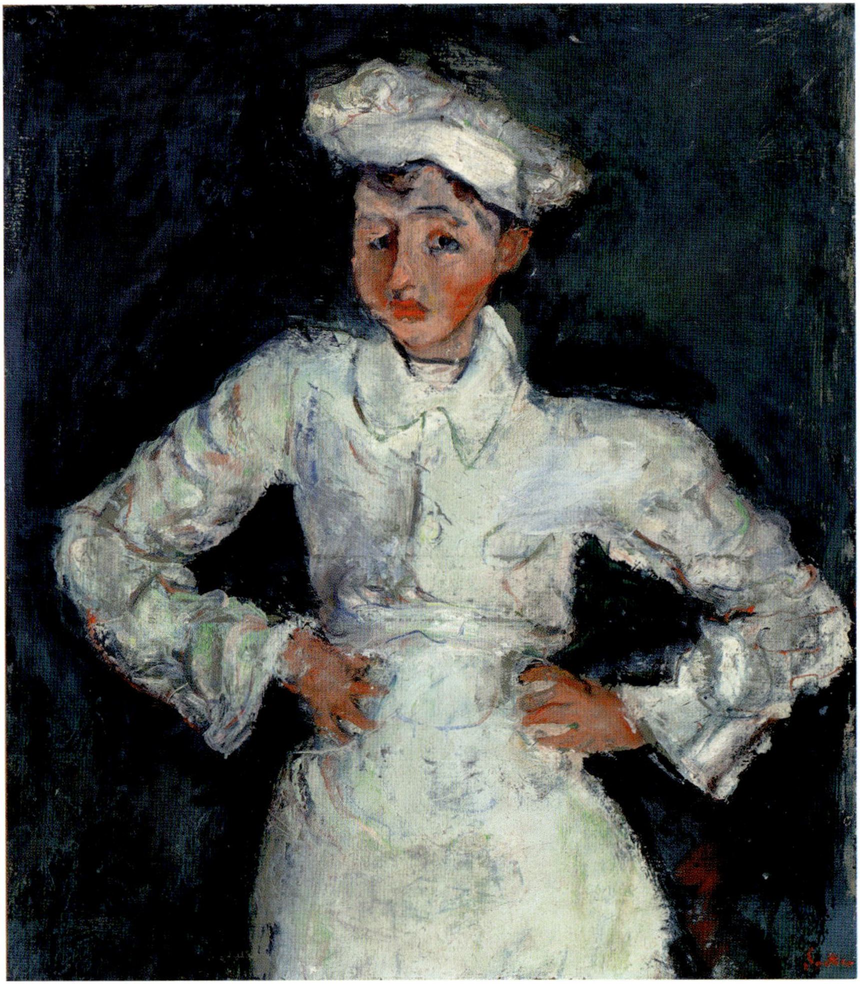

Pastry Chef
Le Petit Pâtissier
Konditor
Confitero
Il pasticcere
Banketbakker

1927, Oil on canvas/Huile sur toile, 76,5 × 68,9 cm, Private collection

The Bellhop
Le Chasseur de chez Maxim's
Der Page
El botones
Il valletto
De liftboy

c. 1925, Oil on canvas/Huile sur toile, 81,9 × 74,9 cm, Private collection

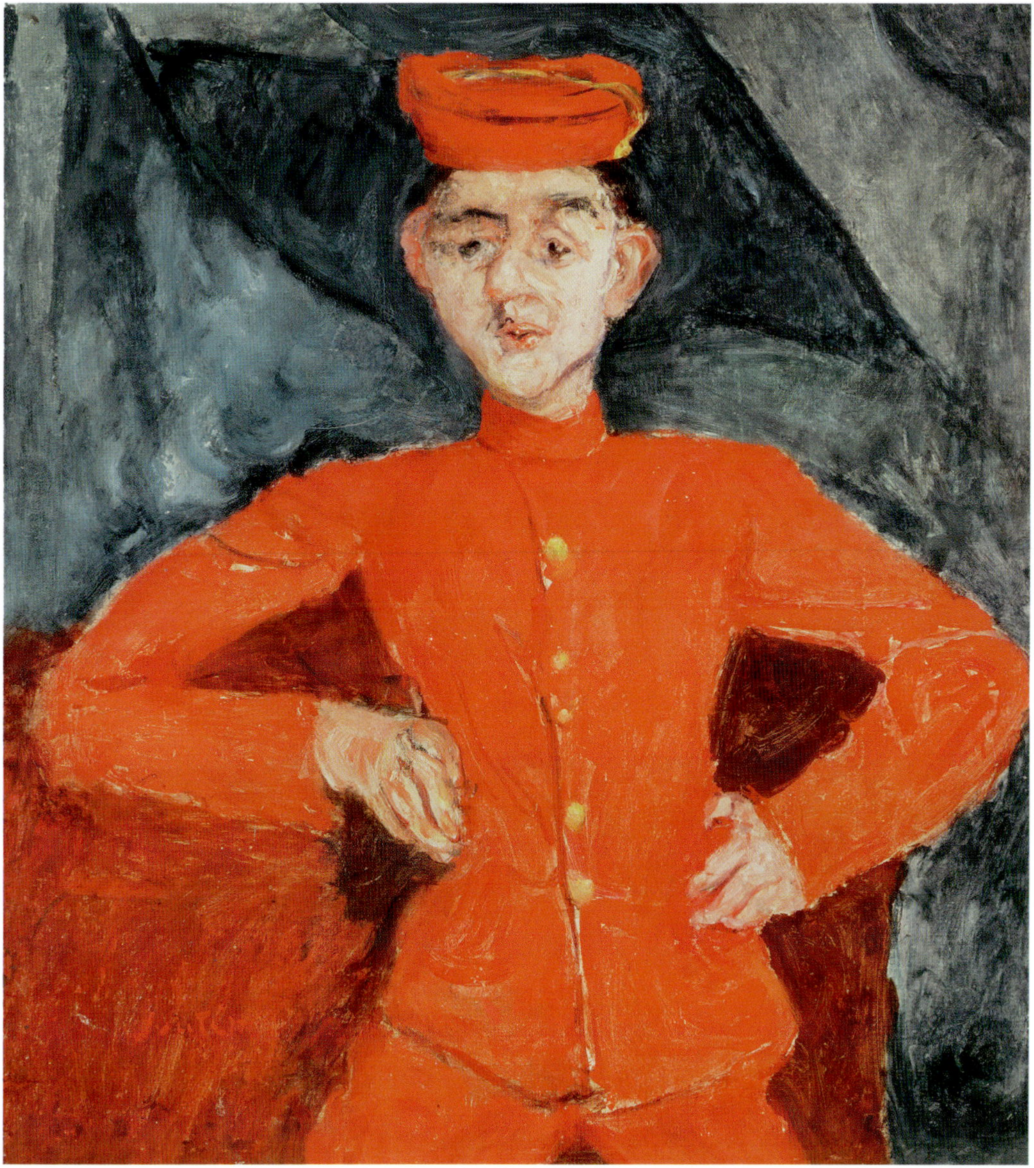

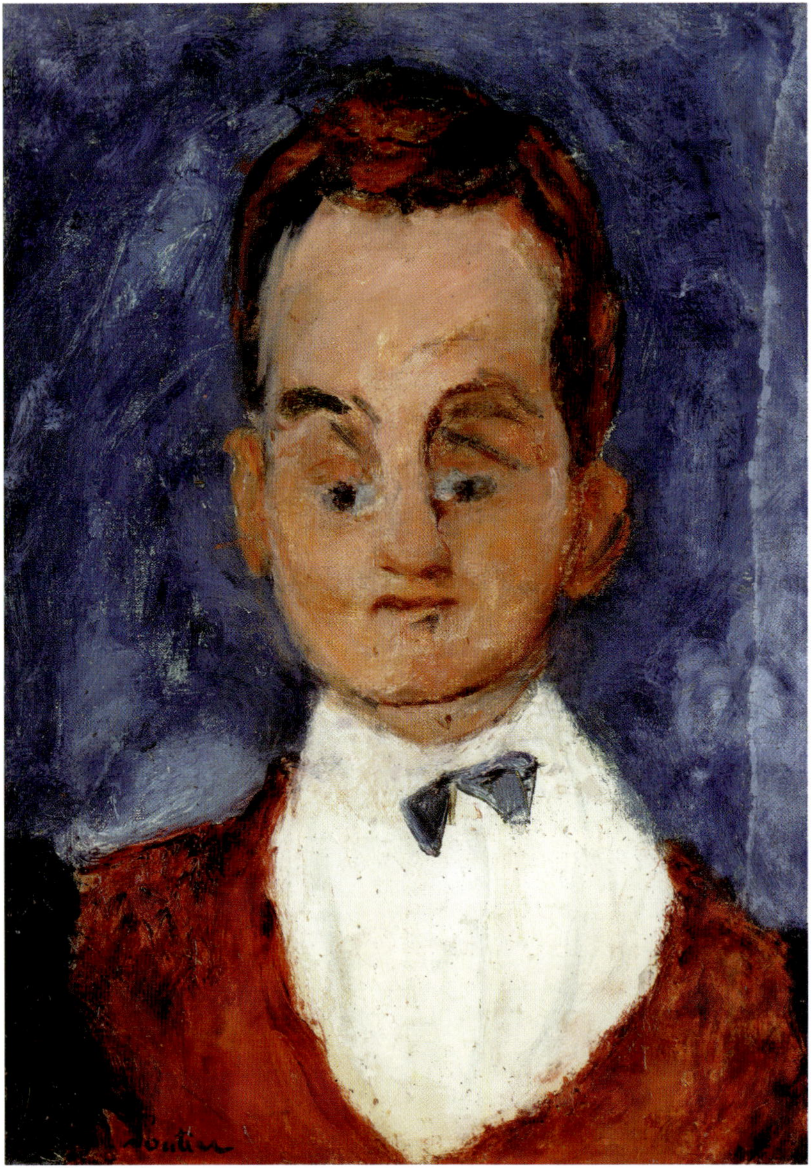

Valet

Valet de chambre

Kammerdiener

El ayudante de cámara

Il valletto di camera

Bediende

1926/27, Oil on canvas/Huile sur toile, 46,5 × 33 cm, Private collection

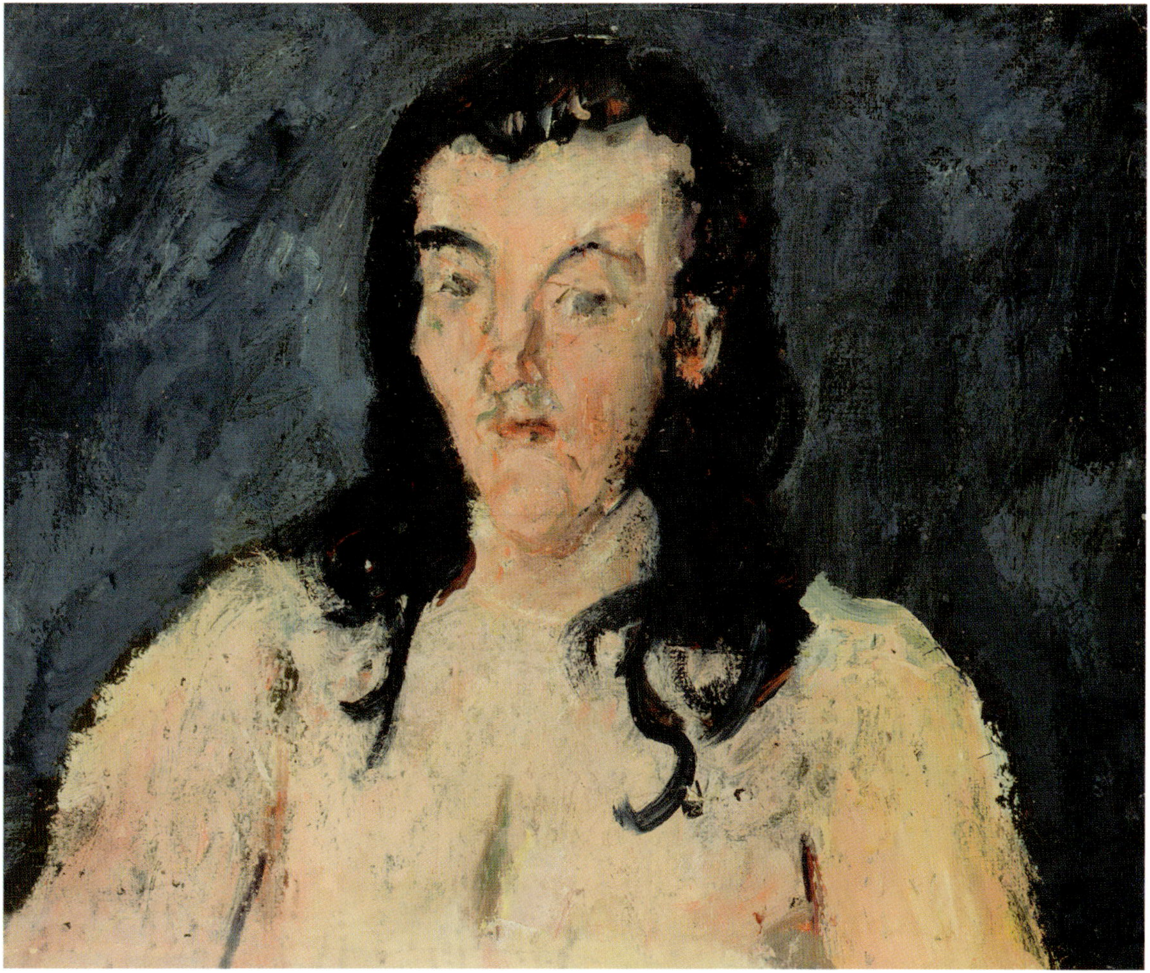

Portrait of a Woman against a Blue Background

Halbfiguriges Bildnis einer Frau vor blauem Hintergrund

Ritratto a mezzobusto di una donna su uno sfondo blu

Torse de femme au fond bleu

Torso de mujer sobre fondo azul

Halfportret van een vrouw tegen blauwe achtergrond

c. 1928, Oil on canvas/Huile sur toile, 42 × 50 cm, Musée d'Art Moderne de la Ville de Paris, Paris

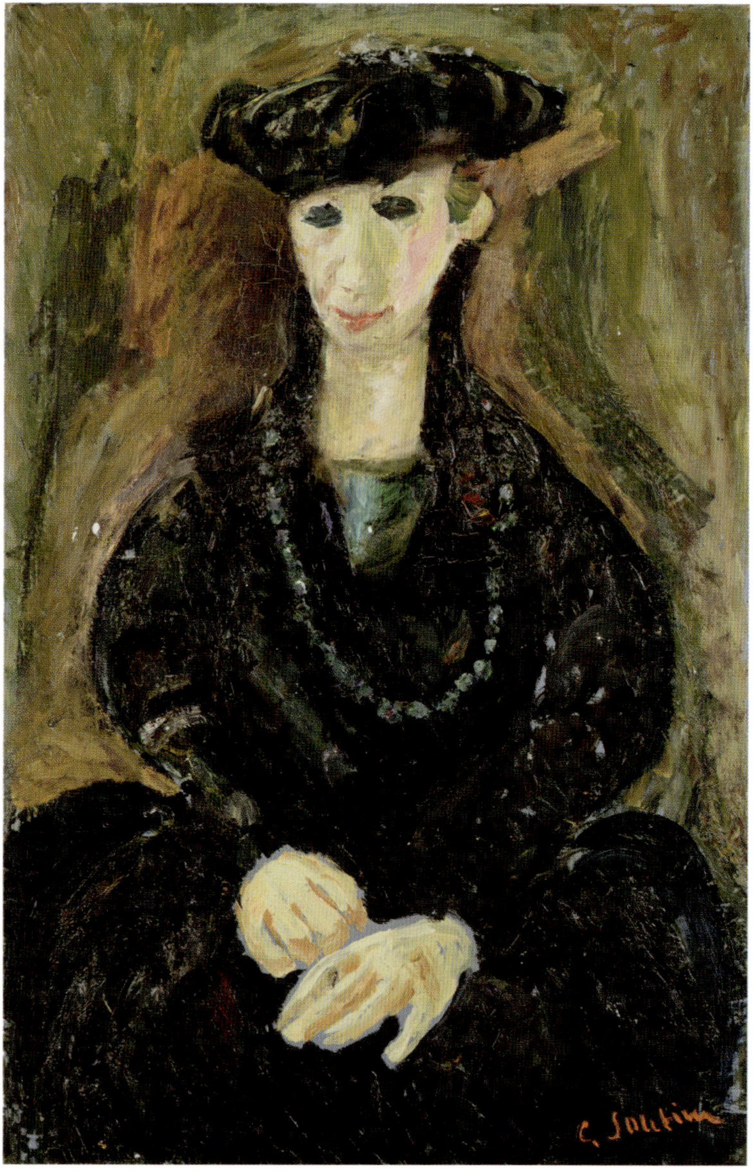

Venetian Woman

La Vénitienne

Venezianerin

Veneciana

Veneziana

Venetiaanse

c. 1927/28, Oil on canvas/Huile sur toile, 79,5 × 55 cm, Private collection

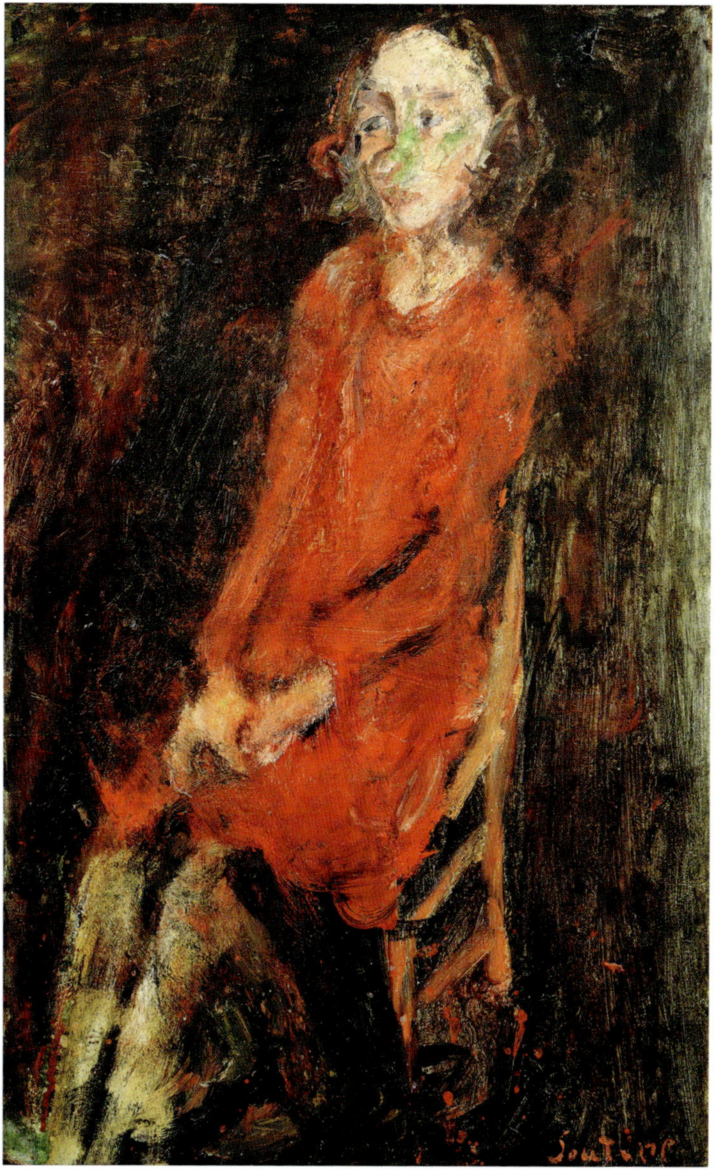

Young Woman in Red

Jeune femme en rouge

Junge Frau in Rot

Mujer joven de rojo

Giovane donna in rosso

Jonge vrouw in het rood

1928, Oil on carton/Huile sur carton, 49,5 × 31,7 cm, Private collection

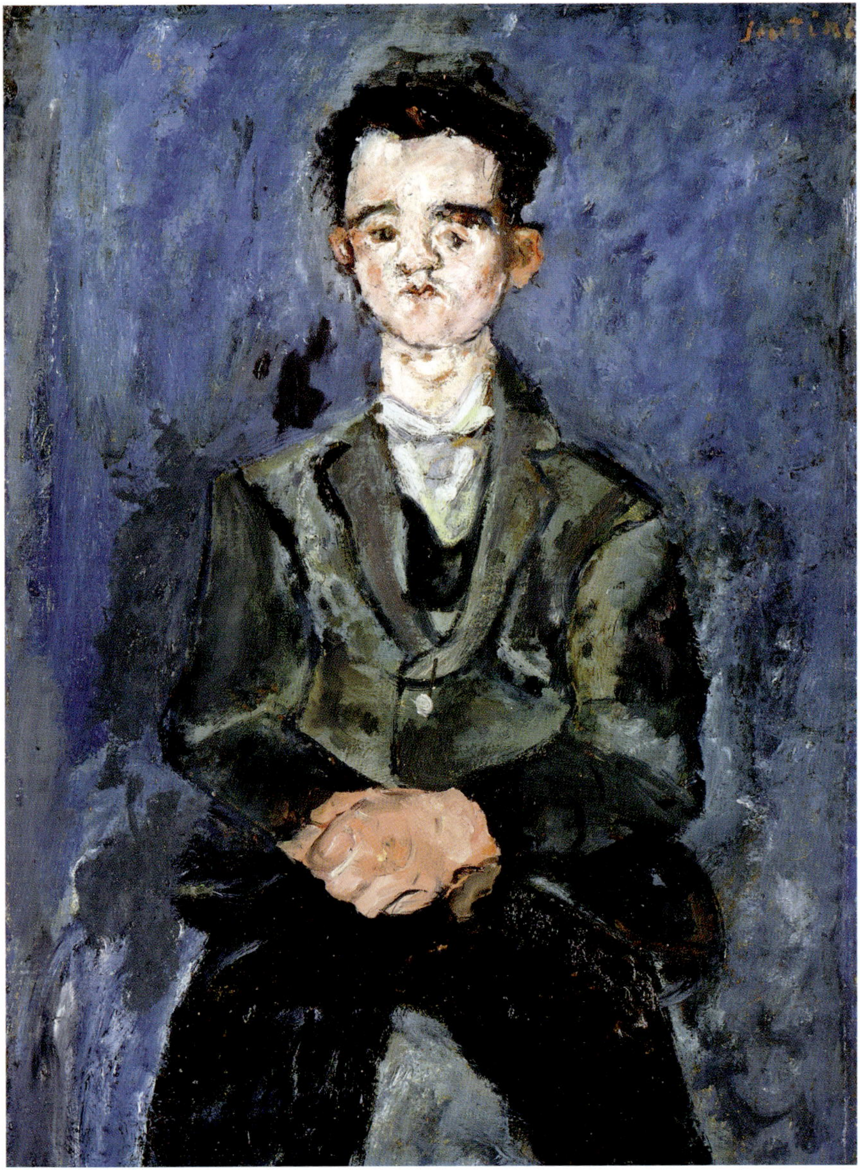

Portrait of a Boy in Blue

Portrait d'un garçon en bleu

Bildnis eines Jungen in Blau

Retrato de joven en azul

Ritratto di un giovane in blu

Portret van jongen in het blauw

1928, Oil on canvas/Huile sur toile, 76,2 × 58 cm, Private collection

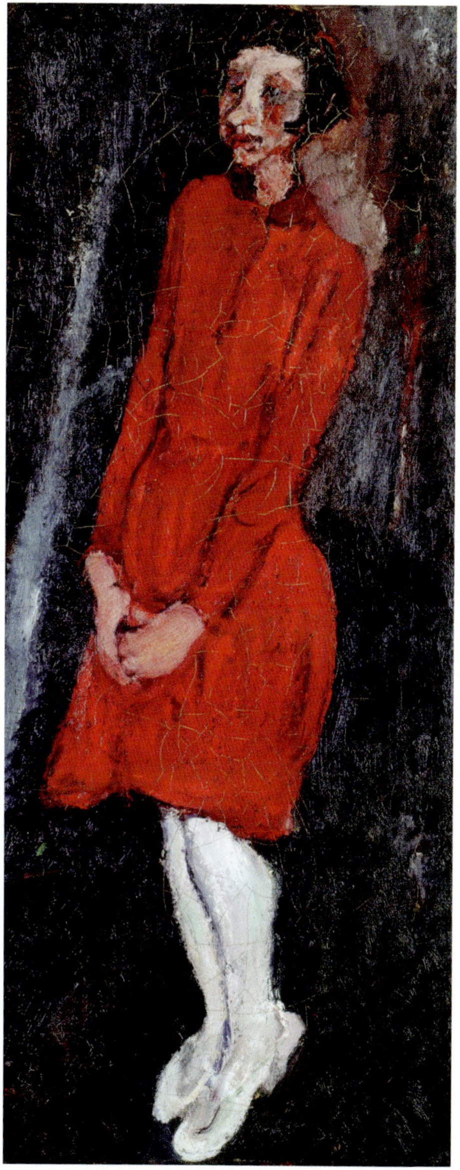

Young Girl in Red

La Robe rouge

Kleines Mädchen in rotem Kleid

Niña con vestido rojo

Giovane ragazza con abito rosso

Meisje in rode jurk

1928, Oil on canvas/Huile sur toile, 81,3 × 34,3 cm, The Israel Museum, Jerusalem

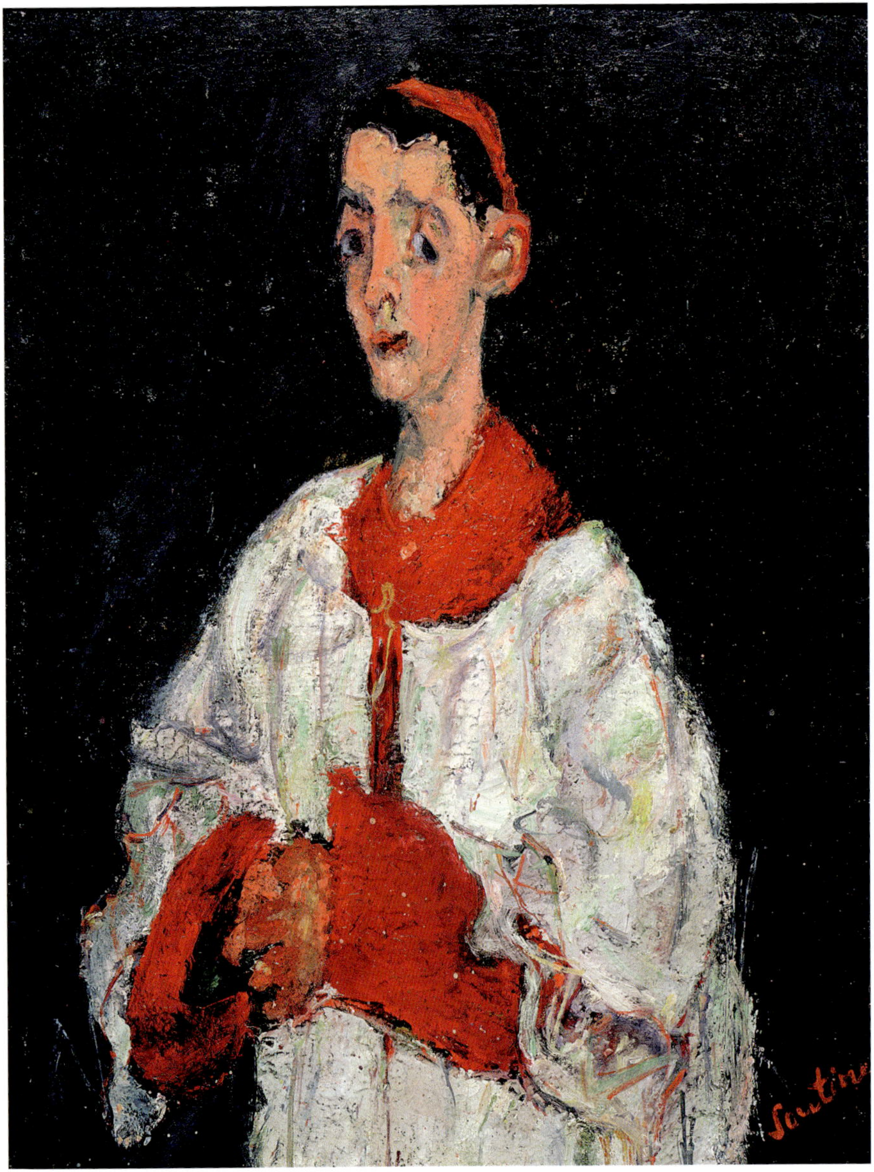

Choirboy

L'Enfant de chœur

Chorknabe

Niño del coro

Corista

Koorknaap

1928, Oil on canvas/Huile sur toile, 63,5 × 50 cm, Musée de l'Orangerie, Paris

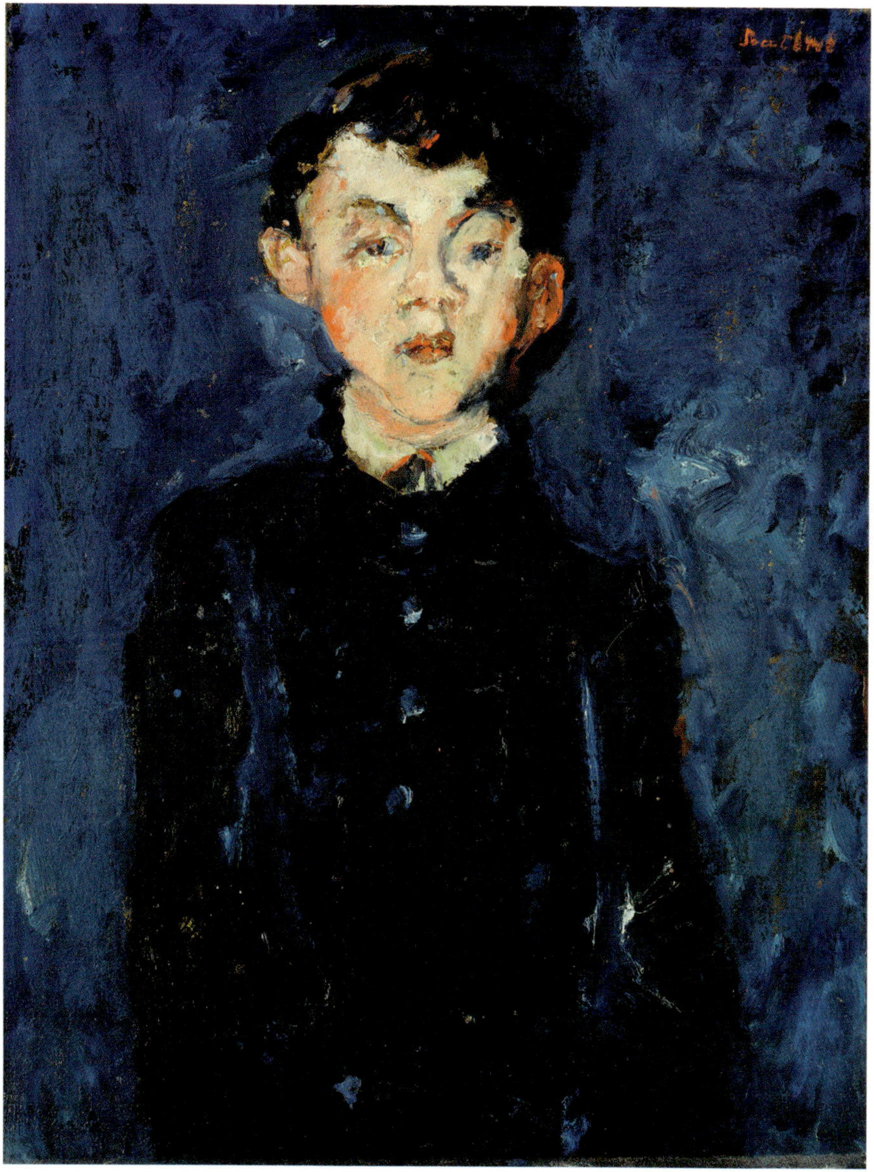

The Bellhop

Le Chasseur

Der Page

El botones

Il valletto

De liftboy

1928, Oil on canvas/Huile sur toile, 65,1 × 50,2 cm, Private collection

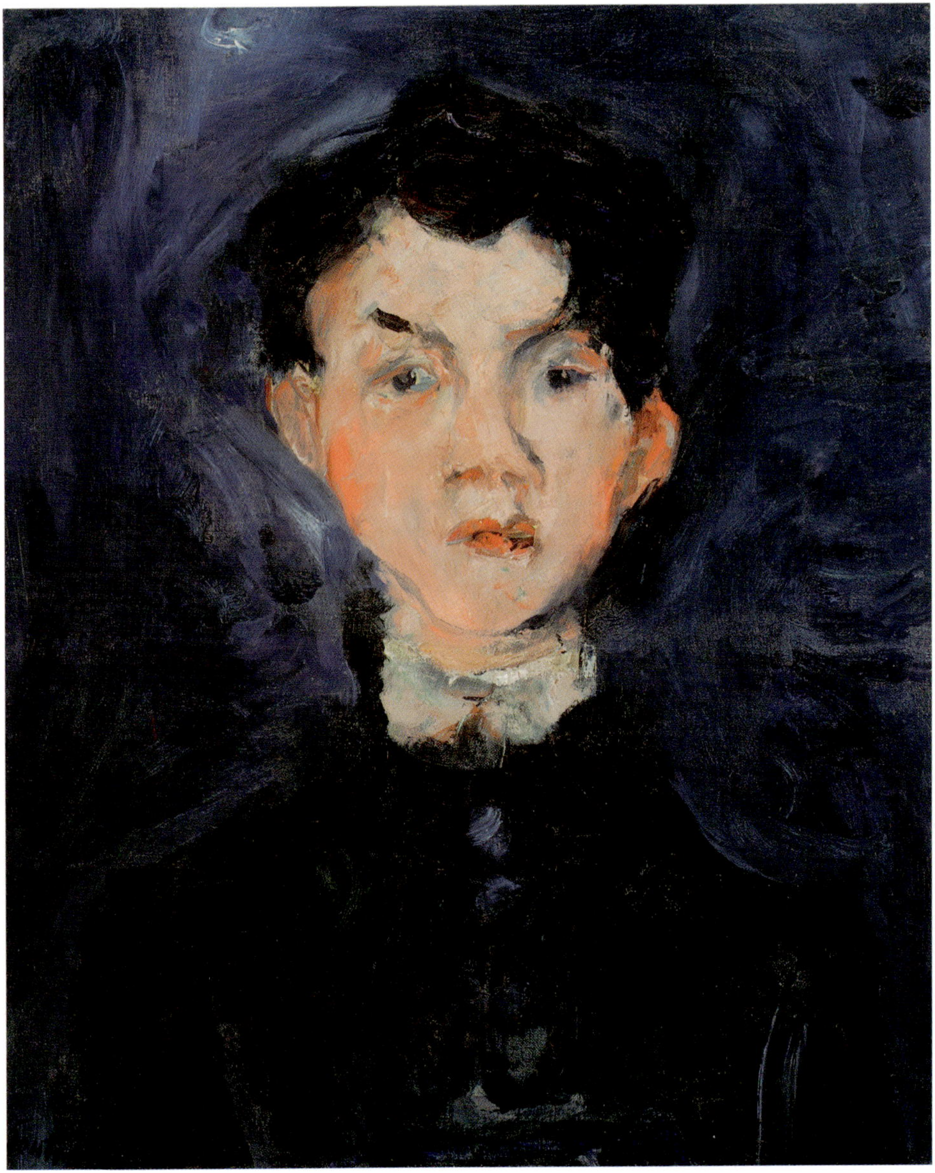

Portrait of a Boy

Portrait d'un garçon

Bildnis eines Jungen

Retrato de joven

Ritratto di un ragazzo

Portret van een jongen

c. 1928, Oil on canvas/ Huile sur toile, 43,6 × 38,1 cm, Worcester Art Museum, Worcester

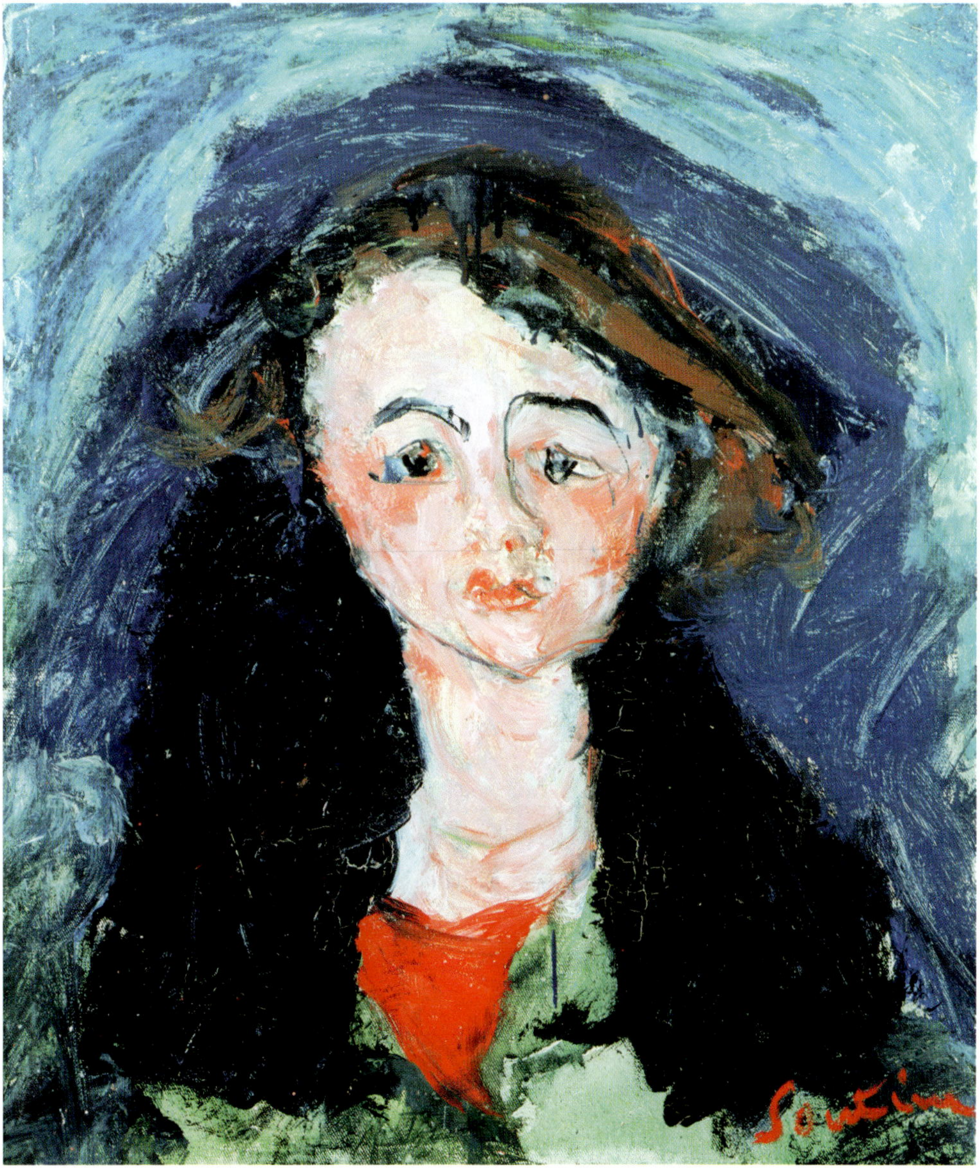

Portrait of a Young Girl

Portrait d'une jeune fille

Bildnis eines jungen Mädchens

Retrato de muchacha

Ritratto di una giovane donna

Portret van een meisje

c. 1928, Oil on canvas/ Huile sur toile, 47 × 41,2 cm, Private collection

Ceretti

1929, Oil on canvas/Huile sur toile, 54,5 × 46 cm, Private collection

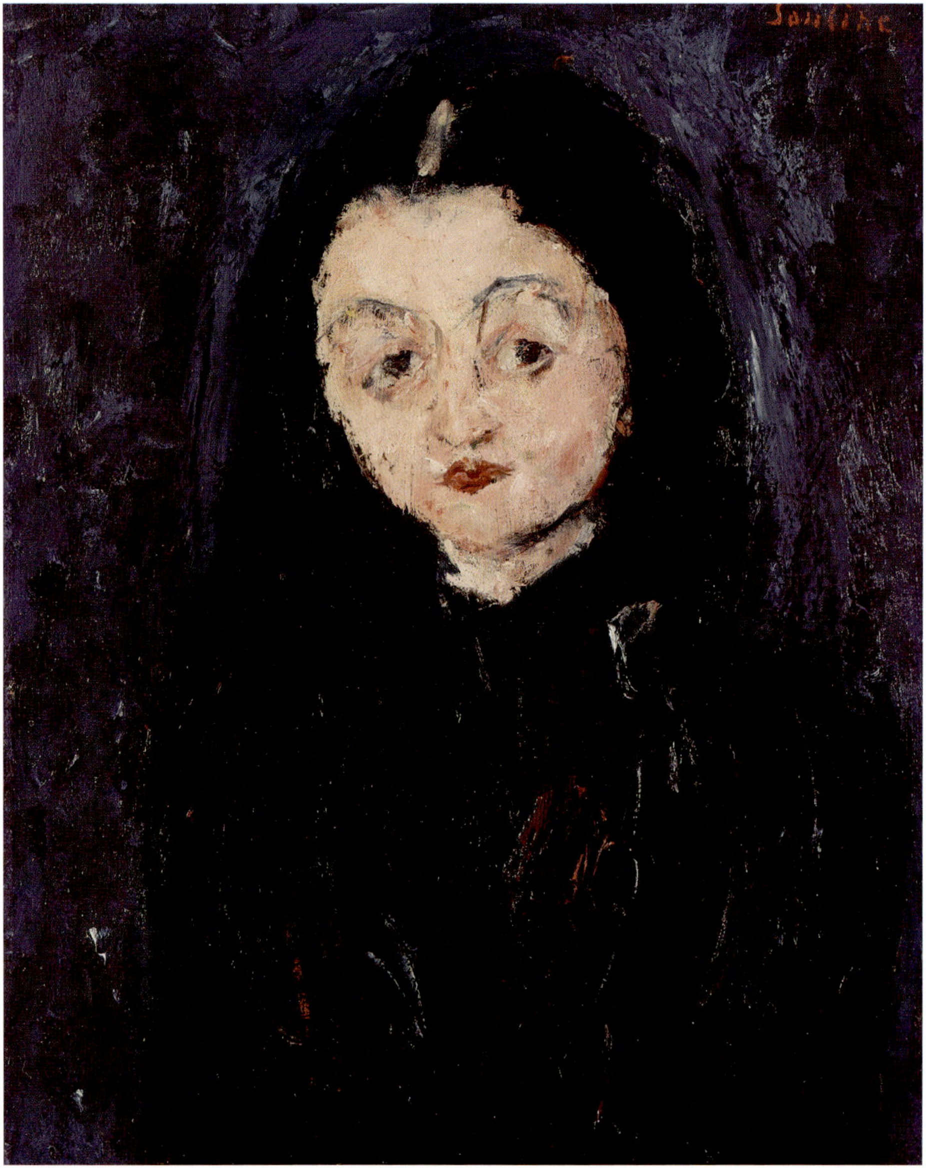

Madame Castaing

1929, Oil on canvas/Huile sur toile, 47 × 46 cm, Private collection

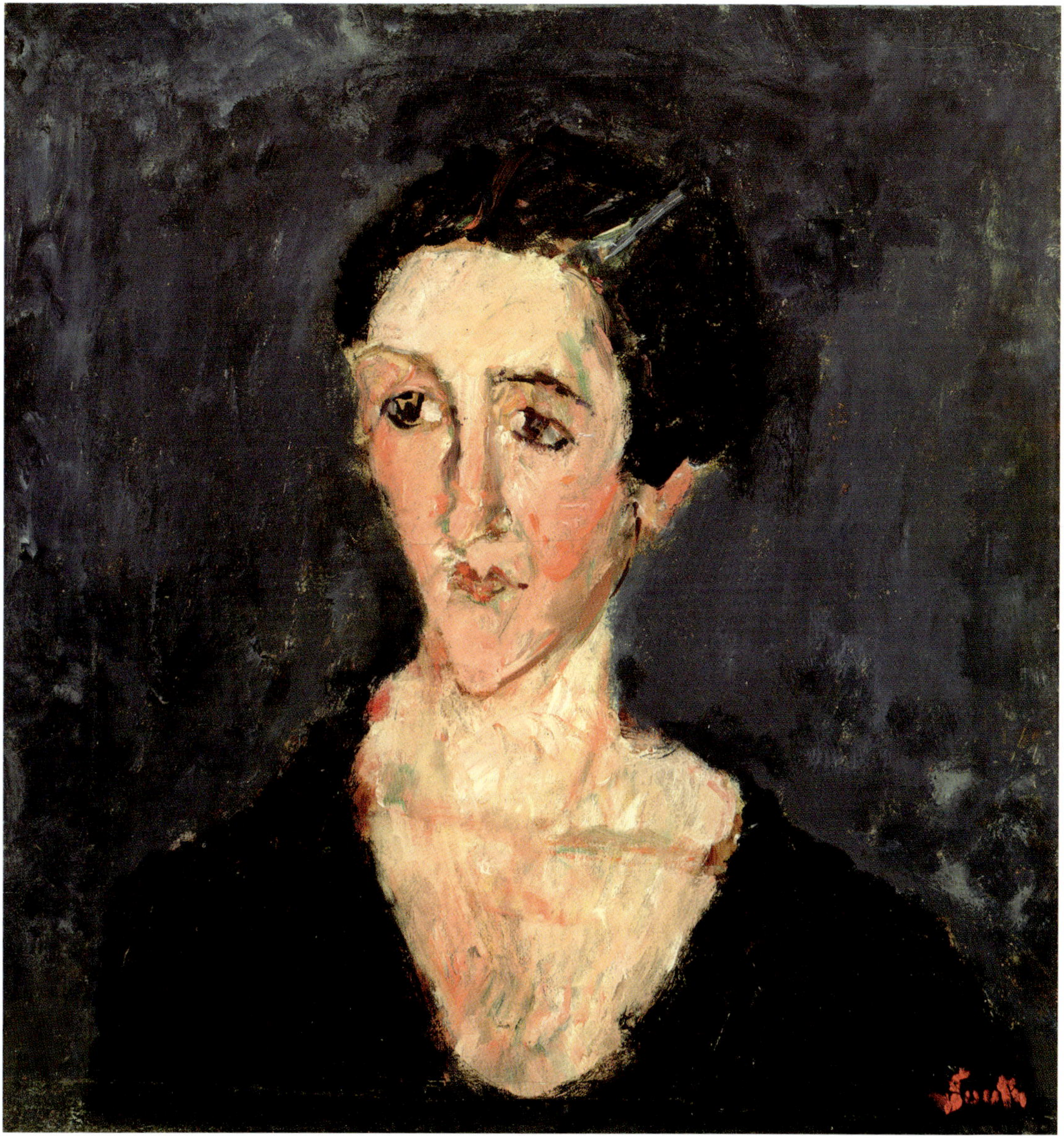

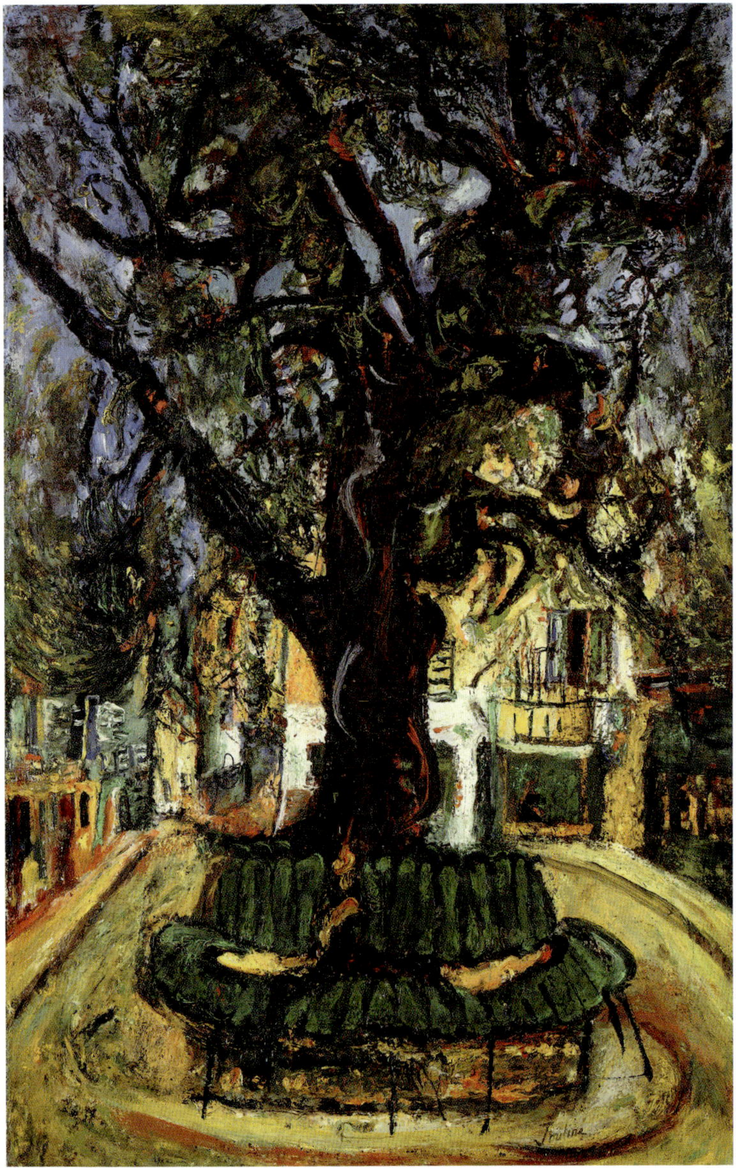

Village square in Vence

La Place du village à Vence

Dorfplatz in Vence

La plaza de pueblo en Vence

Lapiazza del villaggio a Vence

Brink in Vence

1929, Oil on canvas/Huile sur toile, 71 × 46 cm, Private collection

In the thirties, Soutine frequently put a main motif in the center of his paintings. Glowing in the southern sun, the landscape seems calmer and more harmonious.

Dans les années 1930, Soutine place souvent le motif principal au milieu du tableau. Le paysage, embrasé par le soleil méridional, paraît dans l'ensemble plus paisible et harmonieux.

In den Dreißigerjahren rückt Soutine häufig ein Hauptmotiv in die Bildmitte. Von der Sonne des Südens durchglüht, wirkt die Landschaft insgesamt beruhigter und harmonischer.

En los años treinta Soutine sitúa a menudo un tema principal en el centro del cuadro. Brillando con el sol del sur, el paisaje aparece totalmente tranquilo y más armonioso.

Negli anni Trenta Soutine pose spesso un motivo al centro dei suoi dipinti. Riscaldato dal sole del sud, questo paesaggio dona un effetto di tranquillità e armonia.

In de jaren dertig plaatste Soutine vaak het hoofdmotief in het centrum van het beeldvlak. Badend in de zuidelijke zon doen zijn landschappen kalmer en harmonischer aan.

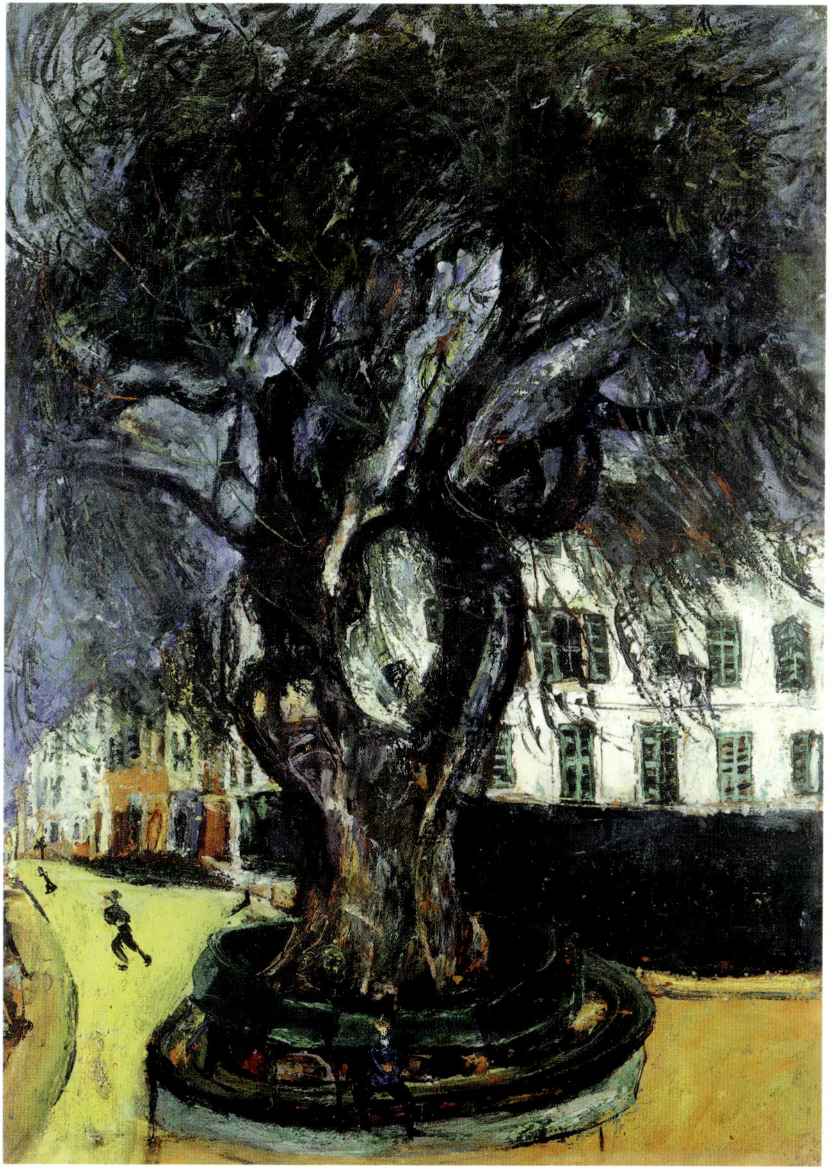

Tree in Vence

L'Arbre de Vence

Baum in Vence

Árbol en Vence

Albero a Vence

Boom in Vence

1929, Oil on canvas/Huile sur toile, 81 × 60 cm, Private collection

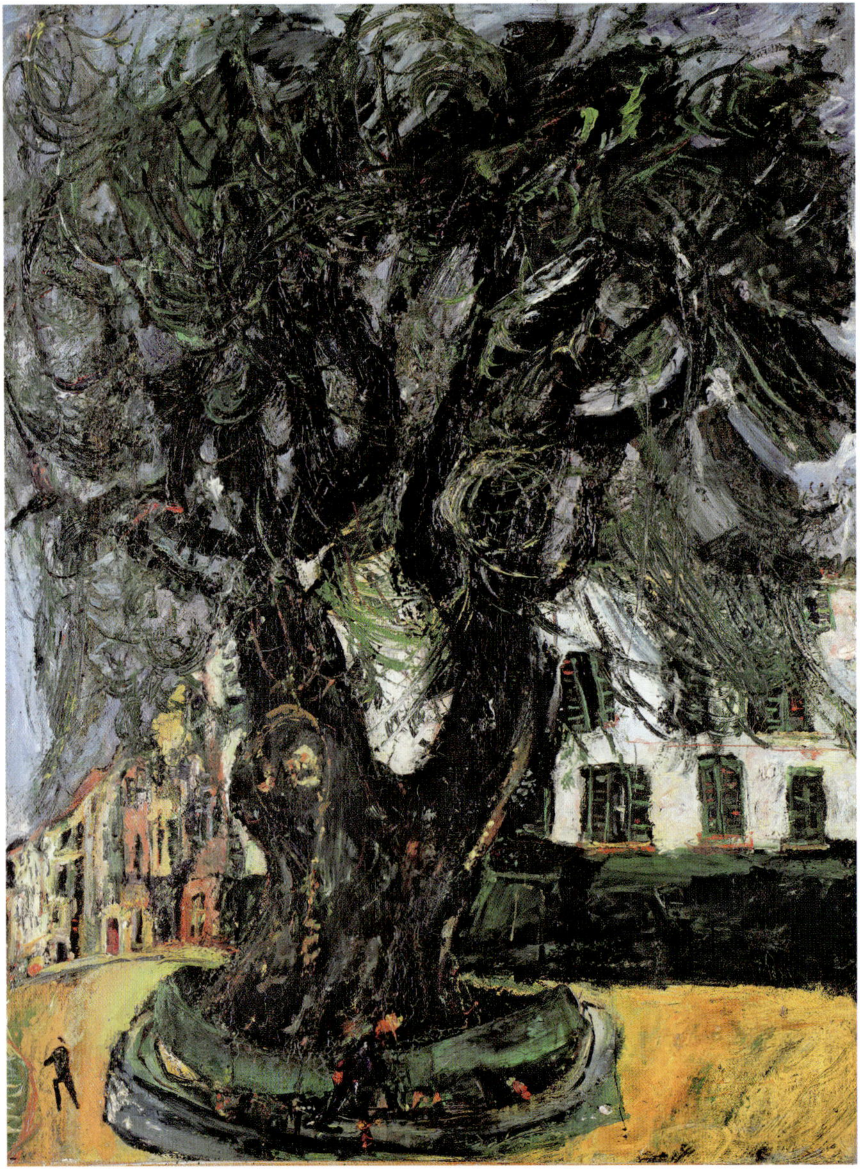

Tree in Vence

L'Arbre de Vence

Baum in Vence

Árbol en Vence

Albero a Vence

Boom in Vence

1929, Oil on canvas/Huile sur toile, 81,3 × 61,6 cm, Private collection

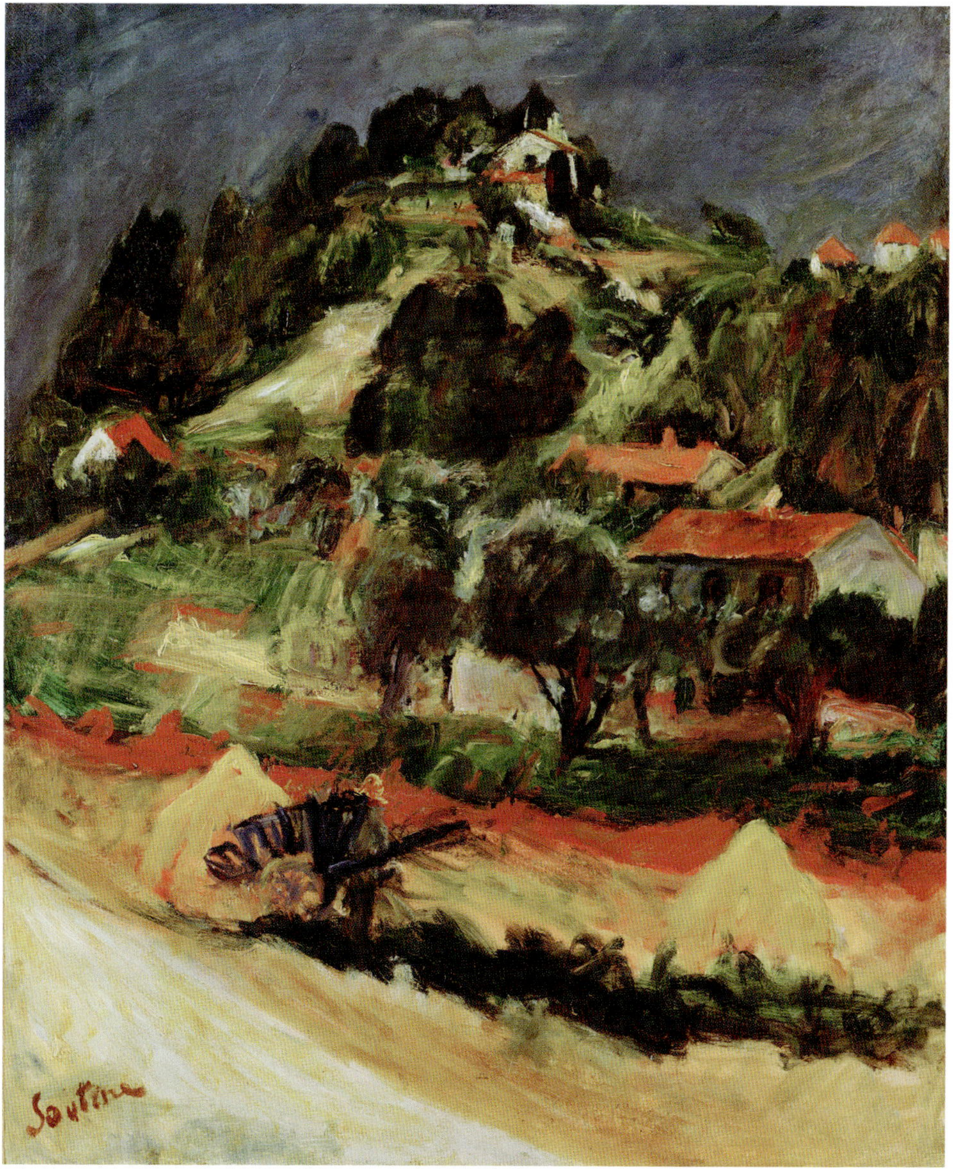

Landscape in Céret

Paysage de Céret

Landschaft in Céret

Paisaje en Céret

Paesaggio a Céret

Landschap in Céret

1932, Oil on canvas/ Huile sur toile, 78,7 × 71,1 cm, Private collection

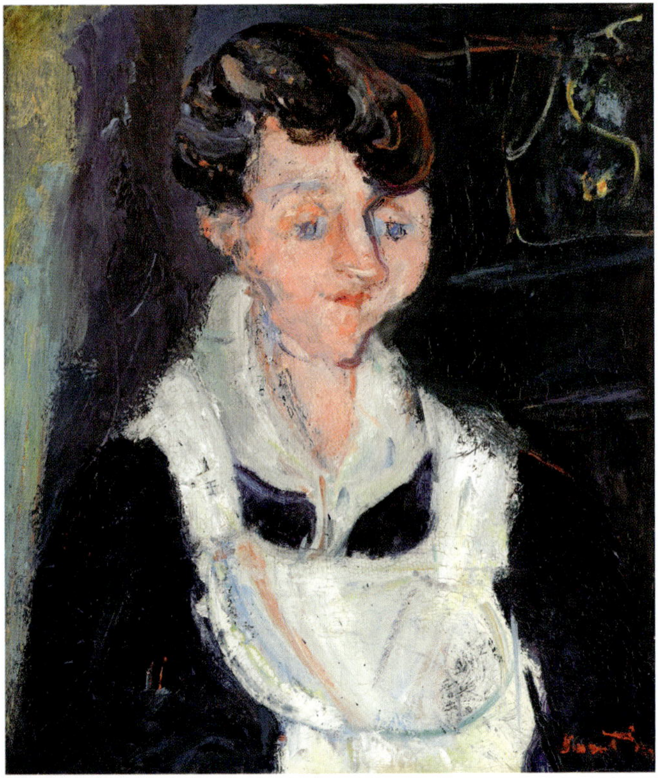

Chambermaid

La Soubrette

Kammerzofe

Camarera

Cameriera

Kamermeisje

c. 1933, Oil on canvas/Huile sur toile, 46,5 × 40,5 cm, Ben Uri Gallery and Museum, London

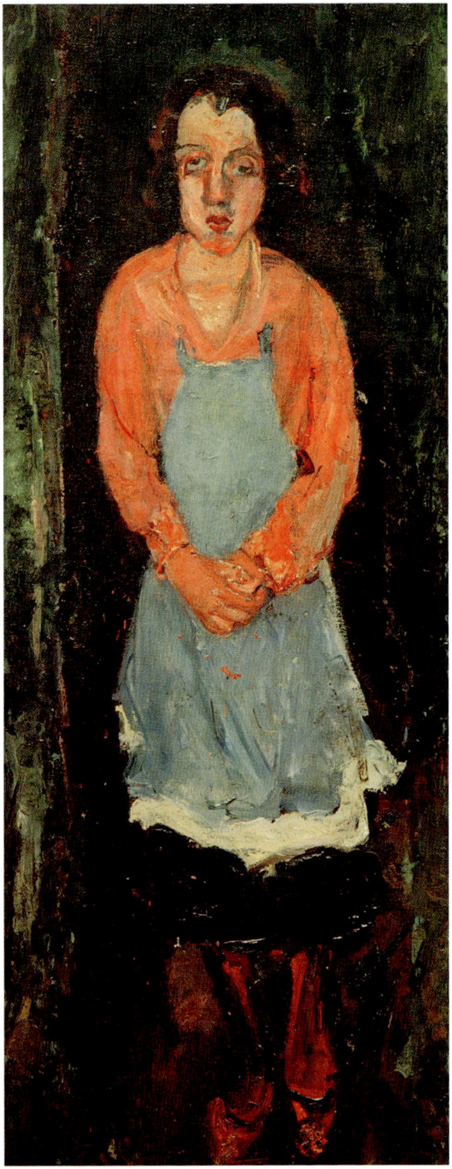

Cook with Blue Apron

La Cuisinière en tablier bleu

Köchin mit blauer Schürze

Cocinera con delantal azul

Cuoca con grembiule blu

Kokkin met blauw schort

c. 1930, Oil on canvas/Huile sur toile, 128 × 50,5 cm, Kunstmuseum, Basel

Room Service

Le Garçon d'étage

Etagenkellner

Camarero de pisos

Il cameriere ai piani

Etagekelner

c. 1927, Oil on canvas/Huile sur toile, 87 × 66 cm, Musée de l´Orangerie, Paris

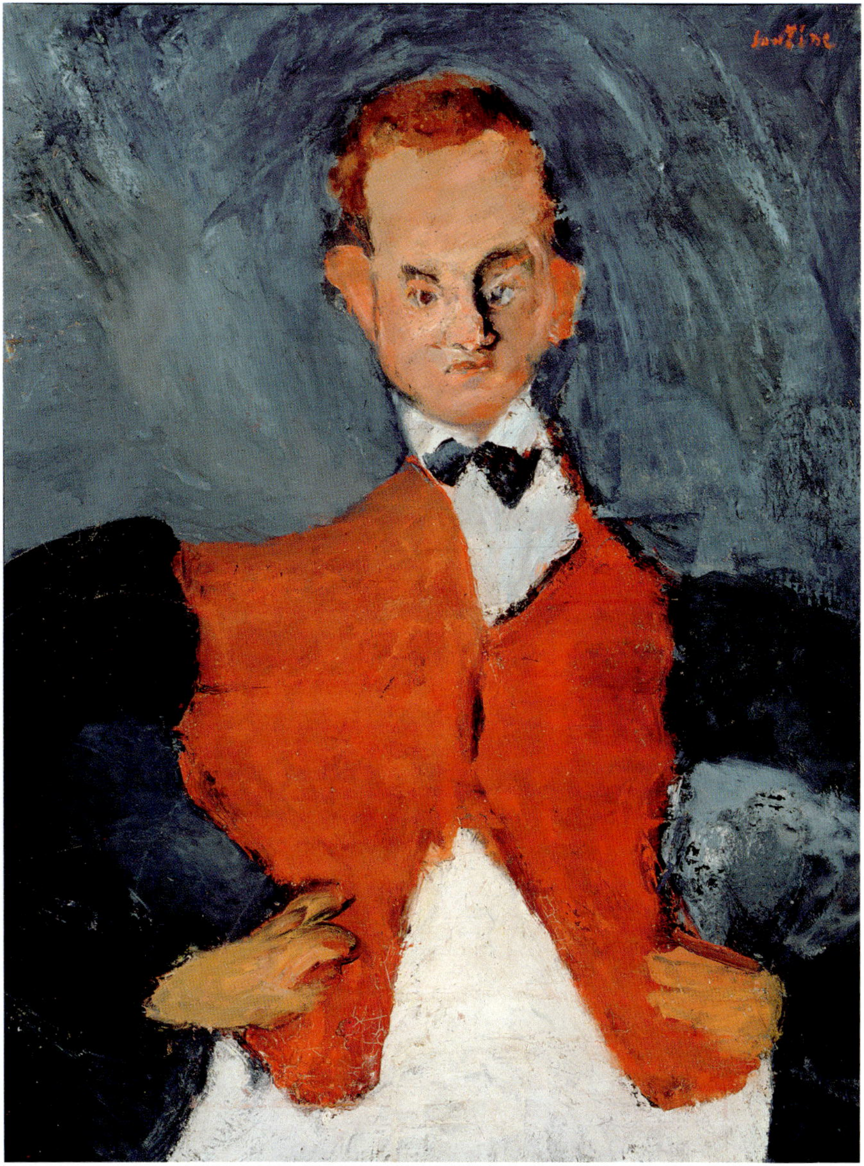

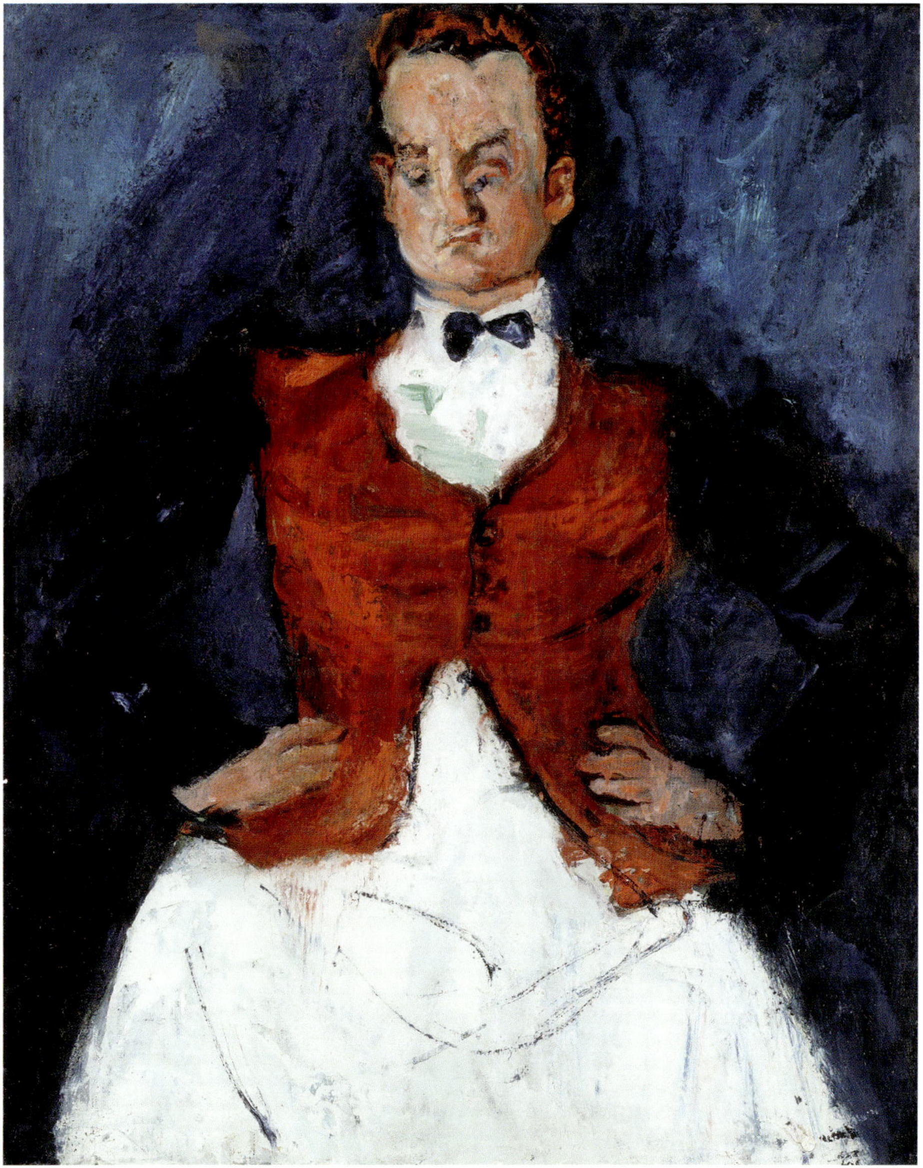

The Maître d'

Maître d'hôtel

Der Oberkellner

El maître de hotel

Il capocameriere

De hoofdkelner

1927, Oil on canvas/Huile sur toile, 60 × 49,5 cm, Private collection

Grim and with self-assured arms, the maitre d' looks down at the viewer. Although he is supposed to be at the service of his guests, he acts more like a moody regent. In his portraits of servants, cooks, maids, and choir boys, Soutine showed a great interest in social roles and its impact on the individual.

Le garçon à l'air farouche regarde de haut le spectateur et écarte les bras en signe d'assurance. Bien qu'il soit sur le point de servir ses clients, il a plutôt l'attitude d'un souverain lunatique. Dans ses portraits de grooms, de cuisiniers, de bonnes ou d'enfants de chœur, Soutine montre le vif intérêt qu'il porte aux fonctions sociales et à leur influence déterminante sur l'être humain.

Grimmig und mit selbstbewusst aufgestützten Armen blickt der Kellner leicht von oben herab auf den Betrachter. Obwohl er seine Gäste bedienen soll, gebärdet er sich wie ein launischer Regent. Soutine zeigt in seinen Porträts von Dienstboten, Köchen, Zimmermädchen oder Chorknaben großes Interesse an gesellschaftlichen Rollen und ihrer prägenden Wirkung auf den Menschen.

Furioso y con los brazos apoyados con confianza, el observador ve al maître un poco desde abajo hacia arriba. A pesar de que debe servir a sus clientes, se comporta como un regente de mal humor. Soutine muestra en sus retratos de sirvientes, cocineros, criadas o niños de coro gran interés en los roles sociales y su efecto formativo en la gente.

Dallo sguardo severo e con le braccia ai fianchi, il cameriere guarda l'osservatore leggermente dall'alto. Anche se dovrebbe servire i suoi ospiti, si atteggia come un sovrano lunatico. Nei suoi ritratti di camerieri, cuochi, donne delle pulizie o coristi, Soutine mostra un grande interesse nei ruoli sociali e nella loro influenza sulle persone.

Ernstig en met de handen zelfbewust in de zij kijkt de kelner enigszins van boven op de beschouwer neer. Hoewel hij zijn gasten van dienst wil zijn, komt hij over als een humeurige regent. In zijn portretten van dienstboden, koks, kamermeisjes en koorknapen toonde Soutine zijn grote interesse in maatschappelijke rollen en de stempels die ze op mensen drukten.

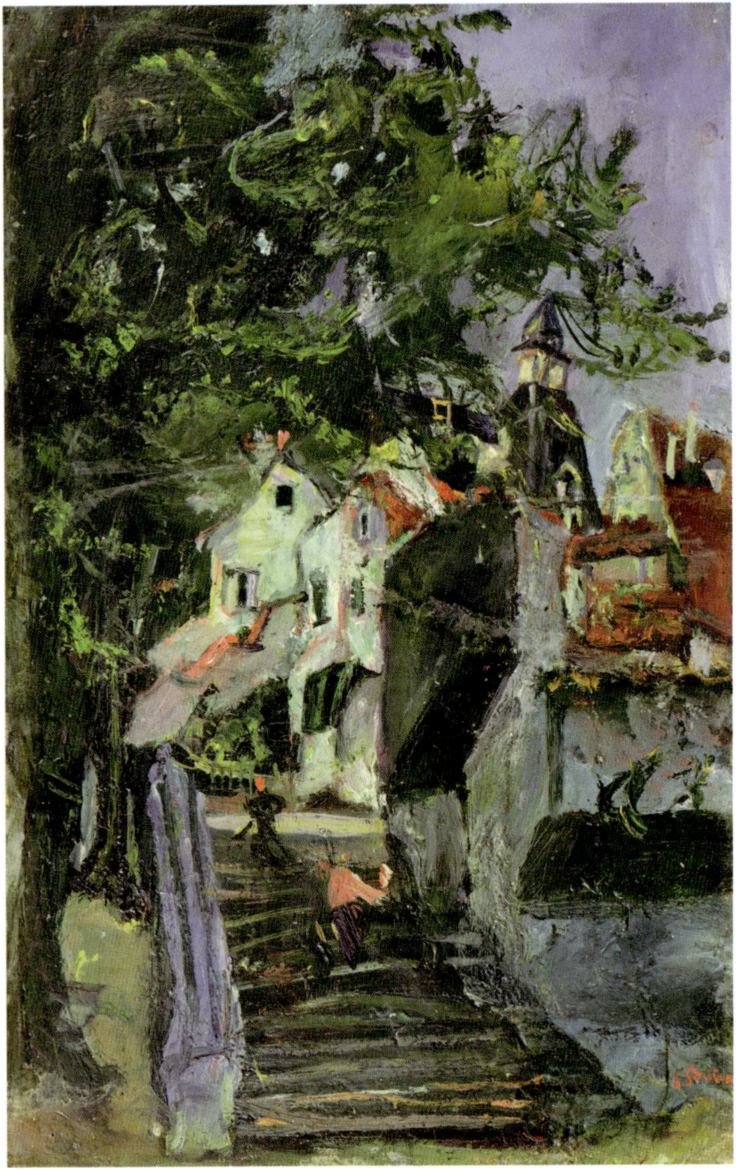

Staircase in Chartres

Les Escaliers à Chartres

Treppe in Chartres

Escalera en Chartres

Scalinata a Chartres

Trap in Chartres

1933, Oil on canvas/Huile sur toile, 41 × 27 cm, Private collection

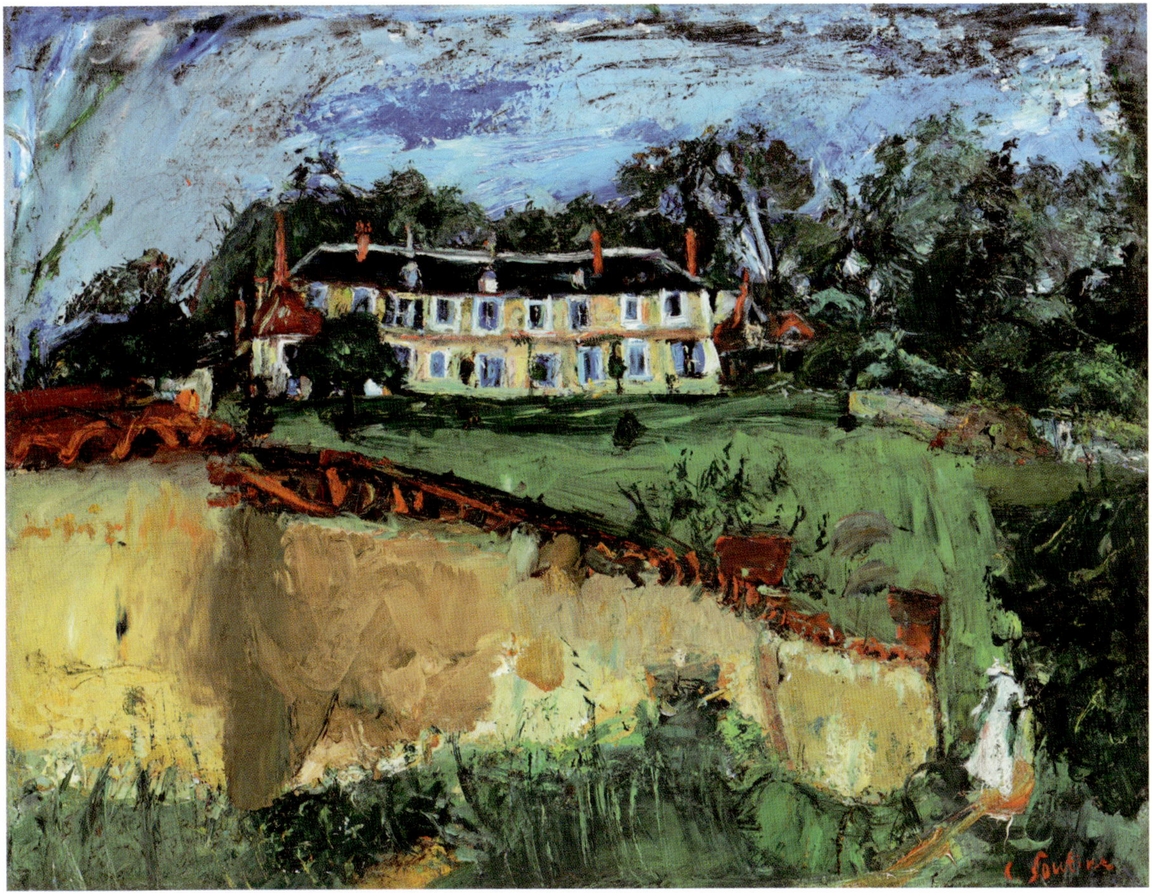

Old House near Chartres

Vieille maison aux environs de Chartres

Altes Haus bei Chartres

Antigua casa cerca de Chartres

Vecchia casa vicino Chartres

Oud huis nabij Chartres

1934, Oil on canvas/Huile sur toile, 47 × 62,5 cm, Private collection

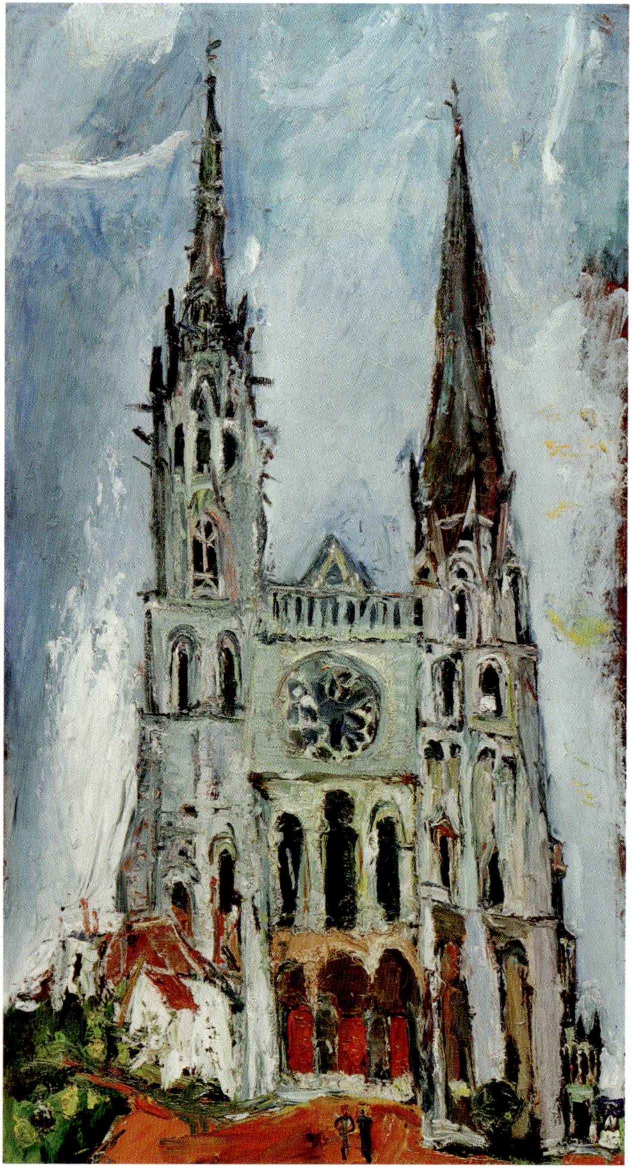

Chartres Cathedral

La Cathédrale de Chartres

Kathedrale von Chartres

Catedral de Chartres

La cattedrale di Chartres

De kathedraal van Chartres

1933/34, Oil on hardboard/Huile sur panneau de fibres, 92,4 × 50,2 cm, Private collection

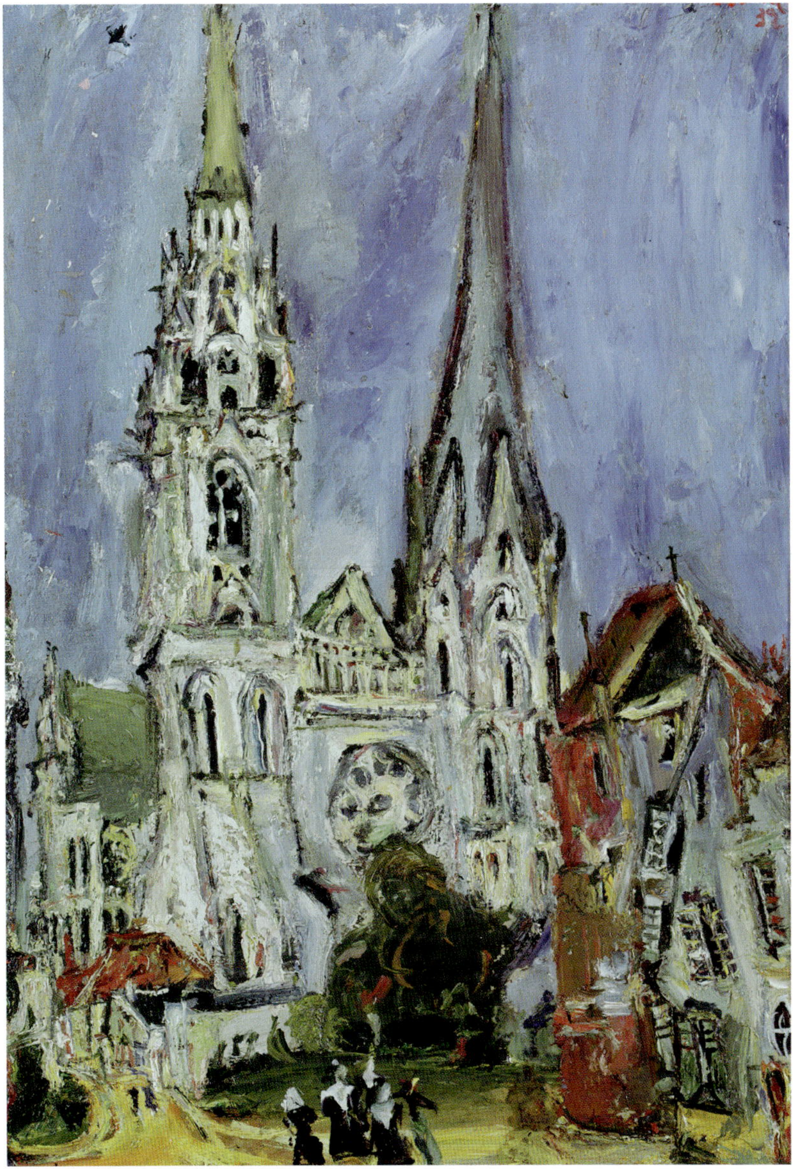

Chartres Cathedral

La Cathédrale de Chartres

Kathedrale von Chartres

Catedral de Chartres

La cattedrale di Chartres

De kathedraal van Chartres

1933/34, Oil on canvas/Huile sur toile,
55,9 × 40 cm, Private collection

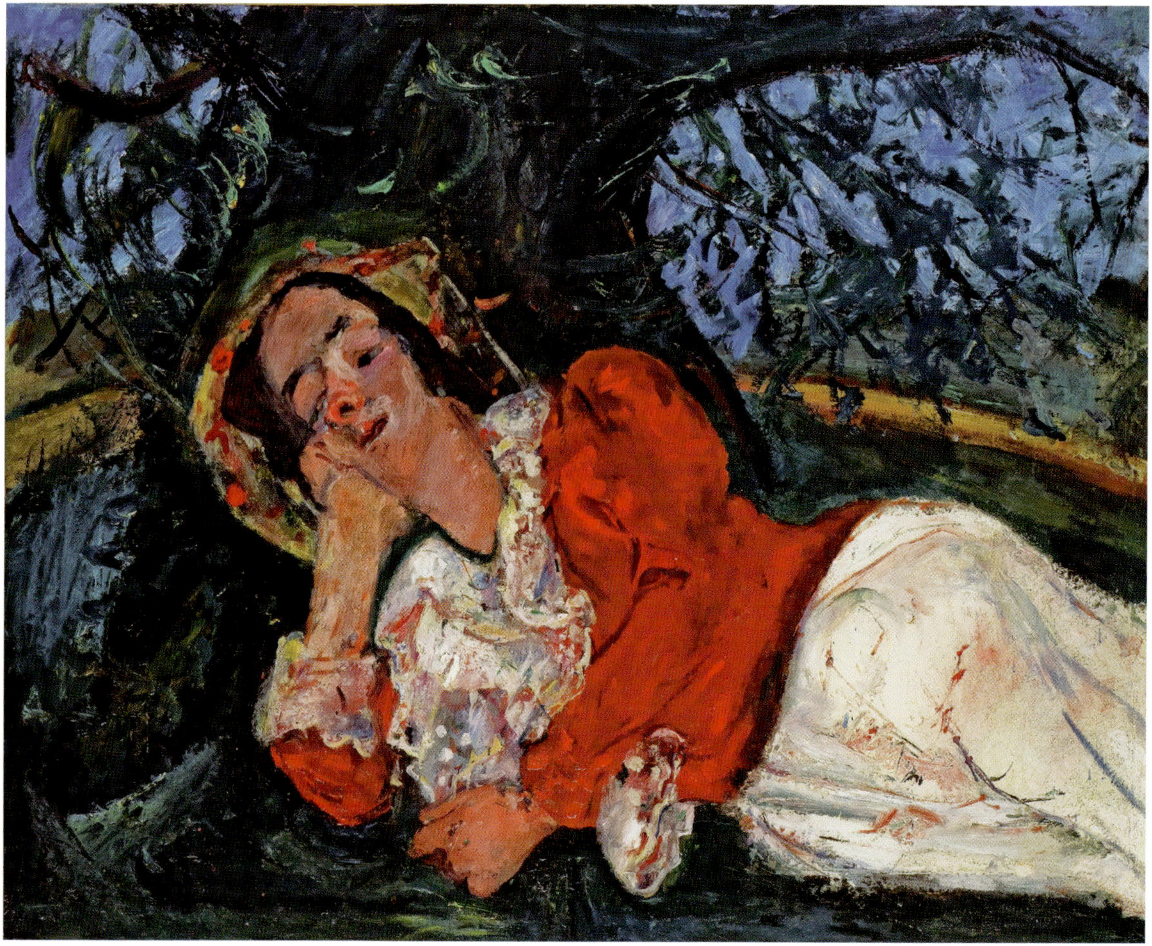

Break ***Ruhepause*** ***Riposo***

La Sieste ***La siesta*** ***Siësta***

1934, Oil on canvas/Huile sur toile, 73 × 92,4 cm, Private collection

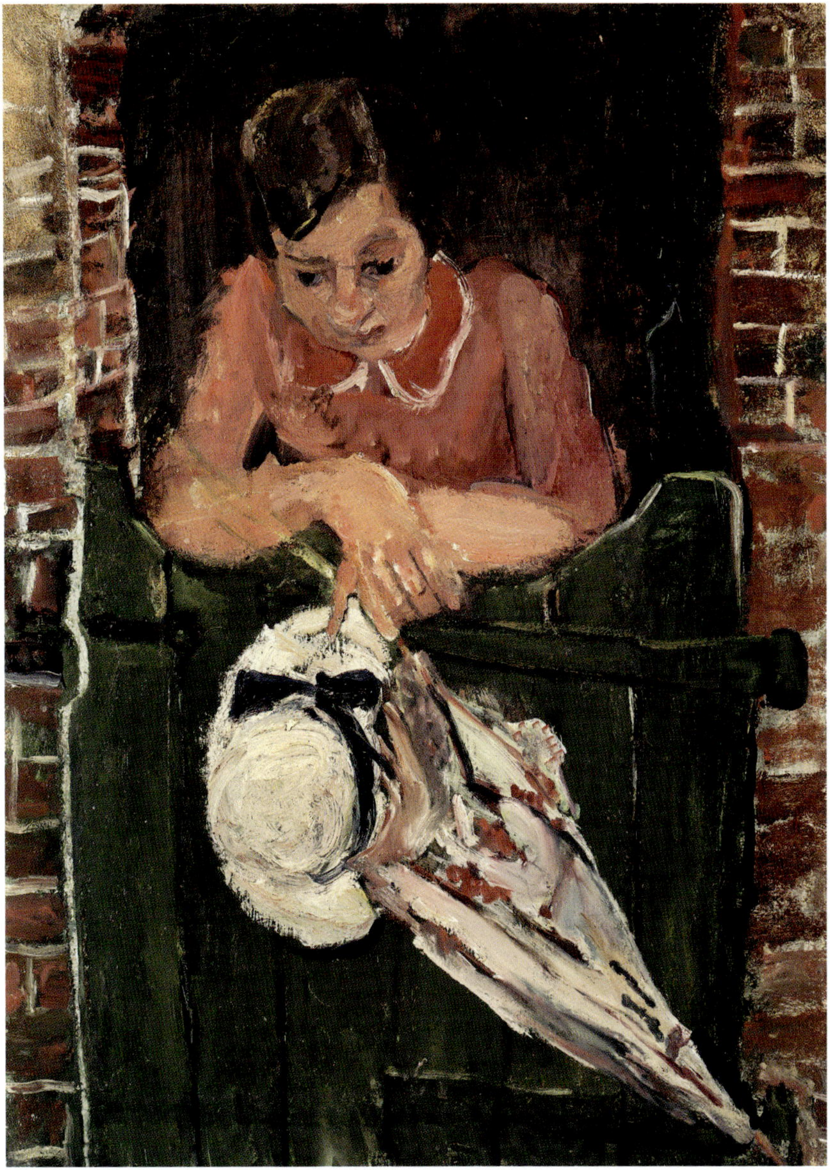

Woman Leaning with Umbrella

Femme accoudée avec une ombrelle

Sich aufstützende Frau mit Schirm

Mujer con una sombrilla

Donna con ombrello

Leunende vrouw met parasol

c. 1934/35, Oil on canvas/Huile sur toile,
81 × 60 cm, Private collection

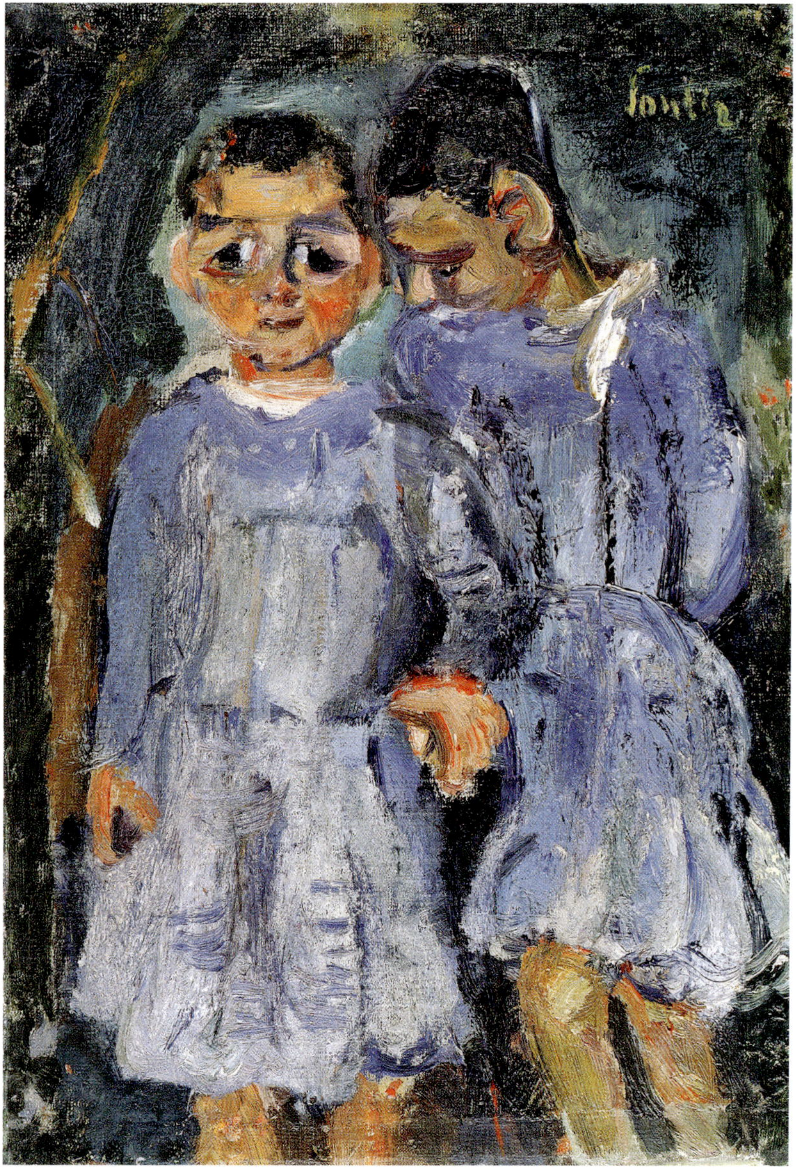

Two Children

Deux enfants

Zwei Kinder

Dos niños

Due bambini

Twee kinderen

n.d, Oil on canvas/Huile sur toile, 36,5 × 26 cm, Private collection

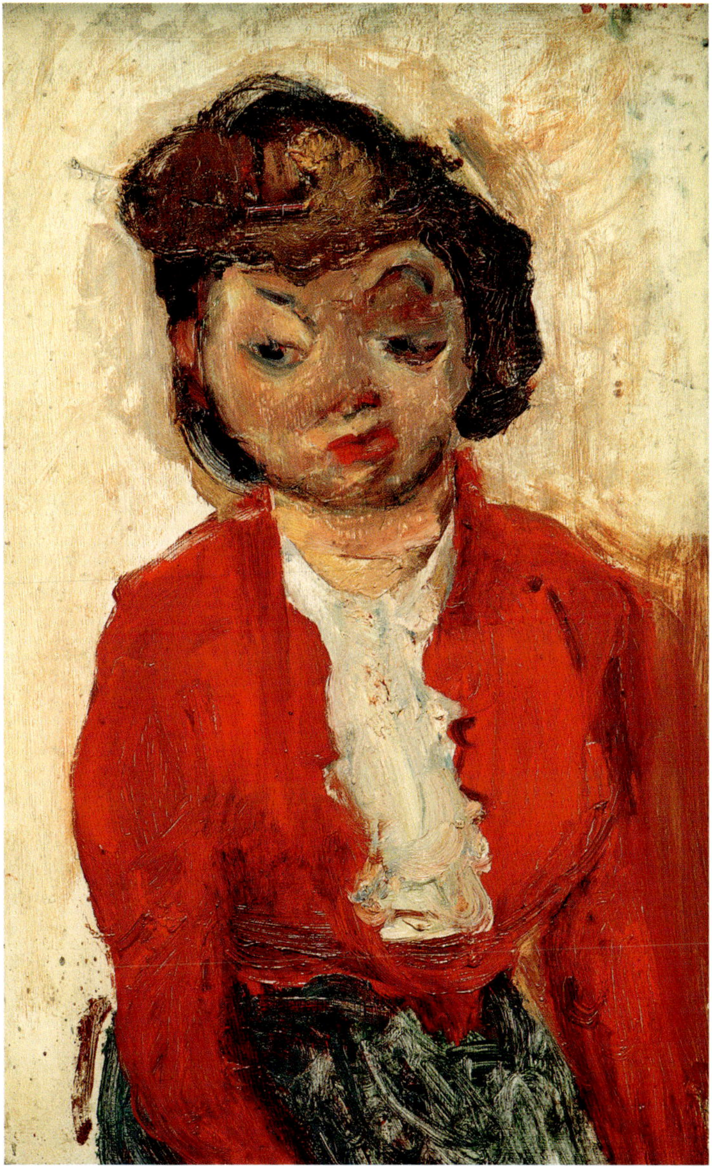

The Young Englishwoman

La Jeune Anglaise

Die junge Engländerin

La joven inglesa

La giovane inglese

De jonge Engelse

1934, Oil on wood/Huile sur bois, 56 × 34 cm, Kunstmuseum, Basel

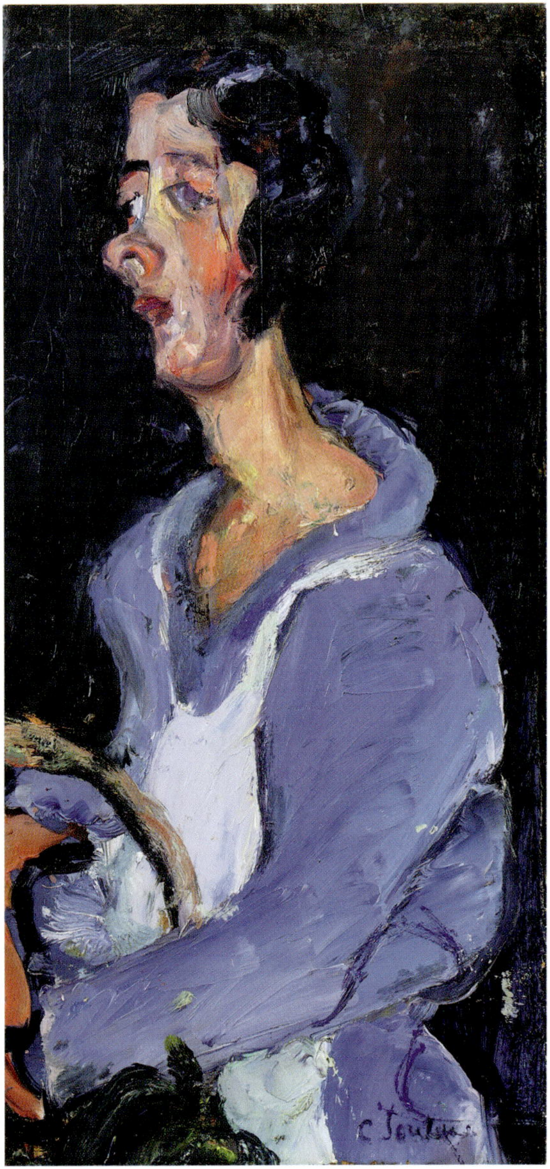

The Cook

La Cuisinière

Die Köchin

La cocinera

La cuoca

De kokkin

1935/36, Oil on wood/Huile sur bois, 53 × 26 cm, Private collection

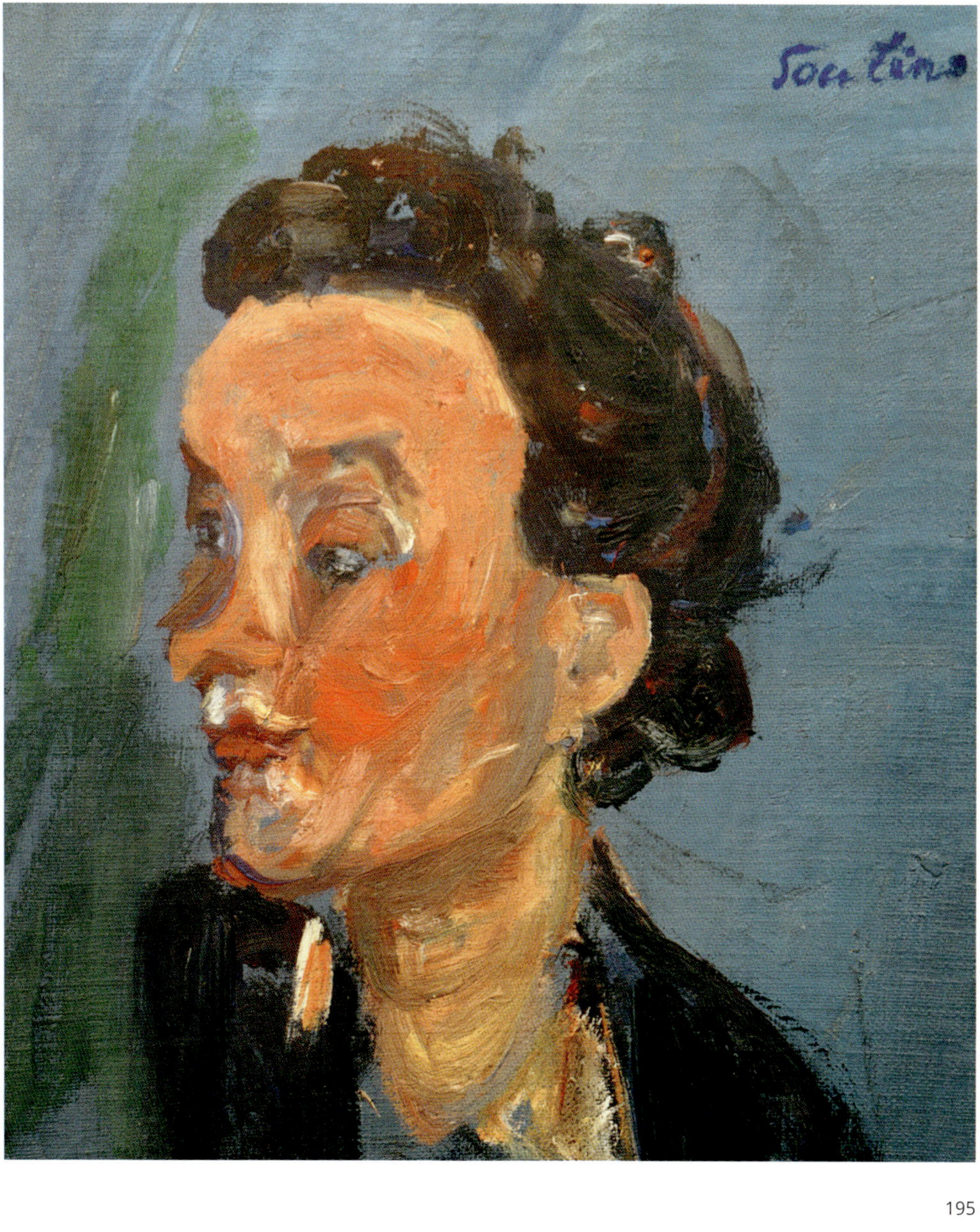

Young Englishwoman in Blue

La Jeune Anglaise en bleu

Junge Engländerin in Blau

Joven inglesa en azul

Giovane donna inglese in blu

Jonge Engelse in het blauw

1937, Oil on canvas/Huile sur toile, 27 × 21,9 cm, Private collection

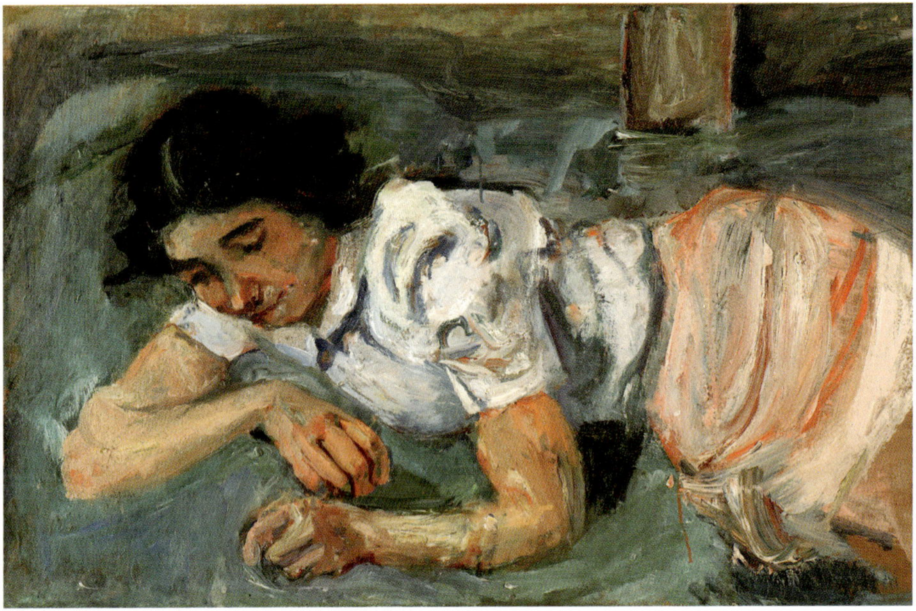

Young Woman Lying in the Grass

Jeune femme couchée dans l'herbe

Junge Frau im Gras liegend

Mujer joven tumbada en la hierba

Giovane donna distesa sull'erba

Jonge vrouw liggend in het gras

1939, Oil on canvas/Huile sur toile, 53,3 × 82,3 cm, Private collection

On the Run, Illness, and Death
When the Second World War broke out, Soutine and Gerda Groth were in Civry-sur-Serein, Burgundy. As foreigners, they were not allowed to return to Paris. Soutine finally did get permission to return due to his health problems, but Groth did not. They secretly traveled together to Paris at the end of April. In 1940 Gerda Groth was interned as a German Jew by the Vichy government and deported to a camp in the Pyrenees. It was only through a great deal of cunning that she managed to escape imminent deportation to a concentration camp.

Meanwhile, Soutine refused an offer to help him emigrate to the United States and remained in Paris, always in danger

Persécutions, maladie et fin
Soutine et Gerda Groth séjournent à Civry-sur-Serein, en Bourgogne, au moment où éclate la Seconde Guerre mondiale. En leur qualité d'étrangers, il leur est interdit de rentrer à Paris. Soutine finit par obtenir une autorisation, en raison de sa santé chancelante, mais non son amie. Fin avril, ils se rendent clandestinement à Paris. Là, en 1940, Gerda Groth est arrêtée par la police française, en tant que juive allemande, et envoyée dans un camp dans les Pyrénées. Avec beaucoup d'habileté, elle parvient à échapper à la déportation dans un camp de concentration.

Soutine décline une proposition d'émigrer aux États-Unis et reste à Paris, où il risque à tout moment de se faire

Verfolgung, Krankheit und Tod
Als der Zweite Weltkrieg ausbricht, halten sich Soutine und Gerda Groth gerade in Civry-sur-Serein im Burgund auf. Als Ausländern wird ihnen die Rückkehr nach Paris untersagt. Soutine erhält aufgrund seiner gesundheitlichen Probleme schließlich eine Genehmigung, seine Freundin jedoch nicht. Heimlich reisen sie zusammen Ende April nach Paris. Dort wird Gerda Groth 1940 als deutsche Jüdin von der Vichy-Regierung interniert und in ein Lager in den Pyrenäen deportiert. Nur durch viel Geschick gelingt es ihr, der drohenden Deportation in ein Konzentrationslager zu entkommen.

Soutine schlägt ein Angebot zur Ausreise in die USA aus und bleibt in Paris – immer in der Gefahr ebenfalls festgenommen

Two Children on the Street
Deux enfants sur la route
Zwei Kinder auf der Straße
Dos niños en una carretera
Due bambini per strada
Twee kinderen op een weg
c. 1942, Oil on canvas/Huile sur toile, 46 × 65,1 cm, Private collection

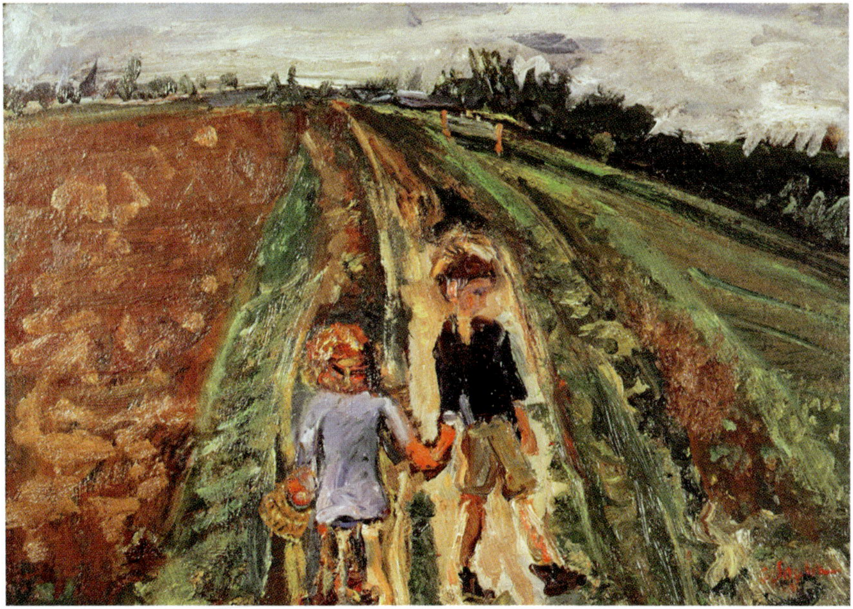

Persecución, enfermedad y muerte
Cuando estalla la Segunda Guerra Mundial, Soutine y Gerda Groth permanecen en Civry-sur-Serein en la Borgoña. Como extranjeros, tenían prohibida la vuelta a París. Soutine recibe finalmente un permiso debido a sus graves problemas de salud, pero su novia no. En secreto, viajan juntos a finales de abril a París. Allí Gerda Groth será internada en 1940 como judía alemana por el gobierno de Vichy y deportada a un campo en el Pirineo. Sólo a través de mucha habilidad, se las arregla para escapar de la amenaza de la deportación a un campo de concentración.

Soutine rechazó una oferta para emigrar a los Estados Unidos y se quedó en París – siempre a riesgo de ser

Persecuzione, malattia e morte
Con lo scoppio della seconda guerra mondiale, Soutine e Gerda Groth si trattennero a Civry-sur-Sere in Borgogna. Erano stranieri e perciò gli fu vietato il ritorno a Parigi. Per i suoi problemi di salute, Soutine sarebbe riuscito ad ottenere un permesso, ma non era lo stesso per la sua compagna. I due viaggiarono di nascosto a Parigi alla fine di Aprile. Qui Gerda Groth fu catturata nel 1940 dal governo di Vichy come ebrea tedesca e fu imprigionata in un campo nei Pirenei. Fortunatamente riuscì a evitare la deportazione in un campo di concentramento.

Soutine rifiutò un'offerta di espatriare negli USA e rimase a Parigi, vivendo con il pericolo costante di essere catturato. Nel

Vervolging, ziekte en dood
Bij het uitbreken van de Tweede Wereldoorlog bevonden Soutine en Gerda zich toevallig in Civry-sur-Serein in Bourgondië. Als buitenlanders konden ze niet meer naar Parijs terugkeren. Soutine kreeg op grond van zijn gezondheidsproblemen toestemming, maar zijn vriendin niet. Heimelijk reisden ze eind april samen naar Parijs, waar Gerda Groth in 1940 als Duitse Jodin door het Vichy-regime werd gearresteerd en naar een kamp in de Pyreneeën werd gebracht. Slechts met veel geluk wist Gerda aan de dreigende deportatie naar een concentratiekamp te ontkomen.

Soutine sloeg een aanbod om naar de VS te emigreren af en bleef in Parijs – voortdurend gevaar lopend om eveneens

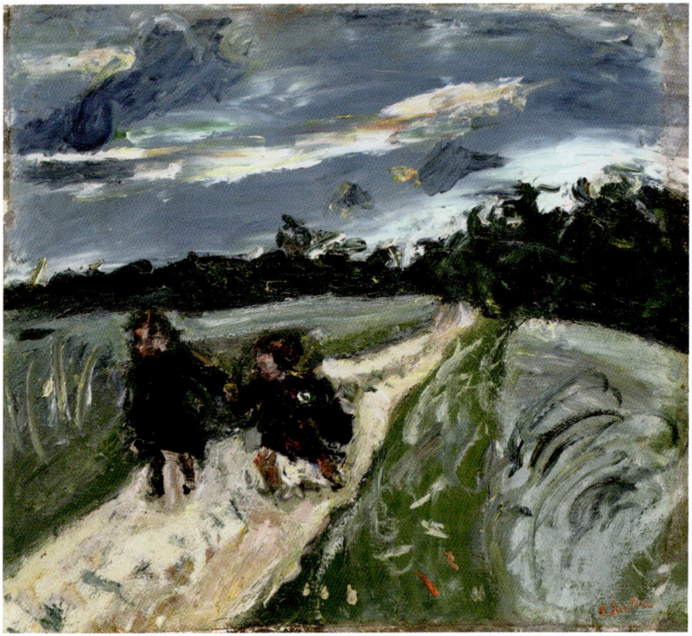

Coming Home from School after a Storm
Retour de l'école après l'orage
Heimkehr von der Schule nach einem Gewitter
Regreso de la escuela tras una tormenta
Ritorno a casa dalla scuola dopo un temporale
Terugkeer uit school na een onweer

1939, Oil on canvas/Huile sur toile, 43,2 × 49,5 cm, The Phillips Collection, Washington

of being arrested. In November 1940, he began a relationship with Marie-Berthe Aurenche (1906–1960), the former wife of Max Ernst. She spent the next several months finding new hiding places for the artist, first in a farmhouse on the Loire near Chinon and lastly in Champigny-sur-Veude. He created a series of outstanding landscapes that proved to be his last. The fear of discovery or denunciation was constant.

In August 1943, the artist's stomach ulcer perforated. Aurenche insisted on treatment in Paris and arranged for Soutine to be taken there in secret in a hearse. But it was already too late. Soutine died on August 9, 1943 and he buried a few days later in silence

arrêter. En novembre 1940 débute sa liaison avec Marie-Berthe Aurenche (1906–1960), l'ancienne épouse de Max Ernst. Dans les mois qui suivent, elle cherche et trouve sans cesse de nouvelles cachettes pour l'artiste. D'abord dans une ferme sur les bords de la Loire, près de Chinon, puis en dernier lieu à Champigny-sur-Veude. Soutine y peint une dernière série de paysages époustouflants. Mais l'angoisse d'être découvert ou dénoncé ne le quitte plus.

En août 1943, il doit soigner de toute urgence son ulcère à l'estomac. Marie-Berthe insiste pour qu'il se fasse opérer à Paris par un chirurgien clandestin et organise son rapatriement, caché dans un corbillard. Mais il est trop tard.

zu werden. Im November 1940 beginnt er ein Verhältnis mit Marie-Berthe Aurenche (1906–1960), der früheren Frau von Max Ernst. Sie sucht und findet in den kommenden Monaten immer neue Verstecke für den Künstler. Zuerst in einem Bauernhaus an der Loire bei Chinon, zuletzt in Champigny-sur-Veude. Hier entsteht eine Serie herausragender letzter Landschaften. Dabei ist die Angst vor Entdeckung oder Denunziation ständig gegenwärtig.

Im August 1943 erleidet der Künstler einen Magendurchbruch. Marie-Berthe besteht auf eine Behandlung in Paris und organisiert, dass Soutine heimlich in einem Leichenwagen zu einem ausgewiesenen Chirurgen gebracht

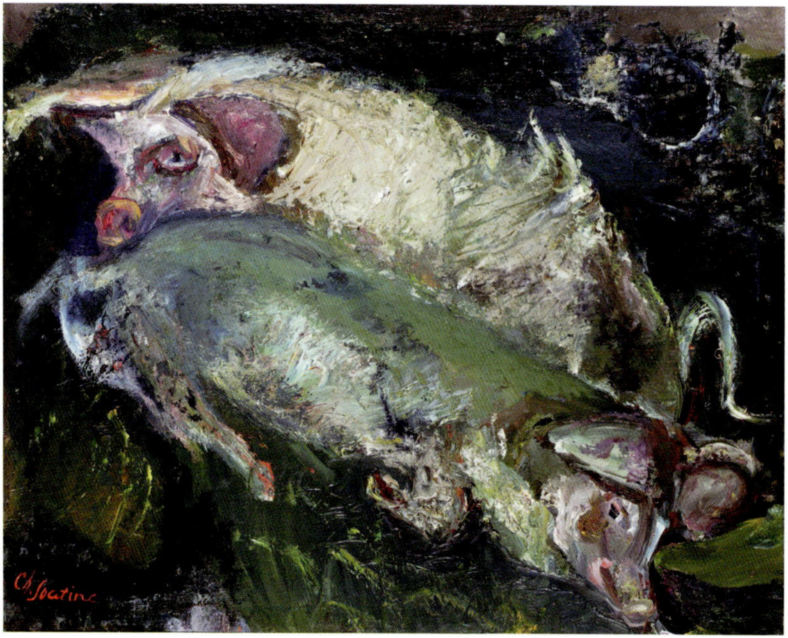

Pigs

Les Porcs

Schweine

Cerdos

Maiali

Varkens

1941/42, Oil on canvas/Huile sur toile, 45,1 × 56 cm, Musée d'Art Moderne de la Ville de Paris, Paris

detenido. En noviembre de 1940 inicia un romance con Marie-Berthe Aurenche (1906–1960), la ex esposa de Max Ernst. Ella busca y encuentra en los siguientes meses, nuevos escondites para el artista. En primer lugar, en una granja en el valle del Loira en Chinon, más tarde en Champigny-sur-Veude. Aquí surge una serie de últimos paisajes sobresalientes. El temor a ser descubiertos o a la denuncia está siempre presente.

En agosto de 1943, el artista sufre una perforación gástrica. Marie-Berthe encarga un tratamiento en París y lo organiza de manera que Soutine se coloca en secreto en un coche fúnebre para ir a un cirujano en particular. Pero ya es demasiado tarde. Soutine murió

novembre 1940 cominciò una relazione con Marie-Berthe Aurenche (1906–1960), l'ex compagna di Max Ernst. La donna, nei mesi successivi, cercò e trovò un nascondiglio per l'artista. Prima in una fattoria alla Loire nei pressi di Chinon, successivamente a Champigny-sur-Veude. Qui nacque la serie dei suoi ultimi paesaggi. La paura di essere scoperto o denunciato era sempre dietro l'angolo.

Nell'agosto del 1943 l'artista ebbe un'ulcera allo stomaco. Marie-Berthe insistette per portarlo a Parigi e organizzò un trasporto segreto per Soutine in un carro funebre da un chirurgo. Ma era già troppo tardi. Soutine morì il 9 August, i funerali si svolsero pochi giorni dopo nella tranquillità del cimitero

gearresteerd te worden. In november 1940 begon hij een verhouding met Marie-Berthe Aurenche (1906–1960), de ex-vrouw van Max Ernst. Zij vond in de maanden daarna steeds nieuwe onderduikadressen voor de kunstenaar – eerst in een boerderij bij Chinon aan de Loire, en uiteindelijk in Champigny-sur-Veude. Daar ontstond zijn serie van prachtige, laatste landschappen. De angst om ontdekt of aangegeven te worden is voortdurend aanwezig.

In augustus 1943 werd Soutine getroffen door een maagperforatie. Marie-Berthe stond op een behandeling door een arts in Parijs en zorgde ervoor dat Soutine heimelijk in een lijkwagen naar een uitgewezen chirurg werd

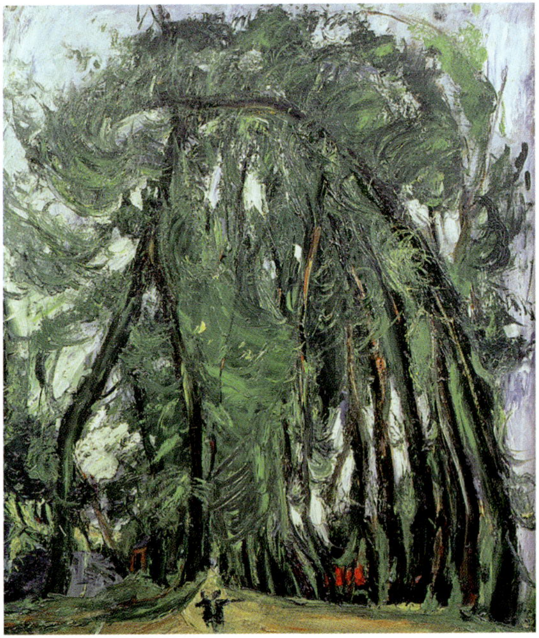

Boulevard
L'Allée d'arbres
Allee
Avenida
Viale
Laan

1935, Oil on canvas/Huile sur toile, 75,9 × 69 cm, Private collection

in Montparnasse cemetery. Those in attendance included Pablo Picasso, Jean Cocteau, Max Jacob, Gerda Groth, and Marie-Berthe Aurenche. In January 1945, the Galerie de France showed an impressive selection of his works. After visiting the exhibition, Jean Dubuffet wrote to his friend Jean Paulhan: "It is not true at all that this is tragic art. It is an art full of exhilaration, exaltation, even hallucination, and certainly no sadder than the monsters of Picasso. On the contrary, it's rapturous, jubilant. Like the sun."

Soutine décède le 9 août et est enterré quelques jours après, en toute discrétion, au cimetière du Montparnasse. Pablo Picasso, Jean Cocteau, Max Jacob, Gerda Groth et Marie-Berthe Aurenche, entre autres, font partie du cortège. En janvier 1945, la Galerie de France présente une sélection impressionnante de ses œuvres. Après avoir vu l'exposition, Jean Dubuffet écrit à son ami Jean Paulhan : « Il est complètement faux que ce soit un art désolé. C'est plein d'exaltation, jusqu'au délire, pas plus désolé que les monstres de Picasso ne sont désolés. Tout le contraire : transe mystique, jubilation. C'est solaire. »

wird. Aber es ist bereits zu spät. Soutine stirbt am 9. August, die Beerdigung findet wenige Tage später in aller Stille auf dem Friedhof Montparnasse statt. Unter anderen folgen Pablo Picasso, Jean Cocteau, Max Jacob, Gerda Groth und Marie-Berthe Aurenche seinem Sarg. Im Januar 1945 zeigt die Galerie de France eine beindruckende Auswahl seiner Werke. Jean Dubuffet schrieb nach dem Besuch der Ausstellung an seinen Freund Jean Paulhan: „Es stimmt überhaupt nicht, dass das eine traurige Kunst sein soll. Es ist eine Kunst voller Hochgefühl, Übersteigerung bis zur Halluzination – und nicht trauriger als die Monster von Picasso. Im Gegenteil: schwärmerisch, jubilierend. Wie die Sonne."

House in Oisème

La Maison à Oisème

Haus in Oisème

Casa en Oisème

Casa ad Oisème

Huis in Oisème

1934, Oil on canvas/Huile sur toile, 66 × 68 cm, Private collection

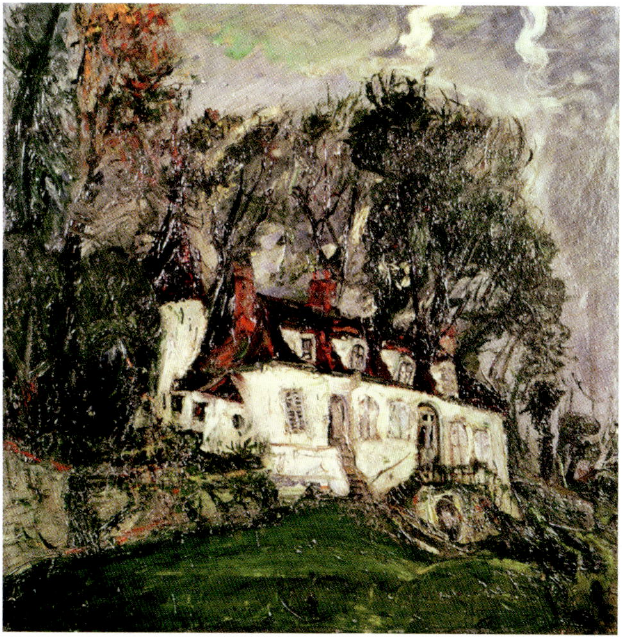

el 9 de agosto, el funeral se llevó a cabo a los pocos días, en silencio, en el cementerio de Montparnasse. Entre otras personas Pablo Picasso, Jean Cocteau, Max Jacob, Gerda Groth y Marie-Berthe Aurenche seguían su ataúd. En enero de 1945, la Galerie de France exhibió una impresionante selección de sus obras. Jean Dubuffet escribió a su amigo Jean Paulhan después de visitar la exposición: "No es cierto que esto deba ser un arte triste. Es un arte lleno de euforia, alucinaciones, exageración – y no más triste que los monstruos de Picasso. Por el contrario, entusiasta, jubiloso. Como el sol."

di Montparnasse. Al corteo funebre, tra gli altri, Pablo Picasso, Jean Cocteau, Max Jacob, Gerda Groth e Marie-Berthe Aurenche. Nel gennaio 1945 la Galerie de France organizzò una notevole esposizione delle sue opere. Dopo aver visitato la mostra, Jean Dubuffet scrisse al suo amico Jean Paulhan:„ Non è affatto vero, che questa dovrebbe essere arte triste. È un'arte carica di euforia, meraviglia fino all'allucinazione – e di certo non più triste dei mostri di Picasso. Anzi il contrario: entusiasta, in giubilo. Come il sole."

gebracht. Maar het was te laat. Soutine overleed op 9 augustus, en enkele dagen later werd hij in alle stilte begraven op het kerkhof van Montparnasse. Achter zijn kist liepen onder anderen Pablo Picasso, Jean Cocteau, Max Jacob, Gerda Groth en Marie-Berthe Aurenche. In januari 1945 exposeerde de Galerie de France een indrukwekkende keuze uit zijn werk. Jean Dubuffet schreef na zijn bezoek aan de tentoonstelling aan zijn vriend Jean Paulhan: "Het klopt helemaal niet dat dit treurige kunst zou zijn. Het is kunst vol verhevenheid, geëxalteerd tot het punt van hallucinatie – niet treuriger dan de monsters van Picasso. Integendeel: vleiend, jubelend. Als de zon."

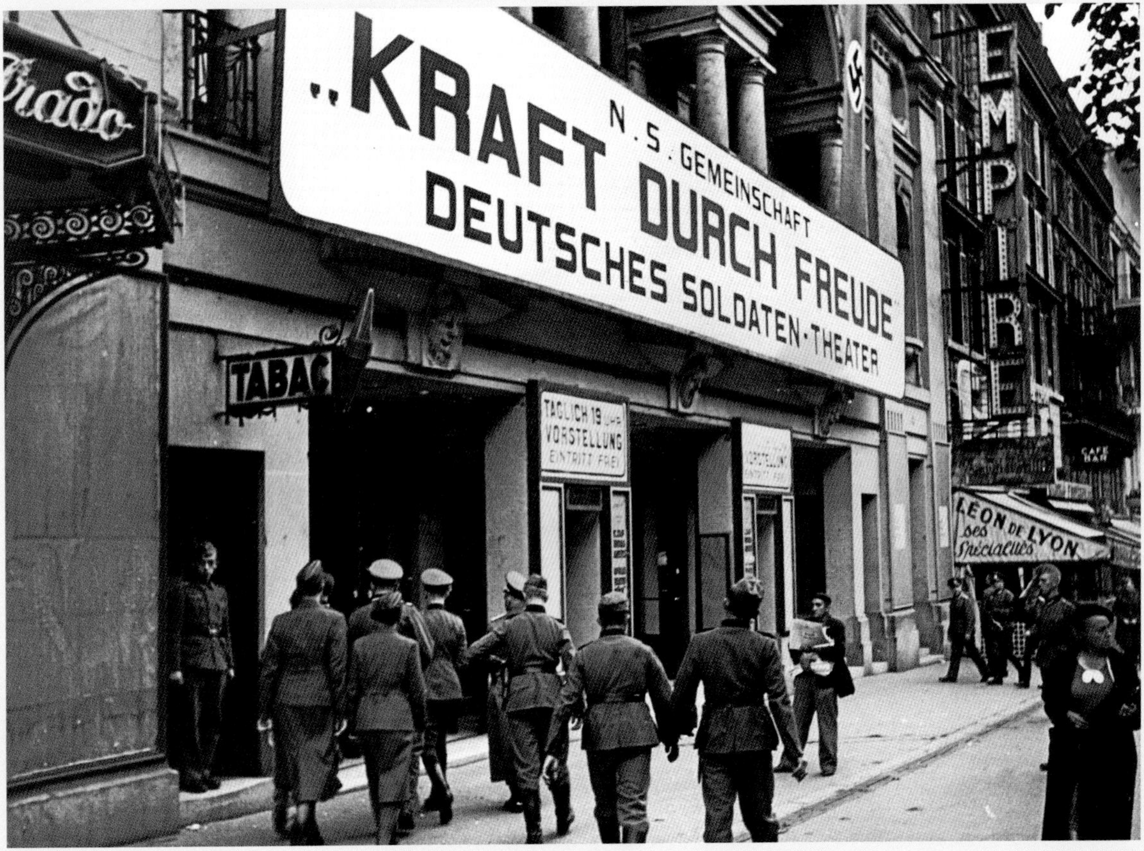

German occupation in Paris
In May 1940, the German troops were rapidly advancing towards Paris and the swastika was flying from atop the Eiffel Tower by June 14. The French government moved to Bordeaux, later to Vichy. The population of Paris suffered severe shortages. Every bit of unbuilt land was used to grow vegetables and the black market flourished. The greater

Paris sous l'occupation allemande
À partir de mai 1940, les troupes allemandes marchent à vive allure sur Paris. Dès le 14 juin, le drapeau à la croix gammée flotte sur la tour Eiffel. Le gouvernement français part à Bordeaux, puis s'installe à Vichy. À Paris, les restrictions frappent de plus en plus durement la population. Le moindre lopin de terre se transforme en potager,

Deutsche Besatzung in Paris
Ab Mai 1940 rückten die deutschen Truppen zügig nach Paris vor. Schon am 14. Juni wehte auf dem Eiffelturm die Hakenkreuzfahne. Die französische Regierung verlegte ihren Sitz nach Bordeaux, später nach Vichy. In Paris verschärfte sich die Versorgungslage für die Bevölkerung. Jedes Fleckchen Erde wurde zum Anbau von Gemüse

Theater for Soldiers in Paris

Théâtre des soldats allemands, à Paris

Soldatentheater in Paris

Teatro de soldados en París

Teatro di soldati a Parigi

Soldatentheater in Parijs

1940

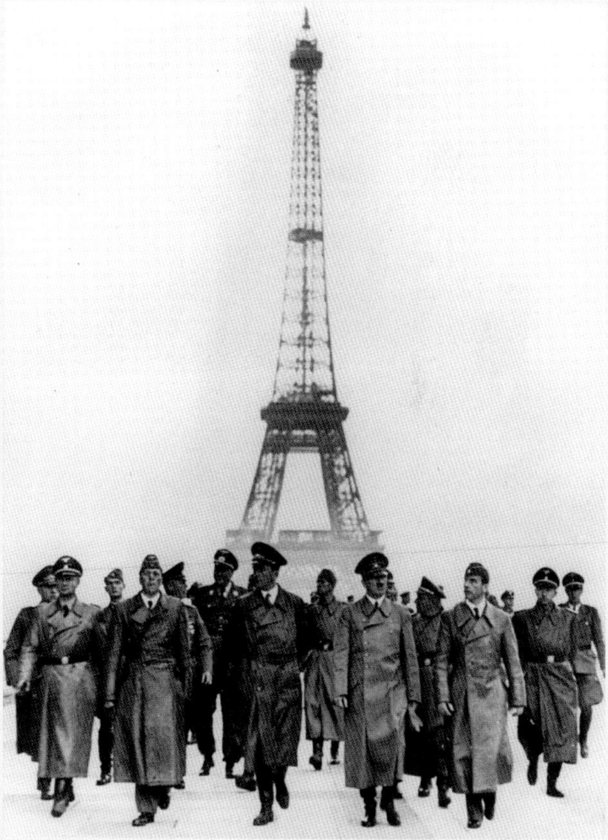

Adolf Hitler Touring Conquered Paris

Hitler en visite d'inspection à Paris

Adolf Hitler besucht das besetzte Paris

Adolf Hitler visita el París ocupado

Adolf Hitler in visita a Parigi occupata

Adolf Hitler bezoekt het bezette Parijs

1940

Tropa de ocupación alemana en Paris
A partir de mayo de 1940, las tropas alemanas avanzaron rápidamente a París. Ya el 14 de junio ondeaba en la Torre Eiffel la bandera con la esvástica. El gobierno francés trasladó su sede a Burdeos y, a continuación, a Vichy. En París, empeoró la situación del suministro a la población. Cada pedazo de tierra se utilizaba para el cultivo de

Occupazione tedesco a Parigi
A partire dal maggio 1940 le truppe tedesche occuparono Parigi. Già il 14 giugno sulla Tour Eiffel sventolava la bandiera con la svastica. Il governo francese trasferì la sua sede a Bordeaux, successivamente a Vichy. A Parigi la situazione degli approvvigionamenti per la popolazione si fece molto grave. Ogni quadrato di terra fu utilizzato

Duitse bezetting
Vanaf mei 1940 rukten de Duitse troepen snel naar Parijs op. Al op 14 juni wapperde de vlag met het hakenkruis aan de Eiffeltoren. De Franse regering week uit naar Bordeaux en later naar Vichy. In Parijs kwam de bevoorrading van de bevolking onder druk te staan. Elk plekje grond werd voor de verbouw van groenten gebruikt, de zwarte markt

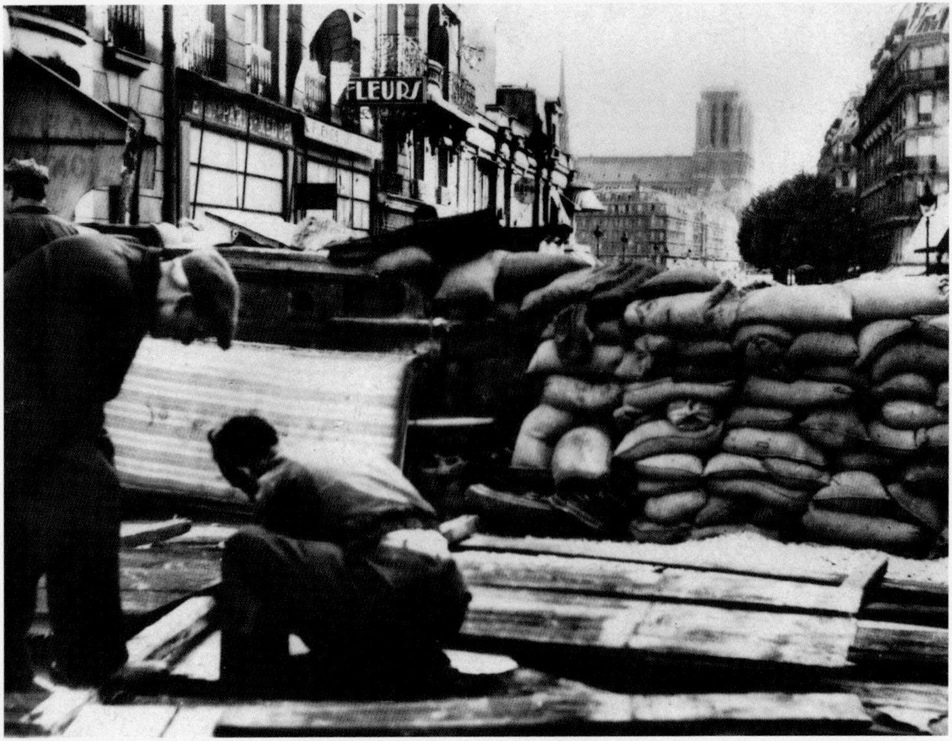

Paris, Liberation 1944, Barricade on Rue du Renard

Barricade dans la rue du Renard, à Paris, lors de la Libération

Paris, Befreiung 1944, Barrikade Rue du Renard

París, Liberación 1944, Barricada Rue du Renard

Parigi, liberazione 1944, barricata a Rue du Renard

Parijs, Bevrijding in 1944, barricade in de Rue du Renard

1944, Photo postcard/ Carte postale

the deprivation, the more the resistance to the occupiers grew. Although only one percent of the French actively took part in the Resistance, the underground fighters were increasingly able to make life unpleasant for the occupiers. The German Army and SS responded with retaliation and a reign of terror. The landing of the allied finally enabled liberation. The Parisians' nightmare was finally over on August 25, 1944.

le marché noir est en pleine expansion. Plus les privations sont dures, plus la résistance contre l'occupant s'amplifie. Si 1 % seulement des Français entrent dans la Résistance, ses combattants multiplient les actions contre les Allemands. La Wehrmacht et les SS répliquent par des mesures de rétorsion et par la terreur. Après le débarquement des Alliés, le pays est enfin libéré. Le 25 août 1944, les Parisiens en ont fini avec le cauchemar de l'Occupation.

genutzt, der Schwarzmarkt blühte. Je größer die Entbehrungen wurden, desto mehr wuchs der Widerstand gegen die Besatzer. Obwohl sich nur ein Prozent der Franzosen an der Résistance beteiligte, konnten die Untergrundkämpfer zunehmend unangenehme Nadelstiche setzen. Wehrmacht und SS antworteten mit Vergeltungsmaßnahmen und Terror. Die Landung der Aliierten ermöglichte schließlich die Befreiung. Am 25. August 1944 war der Albdruck der Fremdherrschaft für die Pariser vorbei.

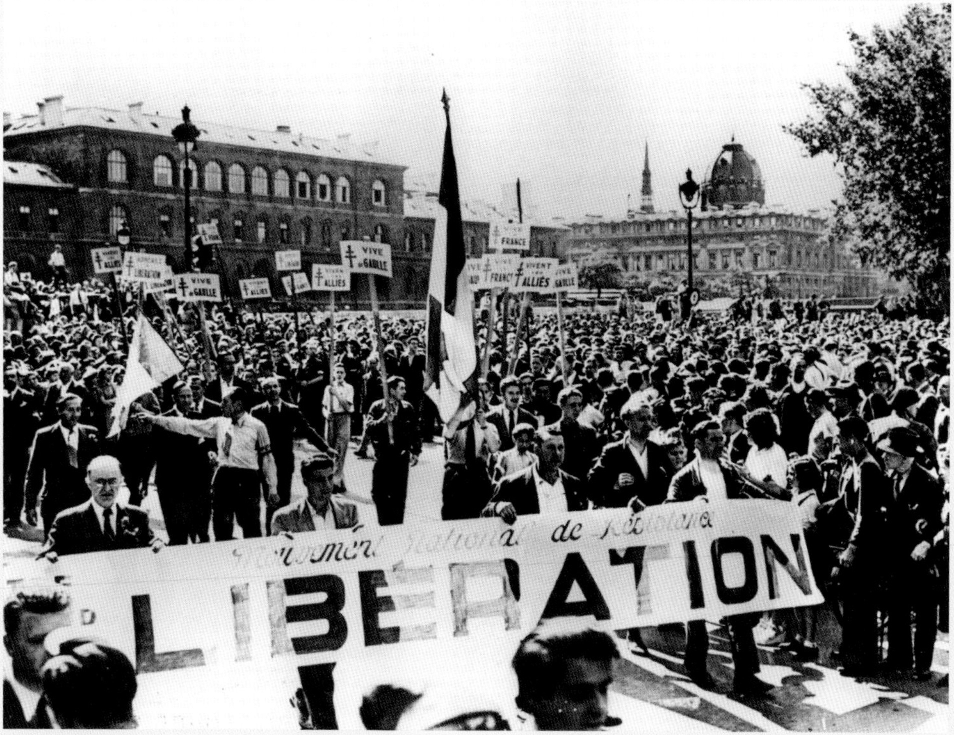

Parisians Celebrating Liberation, August 1944

Parisiens à la Libération, le 25 août 1944

Pariser feiern die Befreiung im August 1944

París celebra la liberación en agosto de 1944

I parigini festeggiano la liberazione, agosto 1944

Parijzenaren vieren de bevrijding, in augustus 1944

1944

hortalizas, el mercado negro floreció. Cuanto mayores eran las dificultades eran, más crecía la resistencia contra los ocupantes. Aunque solo un uno por ciento de los franceses participó en la resistencia, los combatientes clandestinos proporcionaban cada vez más sucesos desagradables. El ejército alemán y las SS respondieron con represalias y el terror. El desembarco de las fuerzas aliadas finalmente consiguió la liberación. El 25 de agosto de 1944, la pesadilla de la dominación extranjera de París había terminado.

per la piantagione di verdure, che fece fiorire il mercato nero. L'aumento delle privazioni comportò un incremento delle rivolte verso gli occupanti. Sebbene solo una parte dei francesi prese parte alla Résistance, i ribelli riuscirono ad infliggere numerosi colpi ai tedeschi. La Wehrmacht e le SS risposero con contromosse e terrore. L'arrivo degli alleati portò alla liberazione. Il 25 agosto 1944 si concluse l'occupazione tedesca a Parigi.

floreerde. Hoe groter de ontberingen, des te sterker werd de weerstand tegen de bezetter. Hoewel slechts één procent van de Fransen betrokken was bij de Résistance, wisten de verzetsmensen steeds ingrijpender tegenstoten uit te delen. De Wehrmacht en de SS reageerden met vergeldingsmaatregelen en terreur. De landing van de Geallieerden bracht de bevrijding. Op 25 augustus 1944 was de nachtmerrie van vreemde overheersing voor de Parijzenaren voorbij.

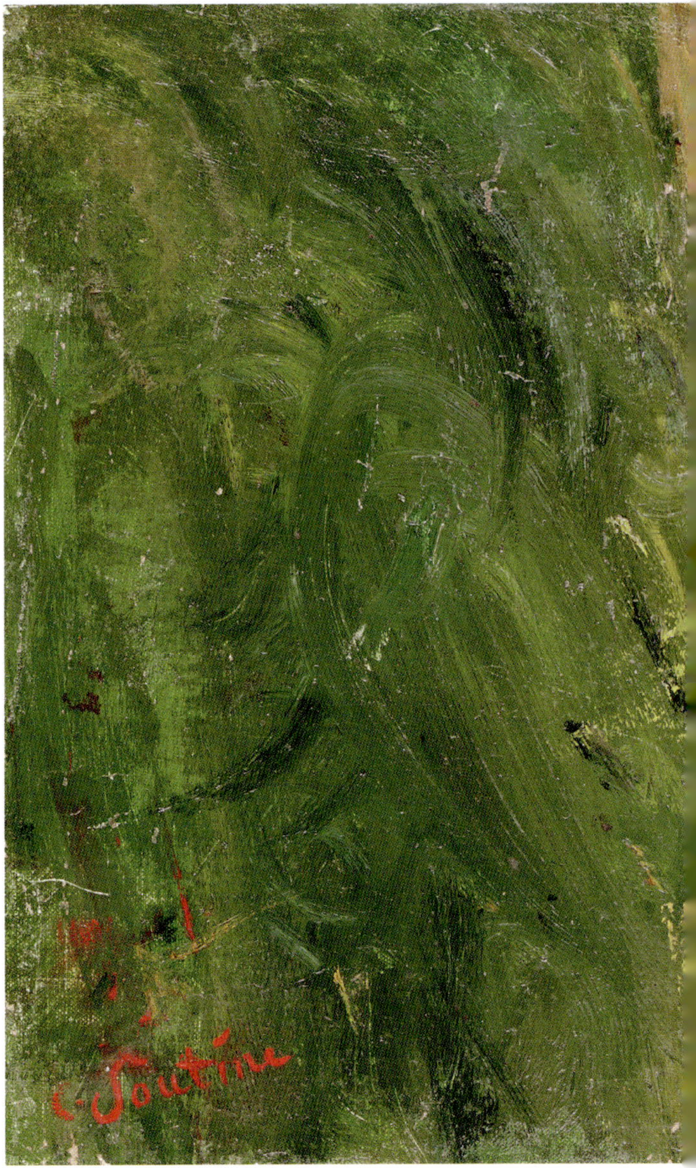

Two Children on the Street
Deux enfants sur la route
Zwei Kinder auf der Straße
Dos niños en una carretera
Due bambini per strada
Twee kinderen op een weg

1939, Oil on canvas/Huile sur toile, 24,1 × 41,2 cm, Private collection

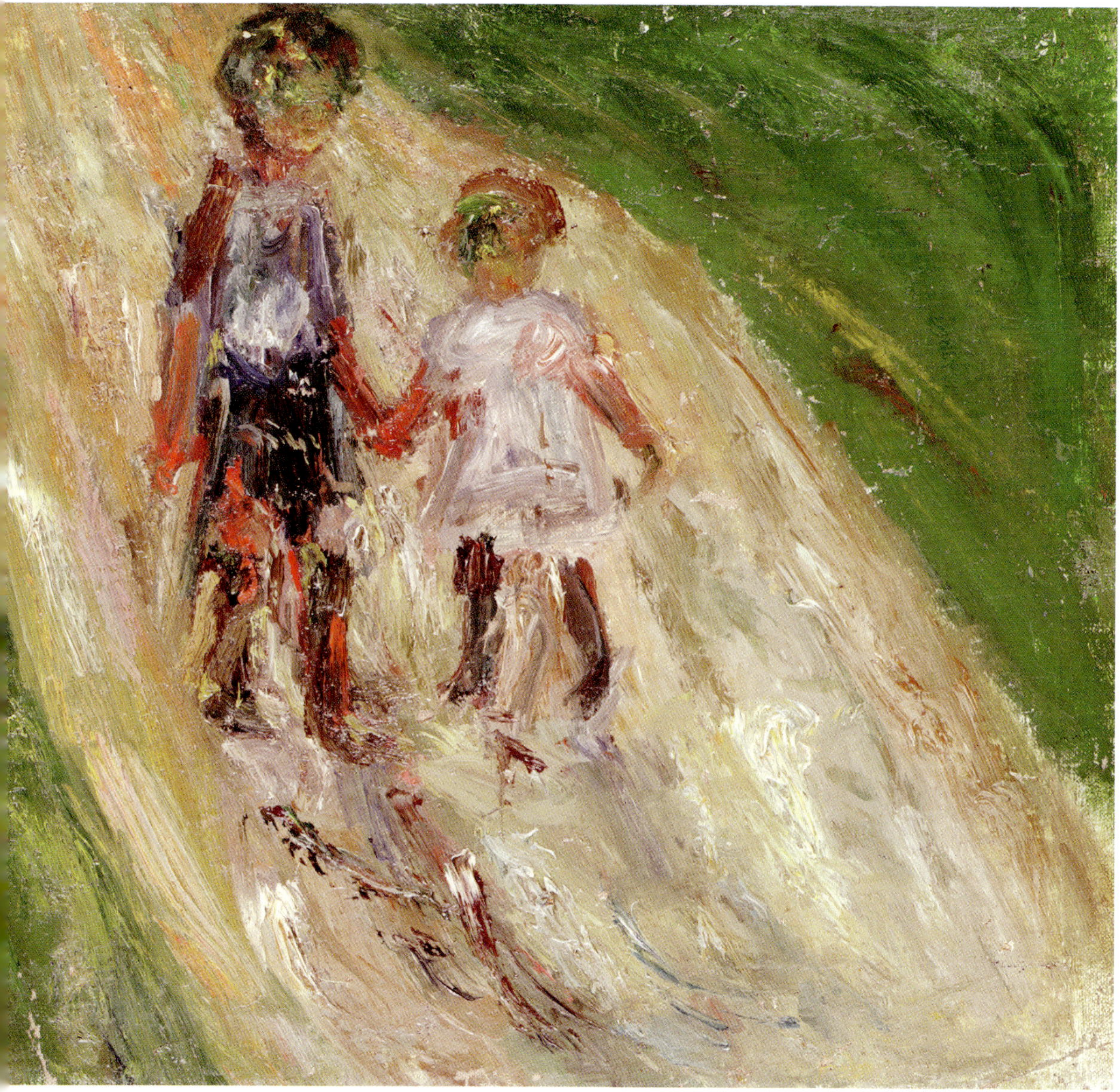

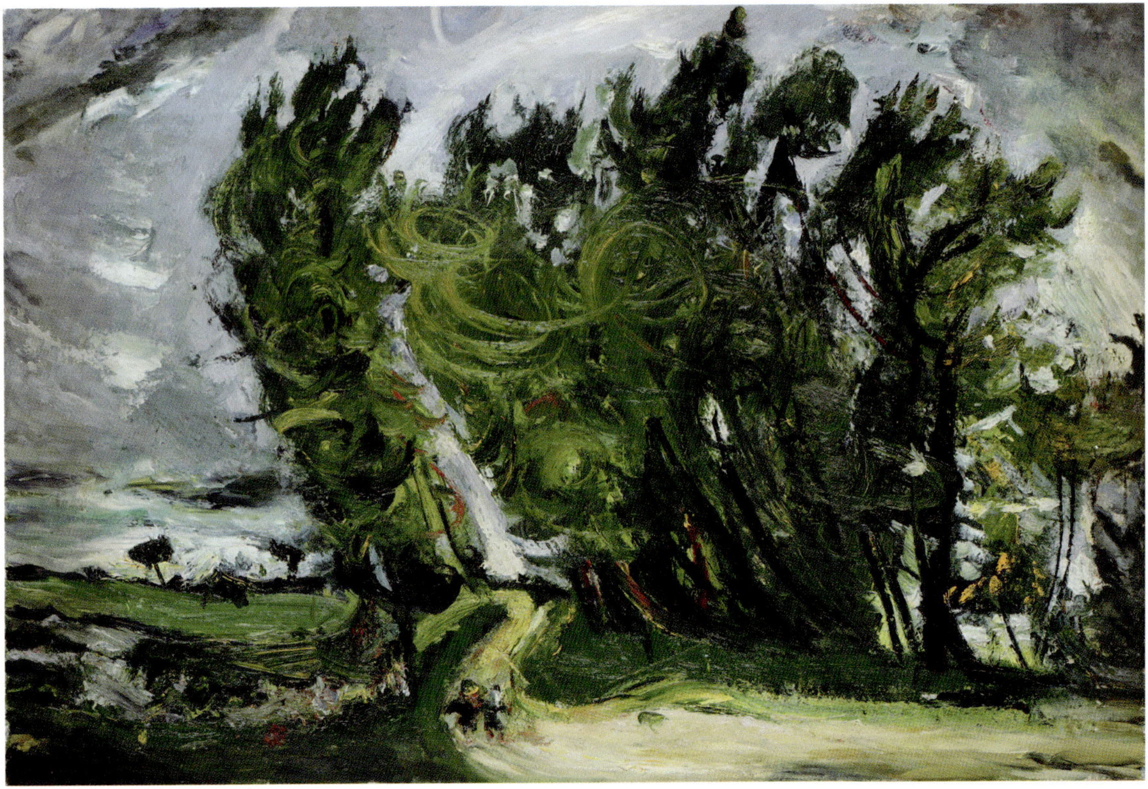

Windy Day in Auxerre

Jour de vent à Auxerre

Windiger Tag in Auxerre

Día de viento en Auxerre

Giornata ventilata ad Auxerre

Winderig dag in Auxerre

c. 1939, Oil on canvas/Huile sur toile, 48,9 × 72,7 cm, The Phillips Collection, Washington

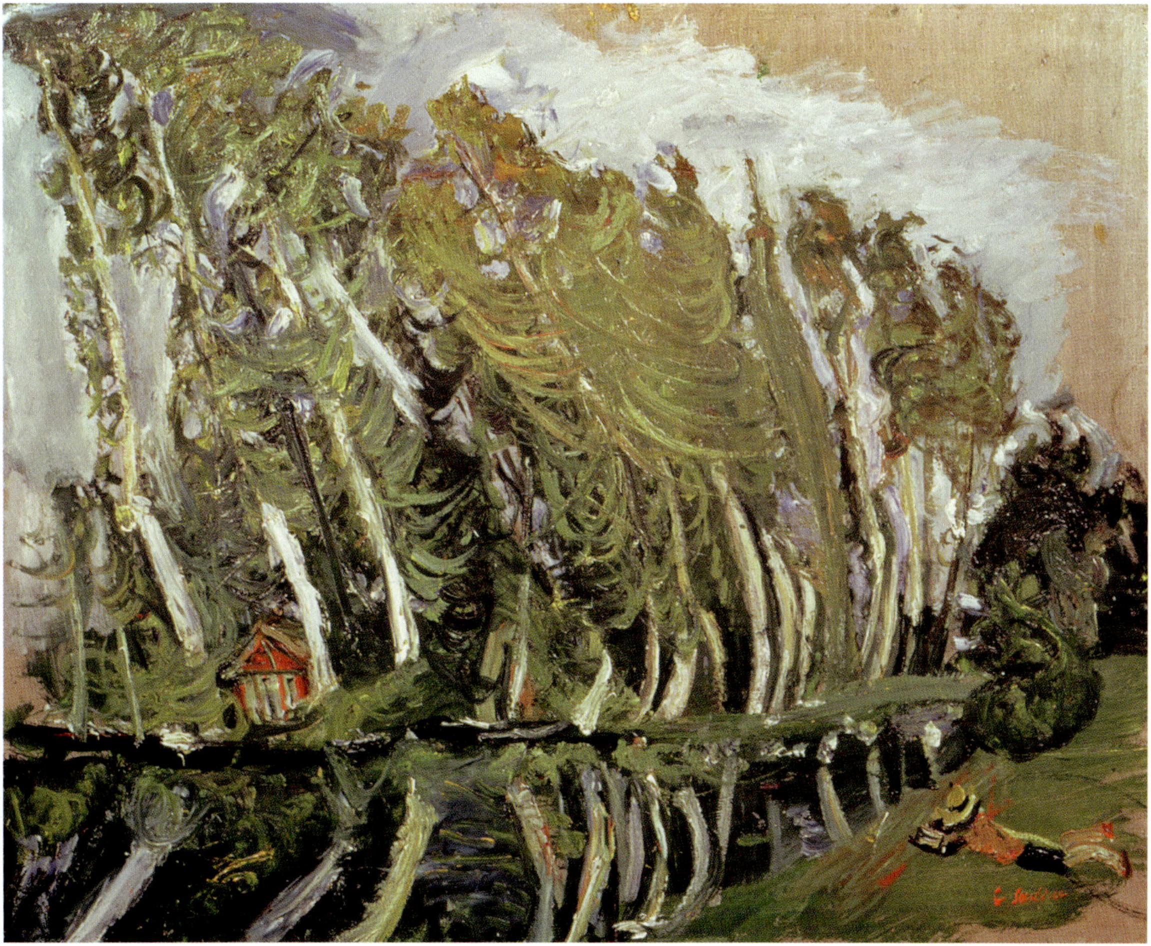

Landscape with Woman Lying Down, Champigny
Paysage avec femme couchée, Champigny
Landschaft mit liegender Frau, Champigny
Paisaje con mujer reclinada, Champigny
Ritratto con donna distesa, Champigny
Landschap met liggende vrouw, Champigny

1942/43, Oil on canvas/Huile sur toile, 73 × 92,1 cm, Private collection

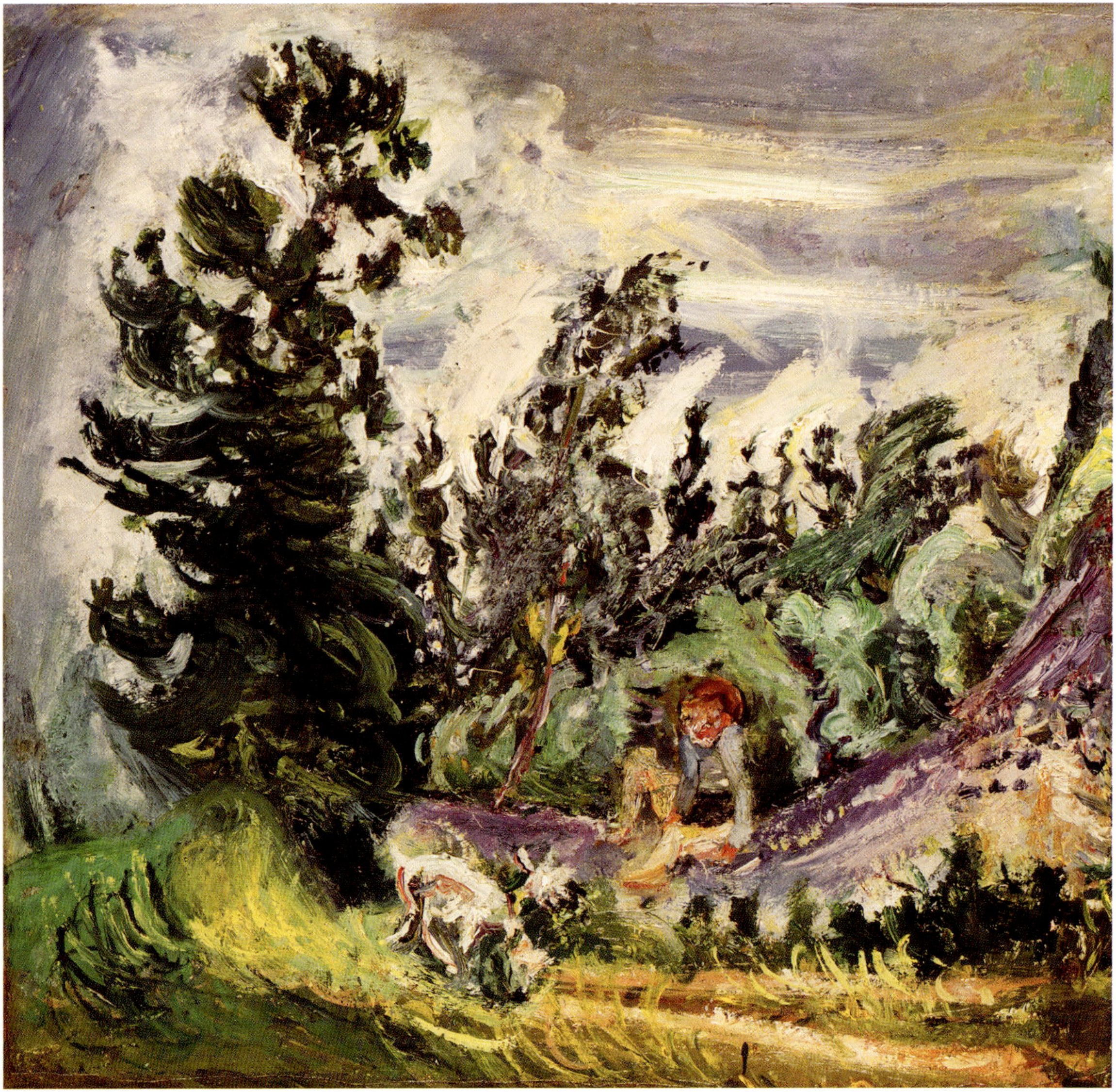

Landscape in Champigny

Paysage de Champigny

Landschaft in Champigny

Paisaje en Champigny

Paesaggio a Champigny

Landschap in Champigny

1942/43, Oil on wood/Huile sur bois, 56,8 × 58,7 cm, Private collection

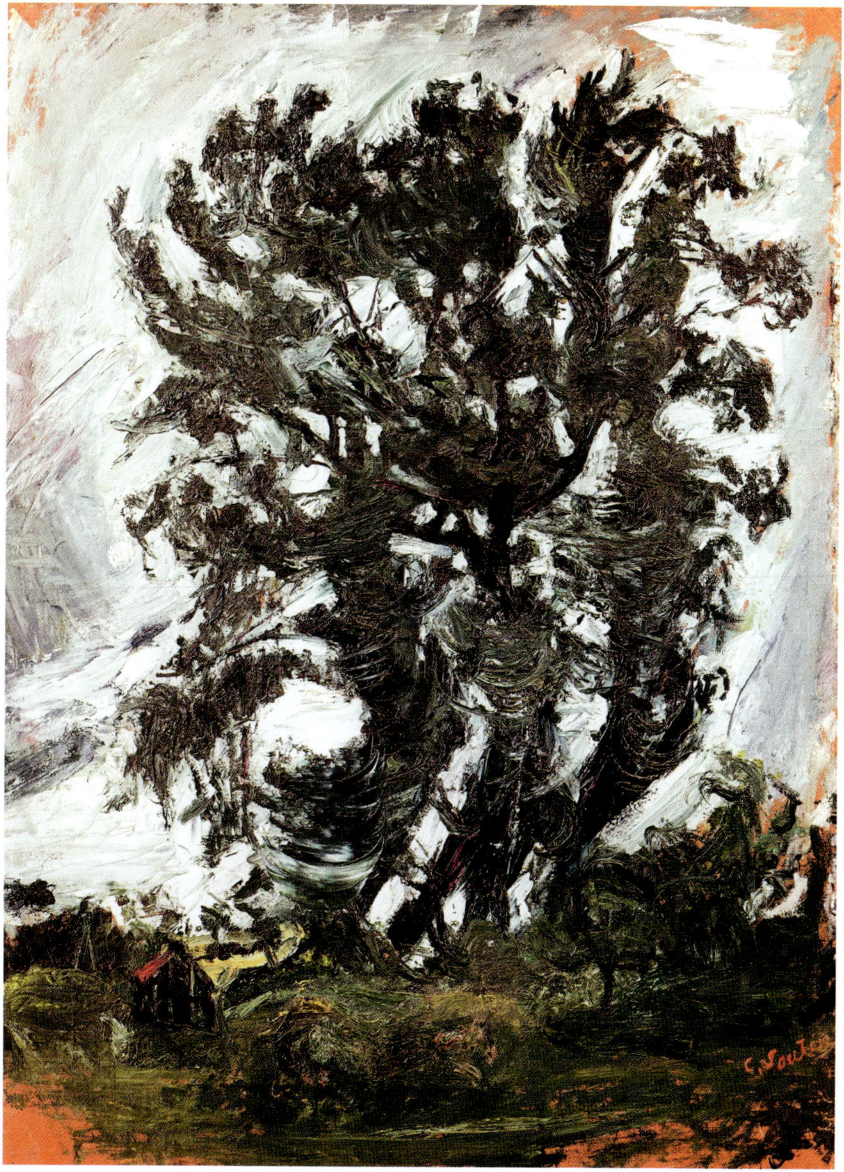

Large Tree

Le Grand Arbre

Großer Baum

El gran árbol

Grande albero

Grote boom

1942/43, Oil on canvas/Huile sur toile, 99 × 75 cm, Museu de Arte de São Paulo, São Paulo

Curriculum Vitae

*	1893	Smilavichy
	1909	Minsk
	1910	Vilnius
	1913	Paris
	1918	Vence, Cagnes-sur-Mer
	1919	Céret, Paris, Cagnes-sur-Mer
	1922–1923	Paris, Cagnes-sur-Mer
	1925	Paris, Amsterdam
	1926	Le Blanc
	1928	Paris
	1928–1929	Vence
	1930	Paris, Nice
	1930–1935	Lèves
	1936–1939	Paris
	1939	Civry-sur-Serein, Paris
	1941	Paris, Champigny-sur-Veude
	1943	Chinon
†	1943	Paris

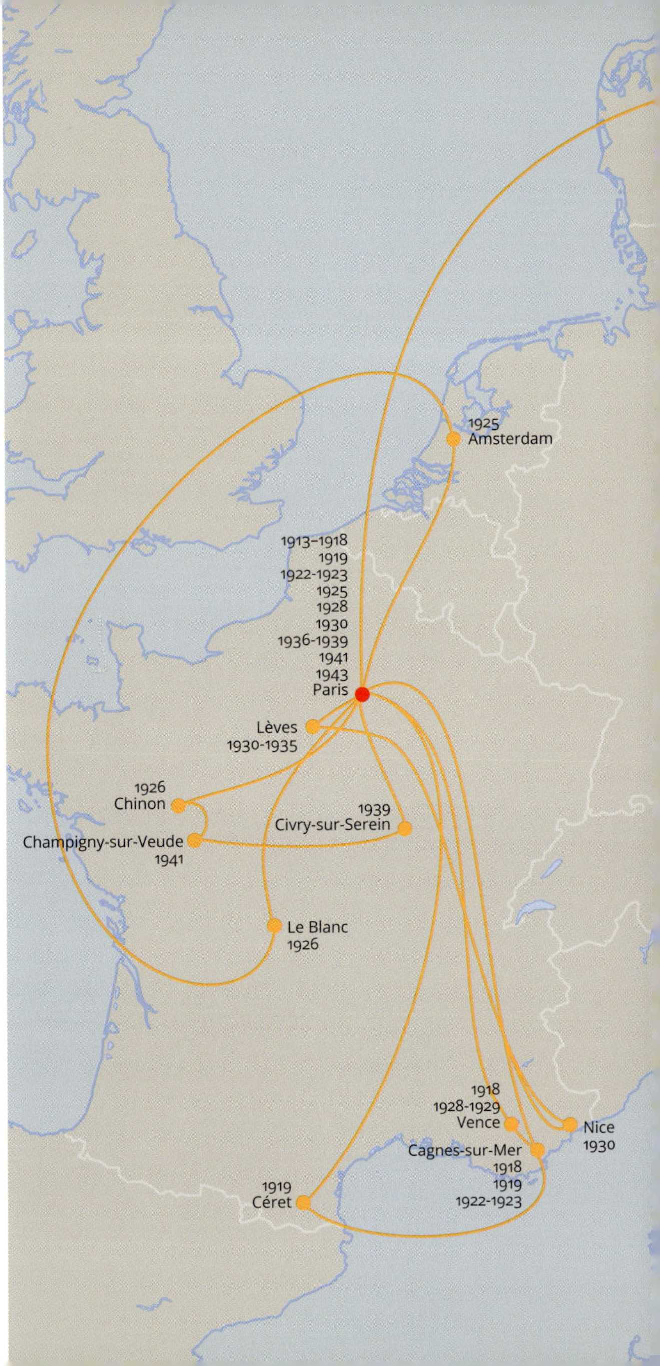

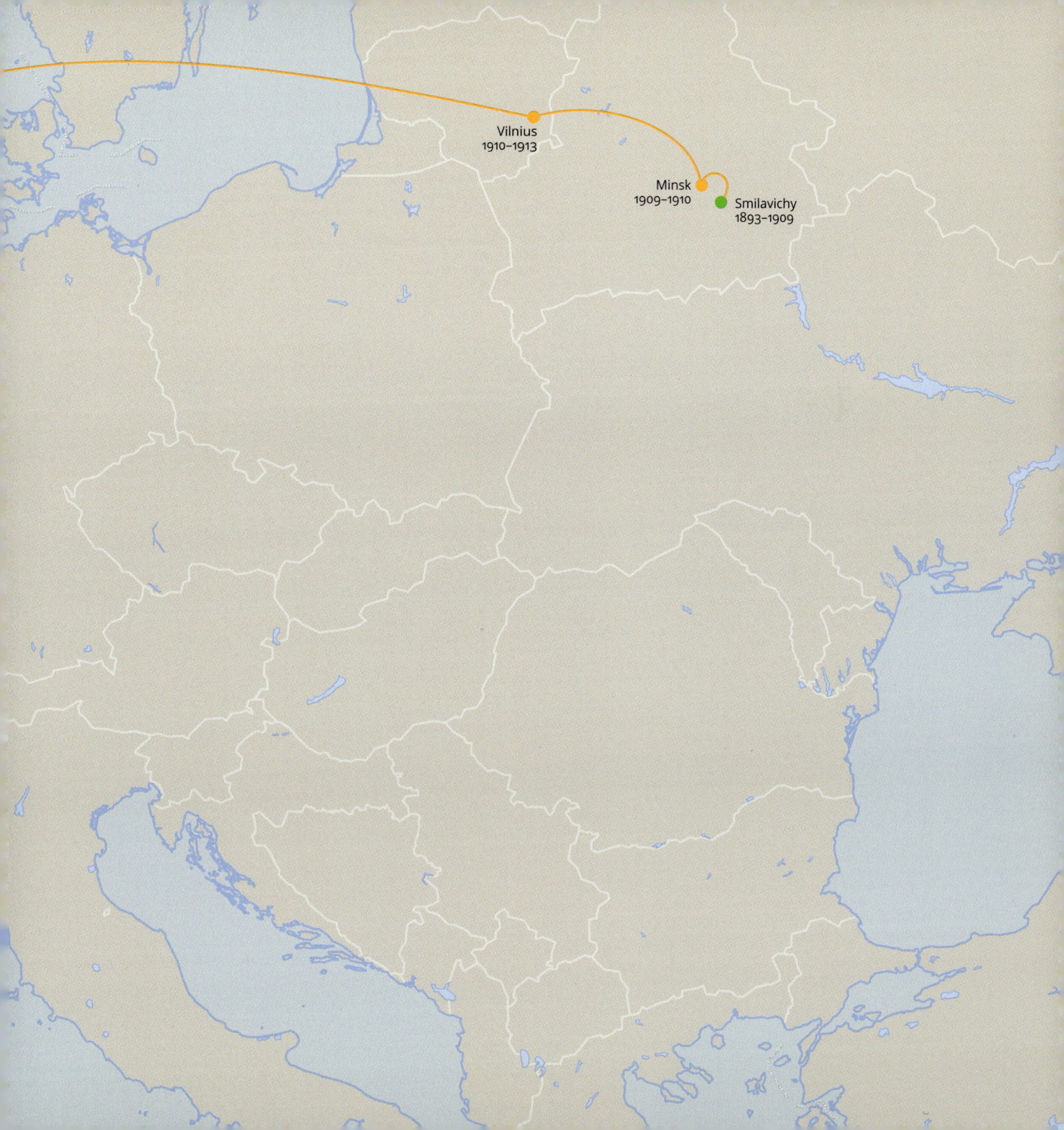
Vilnius
1910–1913
Minsk
1909–1910
Smilavichy
1893–1909

Museums

Musées

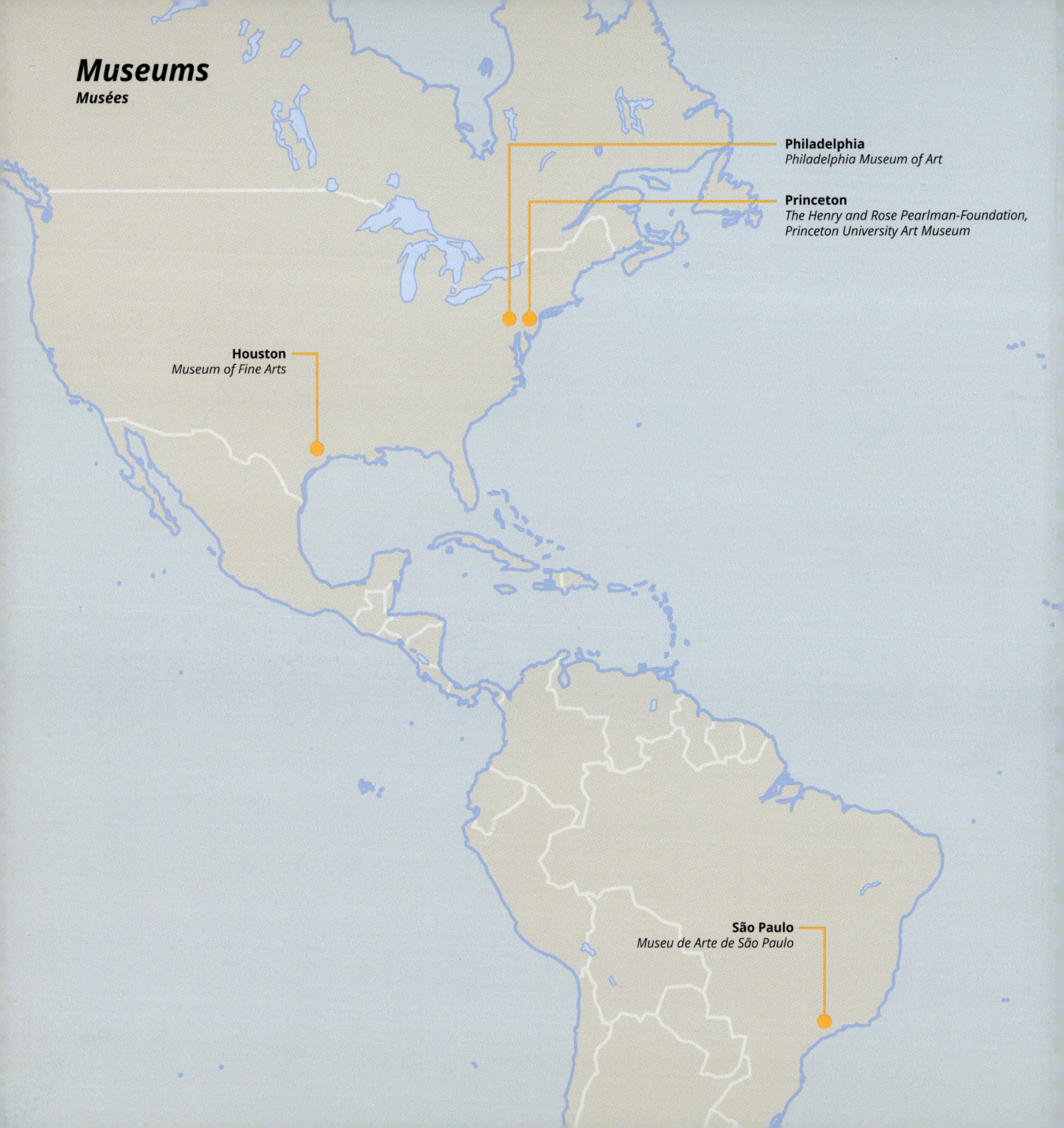

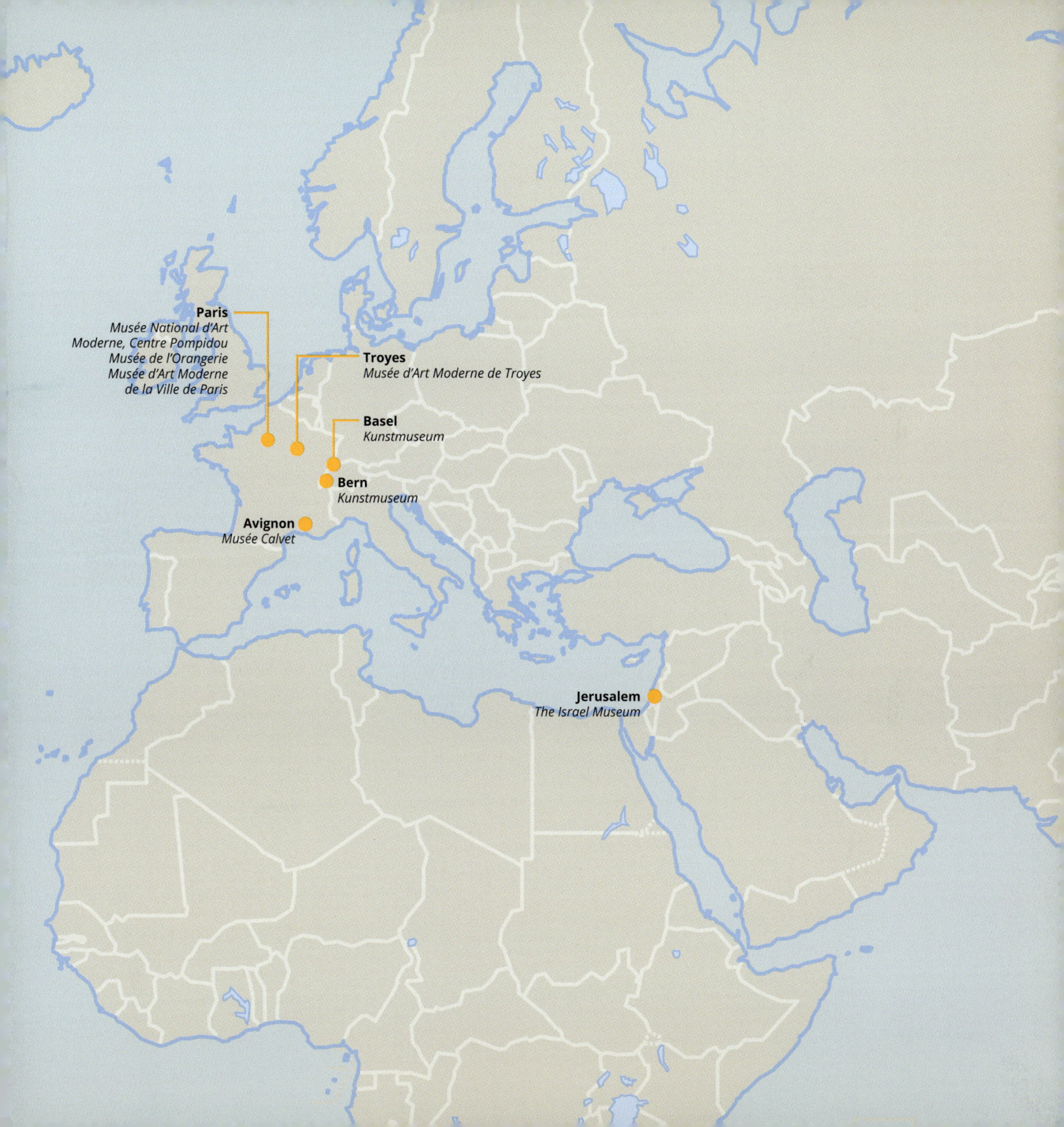

Paris
Musée National d'Art Moderne, Centre Pompidou
Musée de l'Orangerie
Musée d'Art Moderne de la Ville de Paris
Troyes
Musée d'Art Moderne de Troyes
Basel
Kunstmuseum
Bern
Kunstmuseum
Avignon
Musée Calvet
Jerusalem
The Israel Museum

Recommended Literature

Esti Dunow/Maurice Tuchman, *The impact of Chaim Soutine,* (Exhib. Cat. Galerie Gmurzynska) Zürich 2001

Norman L. Kleeblatt, *An Expressionist in Paris: The paintings of Chaïm Soutine,* (Exhib. Cat. The Jewish Museum New York) New York/München 1998

Avigdor W.G. Posèq, *Soutine. His Jewish modality,* London 2001

Kenneth Silver, *The Circle of Montparnasse. Jewish Artists in Paris 1905–1945,* (Exhib. Cat. Jewish Museum New York) New York 1985

Littérature recommandée

François Bescheid, *Chaim Soutine et ses compatrions russes dans l'école de Paris de 1913 à 1923,* Dissertation Université Charles de Gaulle, Lille III

Xavier Girard, *Soutine,* Marseille 2012

Garda Michaelis/Jacques Suffel, *Mes années avec Soutine,* Paris 1973

Clarisse Nicoïdski, *Soutine ou la profanantion: biographie 1893–1943,* Paris 1993

Maurice Tuchman/Esti Dunow/ Klaus Perls, *Chaïm Soutine (1893 –1943). Catalogue raisonné de l'œuvre de Soutine,* Köln 1993

L'École de Paris 1904–1929, la part de l'Autre, (Cat. Exp. Musée d'Art moderne de la Ville de Paris) Paris 2000/2001

Les peintres de Zborowski, Modigliani, Utrillo, Soutine et leurs amis, (Cat. Exp. Fondation de l'Hermitage) Lausanne 1994

Literaturempfehlungen

Andrée Collié, *Erinnerungen an Chaïm Soutine – 1944,* Basel 2008

Patrick Hirt, *Chaïm Soutine (1893–1943): Zum Verhältnis von Psyche und Werk,* Frankfurt 1999

Joseph Kiblitsky, *Russisch-Paris 1910–1960, Staatliches Russisches Museum St. Petersburg,* (Ausst. Kat. Von der Heydt-Museum Wuppertal, Musée des Beaux-Arts de Bordeaux) Bad Breisig/St. Petersburg 2003

Burkhard Leismann (Hg.), *Auf den Spuren Marc Chagalls. Jüdische Künstler aus Russland und Polen mit ihrem Beitrag zur Moderne (1910–1938),* (Ausst. Kat. Kunstmuseum Ahlen, Museum im Kulturspeicher Würzburg) 2003/2004, Bramsche 2003

Tobias G. Natter, *Chaïm Soutine. Ein französischer Expressionist,* (Ausst. Kat. Jüdisches Museum Wien), Wien 2000

Beate Reifenscheid (Hg.), *Treffpunkt Paris! Russlands Künstler zwischen Cézannismus und Lyrischer Abstraktion,* (Ausst. Kat. Ludwig Museum Koblenz) Koblenz 2003

Soutine und die Moderne, (Ausst. Kat. Kunstmuseum Basel), Köln 2008